utb 4932

Eine Arbeitsgemeinschaft der Verlage

Böhlau Verlag · Wien · Köln · Weimar
Verlag Barbara Budrich · Opladen · Toronto
facultas · Wien
Wilhelm Fink · Paderborn
Narr Francke Attempto Verlag · Tübingen
Haupt Verlag · Bern
Verlag Julius Klinkhardt · Bad Heilbrunn
Mohr Siebeck · Tübingen
Ernst Reinhardt Verlag · München
Ferdinand Schöningh · Paderborn
Eugen Ulmer Verlag · Stuttgart
UVK Verlag · München
Vandenhoeck & Ruprecht · Göttingen
Waxmann · Münster · New York
wbv Publikation · Bielefeld

basics

Bertram Stubenrauch

Theologie studieren

Ferdinand Schöningh

Der Autor:
Bertram Stubenrauch, Dr. theol., ist Inhaber des Lehrstuhls für Dogmatik und Ökumenische Theologie an der Katholisch-Theologischen Fakultät der Universität München und nebenamtlicher Seelsorger in Freising.

Umschlagabbildung:
machbar/123rf.com

Online-Angebote oder elektronische Ausgaben sind erhältlich unter
www.utb-shop.de

Bibliografische Information der Deutschen Nationalbibliothek

Die Deutsche Nationalbibliothek verzeichnet diese Publikation in der Deutschen Nationalbibliografie; detaillierte bibliografische Daten sind im Internet über http://dnb.d-nb.de abrufbar.

© 2019 Verlag Ferdinand Schöningh, ein Imprint der Brill-Gruppe
(Koninklijke Brill NV, Leiden, Niederlande; Brill USA Inc., Boston MA, USA; Brill Asia Pte Ltd, Singapore; Brill Deutschland GmbH, Paderborn, Deutschland)

Internet: www.schoeningh.de

Printed in Germany.
Herstellung: Brill Deutschland GmbH, Paderborn
Einbandgestaltung: Atelier Reichert, Stuttgart

UTB-Band-Nr: 4932
ISBN 978-3-8252-4932-8

Inhalt

Vorwort

Beim Studium eines akademischen Faches kommt es zunächst auf das Verstehen, dann auf das Wissen an. Im Blick auf Ersteres ist das vorliegende Buch konzipiert: Es geht weder um eine Einführung in das wissenschaftliche Arbeiten noch um eine erschöpfende Information über das Fach Theologie in seiner Bandbreite. Aber wer sich mit diesem Buch beschäftigt und von ihm anregen lässt, soll eine Ahnung vermittelt bekommen, wie die Theologie gleichsam „tickt" und wie man sich auf ihren Gefilden zurechtfindet.

Bezugspunkt ist das Studium römisch-katholischer Prägung, freilich ökumenisch verantwortet. Mit der dargebotenen Information verbindet sich die Hoffnung, dass ein Blickpunkt sichtbar wird, der das konstruktive und kritische Weiterfragen erlaubt. Die Perspektivität meiner Positionen sei ausdrücklich vermerkt.

Für vielfältige, kompetente Zuarbeiten ergeht herzlicher Dank an Dominik Baumgartner, Alexander Ertl, Carolin Herb, Rolf Husmann, Franziska Mößner, Christian Ulbrich und Marion Wittine.

München, Januar 2019
Bertram Stubenrauch

Was ist Theologie?

Tragweite des Begriffs

Theologie — dieses dem Griechischen entlehnte, in der deutschen Sprache längst eingebürgerte Fremdwort spannt zwei Bedeutungsgehalte zusammen, die für die geistbegabte Kreatur bezeichnend sind; denn der Mensch ist ein Sprachwesen und er trägt die Gottesidee in sich. Theologie ist demnach die „Rede" (gr. *lógos*) von „Gott" (gr. *theós*). Doch es kommt auf die Perspektive an. Denn das Wort „Theologie" verweist auch auf die ausdrücklich *durchdachte* Rede von Gott, meint also die systematisierte *Lehre* über ihn. Weiter ausgeholt, bekundet sich mit diesem Wort die Überzeugung, Gott habe sich selbst geäußert, sodass die Theologie eine göttliche Verlautbarung spiegelt, Gottes Rede-Initiative in Richtung Mensch. Theologie ist demnach Rede von Gott über sich selbst, allerdings im Blick auf das Wohlergehen der Welt. Von daher wiederum zählt zur Theologie, dass der Mensch Gott hört und ihm antwortet, und zwar durch Lobpreis und Liebe — indem er Gott bekennt, über ihn nachdenkt, ihn verehrt und in das eigene Leben einbezieht.

Mit dieser ersten Einschätzung ist bereits einiges gesagt, doch sehr viel mehr in Frage gestellt: Wer ist es, den die Griechen — und ähnlich viele andere Kulturen — „Gott" nannten? Kann wirklich von ihm geredet werden, lässt er sich tatsächlich hören? Wann und wie hat sich Gott — oder das Göttliche — geäußert? Ging Segen davon aus? Warum die Lobpreisung? Berührt der menschliche Hochruf Wirklichkeit jenseits des bloßen Meinens, jenseits einer ungedeckten Erwartung?

1.2 | Schwerpunkte des Begriffs

1.2.1 | Platon

Vom Mythos
zum Logos

Den Kunstbegriff „Theologie" hat der philosophische Gigant Platon († 348/47 vChr) maßgeblich geprägt. Theologie vollzieht sich ihm zufolge zunächst als mythische, zugleich kultisch verankerte Rede vom Göttlichen — wobei es dabei nicht bleiben darf. Denn es soll auch „logisch", das heißt rational-kritisch, vom Göttlichen gehandelt werden, und zwar im Blick auf das öffentliche Leben und die Idee des Guten. Auf diese Weise überführt die Theologie mythischen Stoff in ein politisches Regulativ. Weil der Staat das Gute verwirklichen soll, braucht er die Theologie. Denn diese zeigt den Ursprung des Guten auf, der, anders als das Böse, in „dem

Gott und das Gute

Gott" liegt. Folglich ist es vernünftig, mit Hilfe der Theologie, der „Götterlehre", einen Zustand anzustreben, der niemandem „zu schaden" vermag. Platon ist sich erstaunlich sicher: „Gott, weil er ja gut ist, kann nicht von allem Ursache sein, wie man insgemein sagt, sondern nur von wenigem ist er den Menschen Ursache, an dem meisten aber unschuldig. Denn es gibt weit weniger Gutes als Böses bei uns; und das Gute zwar darf man auf keine andere Ursache zurückführen, von dem Bösen aber muss man andere Ursachen aufsuchen, nur nicht Gott".[1]

1.2.2 | Aristoteles

Auch der bedeutendste Schüler Platons, Aristoteles († 322 vChr), setzt die Theologie im Blick auf die menschliche Geistesverfassung hoch an. Mit ihr wird das Sein an sich, nicht das einzelne Seiende, ob gut oder böse, erfasst. Es geht um eine Kraft, die weder neben

Erste Philosophie

noch über den Dingen, sondern *in* ihnen liegt. Die Theologie erbringt den Beweis, dass „ein Allererstes ist", von dem her auch „alles andere ist".[2] Damit rückt der Theologiebegriff in die Nähe dessen, was sehr bald „Metaphysik" heißen wird. Gemeint ist eine Art „grundlegender Philosophie", vollzogen durch die Betrachtung ontischer (seinshafter) und noetischer (denkerischer) Voraussetzungen für die Hintergründe des Wirklichen: Woher kommt es, wer verbürgt es? Auch Aristoteles verweist entschieden auf „das Göttliche"; es ist der „erste und beherrschende Ursprung" von allem, jenes „Unbewegte", von dem — gemäß der Ordnung von Ursache und Wirkung — alle Bewegung ausgeht.[3]

Für Aristoteles bedeutet das Göttliche „Leben schlechthin", denn die besagte Unbewegtheit darf nicht starr, nicht nur formal, nicht nur sachlich gedacht werden. Immerhin ist ja auch der Mensch, der eine erste Philosophie als Metaphysik und damit als theologische Philosophie anstrengt, durchaus lebendig und gerade so zum Denken befähigt. Seine Vernunft rückt ihn an das Göttliche heran; sie ist es, die das Göttliche „vernimmt" und dadurch die Theologie als eine grunderfassende „Theorie" ermöglicht — worunter der Philosoph einen denkerischen Seh-Akt versteht, ein „Schauen" der Dinge in ihrer seinsverbürgten Realität.

Abb. 1 | ▶
Platon und Aristoteles, Ausschnitt aus „Die Schule von Athen", Raffael, 1510-1511

Unbewegter Beweger

Theologie als gottvernehmende *Theorie*

Man kann sagen: Da für Aristoteles das Göttliche gerade darin Vollendung zeigt, dass es sich selbst vernimmt und als „Vernehmen des Vernehmens"[4] Bewegungsimpulse in Geltung setzt, qualifiziert sich die Theologie als Wissenschaft vom Lebendigen — eine schöne Bestimmung, an der die christliche Geistigkeit später anknüpfen konnte.

Theologie frühchristlich 1.2.3

In der Bibel kommt das Wort „Theologie" nicht vor. Auch die Alte Kirche favorisiert es kaum einmal. Allerdings steht ihre Theoriebildung begrifflich unter dem Einfluss der stoischen Philosophie, die von einer *theologia tripartita*, einer „dreigeteilten" Gotteslehre ausging. „Man verwandte diesen Begriff, um damit die religiösen Phänomene zu beschreiben: jene, welche in den Werken der Dichter, vor allem des großen Homer, zur Sprache kommen; jene, welche nach den Staatsmännern und Geschichtsschreibern das staatliche Wohl garantieren, und jene, für welche sich die Philosophen, speziell in der allegorischen Auslegung der Dichtung, interessierten".[5]

Dichter und Denker, Staatstheoretiker und Hagiografen, selbst die Engel galten in der Alten Kirche unter Umständen als „Theologen", aber was schwerer wiegt: Es kam die Gewohnheit auf, die *theologia* von der *oikonomia* zu unterscheiden, um gleichwohl ein- und dasselbe Phänomen zu beleuchten – Gottes Heilsinitiative als Gottes Selbstmitteilung. Die „Theologie" war der Schau seiner dreifaltigen Einheit gewidmet, die „Ökonomie" nahm in den Blick, wie sich Gottes Wesen geschichtlich darbot und soteriologisch, das heißt erlösend, auswirkte.[6] Hier dringt die für das Christentum tragende Überzeugung durch, dass sich von der Erfahrung Gottes *theologia und* in Zeit und Raum zuverlässig auf sein inneres und bleibendes *oikonomia* Geheimnis schließen lasse.

Theologisch zu denken bedeutet, so gesehen, die Akzeptanz, dass sich das Wissen über Gott und seine Beziehung zur Welt auf zwei Schienen bekundet: in der Geschichte *und* im Denken. Die historische Erzählung, die *narratio*, überliefert, was Gott getan hat, und das Denken, die *exercitatio mentis*, zieht daraus die Konsequenz: Was Gott tat, lässt sich berichten; was berichtet wird, lässt sich verkünden, und was verkündet wird, durchmisst der menschliche Verstand, um es in seiner „Logik" zu erfassen und so für jeden wahrheitsliebenden Geist kommunikabel zu machen.

1.2.4 | Theologie scholastisch

Im hohen Mittelalter steigt der Theologiebegriff, der seiner früheren Vieldeutigkeit mehr und mehr entwächst, zu einem Sammelwort für das Gesamt der christlichen Glaubenserkenntnis auf. Thomas von Aquin († 1274), eine überragende Persönlichkeit scholastischer Prägung, wird sein geistiges Vermächtnis einer *Summa theologiae* anvertrauen, einem Grundlagenwerk, in dem er sämtlichen Fragen seiner Zeit über das Werk und das Wesen Gottes systematisch auf den Grund geht. Dieses Unternehmen wäre für ihn sinnlos gewesen ohne die *revelatio* (wörtl. Enthüllung); gemeint ist die göttliche Offenbarung, für die es eine Urkunde gibt, die *Theologie und* *sacra scriptura*, die Heilige Schrift. Wer ihre Autorität anerkennt *Offenbarung* und dem sich offenbarenden Gott Gehorsam leistet und wer sich zugleich in rechter Weise des von Gott gegebenen Verstandes bedient, erfährt und sagt bleibend Gültiges über Gott. So wird aus der Theologie die *sacra doctrina*, die heilige Lehre des mystischen Christusleibes, die Lehre der Kirche.[7]

An dieser Stelle ist indes nachzuhaken: Theologie bedeutet für Thomas immer auch die ref lektierte *menschliche* Rede von Gott, die

er hochschätzt und wie sein Lehrer Albert der Große mit Aristoteles untermauert. Theologie vermittelt, was der Mensch über Gott
frommer- und vernünftigerweise
wissen und zur Sprache bringen
kann. Mit der *sacra doctrina* hingegen verbindet sich ein größerer
Anspruch. Sie ist primär *Gottes*
Rede, also in erster und maßgeblicher Linie Gottes *Wort* — ein an
das Geschöpf gerichtetes, der
geistbegabten Kreatur gemäßes
Wort, auf das sie Antwort geben
muss. Deshalb „bleibt zu beachten, dass die ganzen [...] 6000 Ar-

Abb. 2 | ▶
Thomas von Aquin,
Tafelbild von Carlo
Crivelli, 1476

Theologie und
Gotteswort

tikel der STh [Summa theologiae] in den Augen des Thomas das
Sprechen Gottes" reflektieren, „ausgerichtet durch Menschen und
mit Hilfe der Vernunft, die Gott dem Menschen [...] zu dem Zweck
gegeben hat, dass durch ihren Magddienst nichts anderes als eben
das Wort Gottes hörbar und verstehbar werden kann".[8]

Theologie neuzeitlich
|
1.2.5

Während Martin Luther († 1546) noch wie Thomas von Aquin
unbeirrt an der Autorität und Geltung des biblischen Gotteswortes
festhält, sich aber vom Vernunftoptimismus des Aquinaten distanziert, ebbt in Strömungen neuzeitlicher Philosophie, die auch
das Theologieverständnis beeinflussen, das Vertrauen in übernatürliche Erkenntnisquellen ab. Theologie wird zu einer Disziplin
neben anderen Disziplinen, die allesamt durch ihre primär *anthropologische* Bezüglichkeit gekennzeichnet sind: Der Mensch —
und er allein — ist es, der sich Gedanken macht über Phänomene
der Erfahrung und des Geistes und zu diesem Zweck „Wissenschaften" ausbildet, diese zu interpretieren.

Bei dem protestantischen Theologen Friedrich Schleiermacher
(† 1834) ist die Konsequenz daraus gezogen: Theologie deutet das
menschliche Gefühl schlechthinniger Abhängigkeit aus; sie beschreibt objektiv, was subjektiv empfunden wird. Nachdem im
katholischen Raum die so genannte Neuscholastik die Erkennt-

Abb. 3 | ▶
Friedrich Daniel
Ernst Schleiermacher

nislehre des Mittelalters neu aufgelegt hatte, gewann unter dem Eindruck moderner Religionskritik (Ludwig Feuerbach, Karl Marx u.a.) die primär anthropologische Bewertung theologischen Bemühens an Gewicht.

Auch zur Stunde stellt sich für die akademisch etablierte Theologie die Frage, ob sie „Wissen" einbringt oder „Vorstellungen" beschreibt. Bejaht sie Ersteres, riskiert sie den Sinnlosigkeitsverdacht, da ihre Aussagen empirisch weder belegbar noch abweisbar sind. Neigt sie Letzterem zu, büßt sie ihren Auftrag ein, tatsächlich „von Gott" zu reden.

Zusammenfassung

Theologie ist die *Rede* und die *Lehre von* und über Gott, doch primär Gottes ureigene Verlautbarung über sich selbst. Dieser Kunstbegriff hat eine Geschichte: Platon hebt auf die Umsetzung mythischer Vorstellungen in ein rationales, politisches Regulativ, bezogen auf die Idee des Guten, ab. Aristoteles versteht die Theologie als Erkenntnislehre vom Sein an sich, mit der das Göttliche als „Denken des Denkens" und ursprünglich unbewegt Bewegendes erfasst wird. In der Alten Kirche bringt die *theologia* Gottes Dreifaltigkeit zur Sprache, die *oikonomia* sein Handeln in der Heilsgeschichte. Die mittelalterliche Scholastik macht die Theologie zum Markenzeichen für die christliche Glaubenslehre, zur *sacra doctrina*. Indes ist sie als reflexive Rede über Gott ganz auf die Offenbarung gestützt, also „Gottesrede". Mit der Neuzeit setzt eine Subjektivierungstendenz ein: Theologie beschreibt rational, was der Mensch intuitiv fühlt (Schleiermacher). Im Gefolge neuzeitlicher Religionskritik wird der Theologie tendenziell eine notarielle, Gläubigkeit dokumentierende Rolle zugewiesen; die Diskussion darüber hält an.

Literatur

Max Seckler, Im Spannungsfeld von Wissenschaft und Kirche. Theologie als schöpferische Auslegung der Wirklichkeit, Freiburg i.Br. 1980.
Basil Studer, Schola Christiana. Die Theologie zwischen Nizäa und Chalzedon, Paderborn u.a. 1998.
Wolfgang Klausnitzer, Grundkurs Katholische Theologie. Geschichte, Disziplinen, Biographien, Innsbruck 2004.
Maria Katharina Moser, Gunter Prüller-Jagenteufel, Veronika Prüller-Jagenteufel, Gut(e) Theologie lernen. Nord-Süd-Begegnung als theologisches Lernfeld (Kommunkative Theologie; 10), Ostfildern 2009.
Jürgen Werbick, Theologische Methodenlehre, Freiburg-Basel-Wien 2015.

Testfragen

1. *Was bedeutet Theologie außerbiblisch?*
2. *Wie versteht das antike Christentum diesen Begriff?*
3. *Wie ließe sich vermeiden, Theologie nur subjektivistisch zu verstehen?*
4. *Welche Bedeutung kommt dem Gefühl, der Auffassung, dennoch zu?*

Theologische Mentalitäten

Christliche Theologie existiert nicht als eine in sich geschlossene Größe. Sie zeigt sich — was beachtet sein will — *konfessionell* angelegt: Unterschiede im Denken haben Unterschiede im Empfinden hervorgebracht. Das religiöse Lebensgefühl ist hier so, dort anders geprägt. Welche Mentalitäten sind daraus entstanden?

Katholizismus

Aus römisch-katholischer Perspektive ist entscheidend, dass die Theologie gewissermaßen zum Mit-Hören, zum Mit-Sehen und zum Mit-Wissen einlädt. Der Ur-Impuls theologischen Denkens liegt im so genannten „Christusereignis" begründet, in der gläubig erkannten und anerkannten *Inkarnation* (Menschwerdung) des göttlichen Wortes.

Aus dem Bekenntnis dazu hat der Katholizismus ein denkerisches Prinzip gemacht, ohne die mit ihm aufscheinende Realität abzuschwächen, im Gegenteil: Gottes Gegenwart „im Fleisch" (vgl. Joh 1,1) bildet den Maßstab für das theologische Urteil. Denn sie wirkt sich in konkreten Strukturen aus und ruft sie als innere Konsequenz unweigerlich hervor. Wichtigster Anhalt ist die Kirche selbst, deren Leben auf sichtbare Elemente setzt: apostolisches Amt, öffentlicher sakramentaler Gottesdienst, tätige Nächstenliebe, eine verbindliche Moral, ein ausdifferenziertes Kirchenrecht. Theologie ist katholisch gesehen grundsätzlich kirchlich gebundene Theologie. Ihre Aufgabe ist es, dass sie in der unablässigen Tuchfühlung mit der Heiligen Schrift, der kirchlichen Tradition, dem religiösen Instinkt der Getauften (sensus fidei) sowie dem bischöflich-päpstlichen Lehramt nach Gott fragt.[1]

Inkarnatorisches
Denken

Theologie leuchtet aus, was die Kirche als Glaubens- und Meditationsgemeinschaft über Gott in Erfahrung gebracht hat und was sie gleichsam als weithin sichtbares Fanal dieses Wissens der Welt verkündet. Im Anschluss an Thomas von Aquin formuliert: Theologie entschlüsselt die Teilhabe der Glaubenden „an der Erkenntnis eines Wissenden".[2] Es ist das Wissen Christi selbst mit dem der *göttliche Geist* die Kirche vertraut macht. Deshalb gehört zur Mentalität katholischer Christinnen und Christen eine immer auch kirchenbezogene Frömmigkeit, ein Verantwortungsgefühl für das gemeinsame religiöse Anliegen und das Bewusstsein für den Ernst moralischer Lebensführung.

Kirchliches Mit-Wissen

Zitat

Josef Pieper über den Ansatz des Thomas:
„Glauben heißt: teilhaben an der Erkenntnis eines Wissenden. Wenn es also niemanden gibt, der sieht und weiß, dann kann es mit Fug auch niemanden geben, der glaubt. Ein Sachverhalt, den jedermann kennt, weil er offen zutage liegt, kann ebensowenig Gegenstand des Glaubens sein wie einer, den niemand kennt – und der also auch von niemandem bezeugt werden kann".[3]

2.2 | Orthodoxie

Liturgie und Doxologie

Nach ostkirchlichem Empfinden soll die Theologie jene Wirklichkeit, die in der Verkündigung zur Sprache gebracht wird, spirituell ausloten. Theologie ist demgemäß zuerst geistliche Praxis und von daher reflektierte *Liturgie*. Deren *doxologische*, das heißt auf Lobpreis und Anbetung ausgerichtete Symbolkraft veranschaulicht durch Hymnus, Ritus und Ikone, was den Gauben aufbaut und nährt: die Schrift, die Auslegung der Schrift durch die Väter, die Weisheit geistlicher Erfahrungen, die Sprache der ökumenischen Konzile im ersten Jahrtausend, die hierarchische Ordnung der Bischöfe. Zudem atmet die orthodoxe Gotteswissenschaft den Geist der großen Heiligen und Gottesgelehrten – der Märtyrer, Bekenner, Einsiedler, Mönche, Asketen, Wundertäter, Seelenführer und Visionäre.

Österlicher Akzent

Man könnte von einem *phänomenologischen* oder auch ästhetischen Wesenszug in der ostkirchlichen Theologieauffassung sprechen: Das Göttliche scheint im Schönen auf. Natürlich spielt auch

hier das Bekenntnis zur Inkarnation des Gottessohnes eine tragende Rolle, doch schwerer noch
wiegt *Ostern* – die Verklärung
des Fleisches im Licht endzeitli-
cher Herrlichkeit. Der Gottesdienst der Kirche ist gleichsam
vorweg genossener Himmel. Von
dieser Warte aus blickt das theologische Auge auf den Gang der
Heilsgeschichte, die in der Kraft
des Heiligen Geistes und gestützt
auf recht motivierte Askese ihrer
Bestimmung entgegenreift: der
„Vergöttlichung" (gr. *theosis*) des
nach Gottes Bild geschaffenen,
in Christus erlösten Menschen.

Abb. 4 | ▶
In Russland als
Nationalheiligtum
verehrt: Die Ikone
der Muttergottes
von Wladimir,
12. Jahrhundert

Theologie denkt demnach das *Mysterium* und sie will das Mysterium spürbar machen. Sie beschreibt die „Neubesiedelung des Gartens Eden", wie sich der Kirchenvater Basilius von Cäsarea († 379)
mit großer Suggestionskraft ausgedrückt hat.[4]

Mysterium der theosis

Der intellektuellen Auseinandersetzung mit den Kerndogmen
des Christentums tut dieser mystisch-liturgische Ansatz keinen
Abbruch. Denn mit großer Akribie zeichnet der orthodoxe Lehrbetrieb die historischen Debatten nach, die von den führenden
griechischen Gelehrten im ersten Jahrtausend ausgetragen worden sind. Orthodoxe Theologie trägt das Vätererbe gleichsam im
Herzen; man bewahrt es sorgfältig, schreibt es aber auch behut-
sam fort. Die faktische Distanz vieler heutiger Zeitgenossen zur
antiken byzantinischen Theologie wird in der Regel nicht als Problem empfunden.

Primat der
Vätertheologie

Zitat

Theologie aus orthodoxer Sicht nach *Dumitru Staniloae*:
„Die Dogmen sind der lehrhafte Ausdruck des Heilsplanes [Gottes]
im Blick auf die Vergöttlichung derer, die glauben, des Planes also,
der von Christus und dem Heiligen Geist durch die Kirche verwirk-
licht wurde; sie sind Darstellung der ‚Schätze der Weisheit und des
göttlichen Lebens', die uns in Christus angeboten werden, damit
wir sie uns im Verlauf dieses Lebens stufenweise und im ewigen

Leben in ihrer Ganzheit aneignen. Der unausschöpfliche Inhalt der Dogmen muss ständig neu ans Licht gestellt und gedeutet werden. Dieses Werk verrichtet die Kirche in der Theologie".[5]

2.3 | Protestantismus

Unter diese Bezeichnung fallen sehr viele, durchaus unterschiedliche Bekenntnisse, aber darauf kommt es hier nicht an. Typisch protestantisch ist in jedem Fall die Aufmerksamkeit auf zwei elementare Voraussetzungen für die Gotteserkenntnis. Betrachtet wird das „Wort" und betrachtet wird der „Glaube". Das Wort: Gemeint ist die Heilige Schrift (lat. *scriptura*) in ihrer geistigen Einheit, freilich so zugänglich gemacht, dass sie je neu Verkündigung bleibt; das Wort muss gepredigt werden, es muss verlauten. Die vornehmste Aufgabe der Theologie besteht demgemäß darin, das Wort der Schrift als *Gottes* Wort zu bezeugen und ihm die unbedingte Priorität in Verkündigung und Gottesdienst zu sichern.

Primat des Wortes

Anders als im Katholizismus, der die Schrift im Licht der lehramtlichen Tradition liest, und anders als in der Orthodoxie, wo dem Bibelwort die Bilderwelt der Liturgie zur Seite tritt, kommt dem verkündeten Evangelium, protestantisch empfunden, gegenüber der Kirche ein schöpferischer Vorrang zu. Das Wort ergeht an die Getauften und formt sie in dem Maß zur Gemeinschaft, in dem es durch den *Glauben* individuell Aufnahme findet: *verbum facit ecclesiam*. Die Theologie verfährt von daher weniger institutionell orientiert, sondern gewissermaßen „freischaffend". Sie untersucht die wissenschaftlichen und gesellschaftlichen Kontexte, die auf die Interpretation der Schrift und auf die persönliche Gläubigkeit einwirken und ebenso kirchenkritisch wie religionskritisch sein können. Vor diesem Hintergrund hat die historisch-kritische Bibelauslegung fruchtbaren Boden gefunden. Es kam zu einer größeren Offenheit für Anliegen und Erwartungen einer profanen und zunehmend säkularen Umwelt.

Primat des Glaubens

Das akademische Leben ermöglicht nach protestantischem Empfinden Glaubenswissenschaft. Obwohl sich diese Sprachregelung nicht durchgesetzt hat, geht es doch auf weite Strecken der akademischen Reflexion um Bewusstseinsinhalte: Woran hängt das Herz von Christinnen und Christen?

Zitat

Theologie im Sinne Friedrich Schleiermachers († 1834) ist „entgegen der Tradition keine normative, sondern eine positive Wissenschaft. Das heißt: Sie bezieht sich auf eine bestimmte, vorgefundene Religion und setzt sich aus einer Vielzahl eigentlich selbstständiger Wissenschaften zusammen. Die Einheit der Theologie wird für Schleiermacher nicht durch einen bestimmten Gegenstand oder eine bestimmte Idee und auch nicht durch gemeinsame Methoden, sondern nur funktionell durch die Bezogenheit auf die Lösung einer praktischen Aufgabe konstituiert. Diese praktische Aufgabe war für ihn die Kirchenleitung. Heute könnte man sie weniger autoritär als die Zurüstung von Menschen für ihren Dienst als Pastoren und Pastorinnen, als Religionslehrer und Religionslehrerinnen bestimmen".[6]

Konfessionelle Chancen und Gefahren | 2.4

Man sollte die Bedeutung der skizzierten Grundhaltungen, in denen sich — idealtypisch gesehen — die theologische Physiognomie der drei großen christlichen Bekenntnisfamilien spiegelt, weder überbewerten noch unterschätzen. Aber die Wissenschaft lebt nicht von purer Rationalität allein. Worin liegt das Für und Wider einer konfessionellen Mentalität?

Der römisch-katholischen Denkart liegt ein heilsrealistisches Glaubensverständnis zugrunde: Gottes Welthandeln hinterlässt in der Menschheitsgeschichte tiefe Spuren, und zwar nicht nur auf mentaler, sondern auf struktureller Ebene. Die Welt hat sich seitdem grundstürzend verändert; die Sünde ist besiegt, der Tod überwunden. Es kommt nur darauf an, das gesellschaftliche Leben entsprechend zu durchformen. Der Katholizismus erhebt Anspruch auf die *Welt* — und verbrüdert sich mit ihr oder bekämpft sie, je nachdem. Darin liegt seine Stärke und seine Versuchung: Gott bleibt ein fordernder Gott, aber wurde er nicht allzu oft vor den Karren kirchlicher Machtspiele gespannt?

Machtanspruch?

Die Sprach- und Bilderwelt der Orthodoxie fasziniert viele, mit gutem Grund: Lobpreis, Askese und Kunst weisen das göttliche Tun als welt- und zeitüberragendes Mysterium aus, nach dem der Mensch im Grunde seines Herzens Sehnsucht trägt. Doch der Blick auf die erhabene Manifestation des Heiligen verleitet unter Um-

Ästhetizismus?

ständen zur ästhetischen Schwärmerei. Der „Blick nach oben" hat es der Orthodoxie bis in unsere Tage hinein schwer gemacht, eine klare Soziallehre und die entsprechende Praxis auszubilden. Alles „Profane" wird schnell zum Hort der Glaubensferne erklärt, das Gott-Welt-Verhältnis *binomisch* gesehen: hier das Gesunde, dort das Kranke. Muss die Welt erst überwunden werden, damit sich die göttliche Herrlichkeit bekundet?

Beliebigkeit?   Mit der katholischen Tradition teilt die protestantische denselben Strang der mitteleuropäischen Kultur- und Geistesgeschichte. Man zehrt von einem Erbe, das platonisch-augustinisch und aristotelisch-scholastisch inspiriert ist. Aufgrund der besonderen Betonung des persönlichen Glaubens, der bei Martin Luther noch an die Ursprünglichkeit des Schriftwortes verwiesen war, aber in der so genannten Lutherischen Orthodoxie seit dem späten 16. Jahrhundert systemisch verschlossen erschien, hielt auch der Protestantismus zu einer sich stetig verändernden Welt Distanz. Andererseits lebt er heute das genaue Gegenteil: Da, im Idealfall, der *moderne* Mensch glaubt und es — natürlich — im Horizont seiner säkularen Umgebung tut, droht den Glaubens*inhalten* die Verflüchtigung. Es kommt zum Konturverlust und zu einem Pluralismus, der auch antagonistisch sein kann.

Zusammenfassung

Durch konfessionell bedingte Mentalitäten wird ausgesprochen oder unausgesprochen das theologische Denken geprägt. Zugespitzt formuliert: Der Katholizismus setzt auf das Bekenntnis zur göttlichen *Inkarnation*, dementsprechend auf die kirchliche Institution als deren Heilskonsequenz. In der Orthodoxie steht Ostern im Mittelpunkt des Interesses und von daher die Idee der *Verklärung* von Welt, Kirche und Mensch: die *theosis* als vielfach schattierter Prozess. Im Protestantismus gilt das Augenmerk dem Schriftwort und dem persönlichen Glauben, aus dem die Kirche, aber auch die Kritik an ihr erwächst. Versuchungen zur Macht (Katholizismus), zur Weltflucht (Orthodoxie) oder zur dogmatischen Beliebigkeit (Protestantismus) sind vorprogrammiert.

Jörg Ernesti, Konfessionskunde kompakt. Die christlichen Kirchen in Geschichte und Gegenwart (Grundlagen Theologie), Freiburg-Basel-Wien 2009.

Anastasios Kallis, Von Adam bis Zölibat. Taschenlexikon Orthodoxe Theologie (Othodoxe Perspektiven; 5), Münster 2008.

Ulrich H.J. Körtner (Hg.), Kirche-Christus-Kerygma. Profil und Identität evangelischer Kirchen(n), Neukirchen-Vluyn 2009.

Julia Knob, Stefanie Schardien, Kirche, Christen, Konfessionen. Evangelisch-Katholisch, Freiburg-Basel-Wien 2011.

1. *Von welcher Leitidee ist der Katholizismus bewegt?*
2. *Was bedeutet „Verklärung" nach orthodoxem Verständnis?*
3. *Welche Rolle hat die Schrift im Protestantismus?*
4. *Spüren Sie konfessionellen Mentalitäten im Alltag nach.*

Theologie als Phänomen 3.

Das Wort „Gott" 3.1

Seit der Mensch begonnen hat, über sich und seine Umwelt nachzudenken, macht er sich auch Gedanken über *Gott*. Aber: Wer ist
Gott? Was ist Gott? Womit bekommt man es zu tun, wenn man
sich der Gottes*wissenschaft* widmet?

Eine erste, unabweisbare Antwort lautet: Gott existiert zunächst
einmal als ein mehr oder weniger konturiertes, existenziell schwer-
wiegendes Gebrauchswort der menschlichen Sprache. Gott ist ein
grammatikalisches Phänomen. „Gott" oder „Göttliches" wird buchstäblich „zur Sprache gebracht" — meistens dann, wenn es um die
Mühsal des Alltags geht. Oder wenn Dankbarkeit aufsteigt nach
dem Eindruck, dass eine empfangene Wohltat von „höherer" Herkunft war.

Der genannte Gott

Aus dem gesellschaftlichen Leben ist das Wort nicht wegzuden-
ken: Auf Gott berief oder beruft sich immer wieder gern, wer über
andere Macht ausüben will. Umgekehrt wird an ihn appelliert in
Situationen der Unterdrückung, um Gerechtigkeit und Freiheit oder
Trost zu erflehen. Von jeher — und leider bis heute — hatte das
Wort „Gott" im Kriegsmilieu Hochkonjunktur. So besingt ein promi-
nent platzierter Liedtext aus der Überlieferung Israels die zerschmet-
ternde Faust der Gotteskraft: „Der Herr ist ein Krieger, Jahwe ist sein
Name. Pharaos Wagen und seine Streitmacht warf er ins Meer. Seine
besten Kämpfer versanken im Schilfmeer" (Ex 15,3-4).

Als schillerndes, aber auch anregendes Urwort menschlicher
Sprache beflügelt die Vokabel „Gott" den intellektuellen Disput:

Kann es Gott geben? Steht hinter dem Begriff, den der Mensch geprägt hat, eine von ihm gleichwohl *unabhängige* Wirklichkeit, die sich nachgerade „als Wort" in sein Sprechverhalten drängt?

Der verkündete Gott

Dass von „Gott", von „Göttern" und „Göttinnen" oder „dem Göttlichen" in einem sehr feierlichen, meist sakralen Zusammenhang von frühester Stunde der Menschheitsgeschichte an die Rede war, zeigen die Religionen dieser Welt. In ihnen wird Gott ausdrücklich *verkündet*. An ihn wird erinnert, er wird verehrt, besungen, angerufen, beschworen, bezeugt, beschrieben, kodifiziert. Die Religionen sind lautstarke Sachwalter des Wortes „Gott". Sie bieten ausgeklügelte grammatische Architekturen, worin sich dieses Wort nach allen Richtungen hin ausbuchstabiert. Gott wohnt gewissermaßen in den Sprachkathedralen der Glaubenssysteme, wie sie nahezu in jeder Kultur aufragen.

Wie es mit der Existenz Gottes oder des Göttlichen auch bestellt sein mag — fest steht, dass sich mit dem *Wort* „Gott" auch die *Frage* nach Gott aufdrängt. Und sobald ein Wort nicht einfach nur hingenommen, sondern methodisch untersucht wird, kündigt sich Wissenschaft an. Hinsichtlich des Wortes „Gott" weiß sich in erster Linie die Theologie in der Pflicht. Sie ist — wie die Religionen und auf deren Schultern — eine gleichfalls mächtige Sachwalterin dieser Vokabel und nimmt zunächst einmal die Tatsache ernst, dass es das Wort auf rein sprachlicher Ebene gibt.

Meditation über das Wort „Gott"

Wie ernst damit der Mensch selbst genommen wird, hat der Theologe Karl Rahner († 1984) bedacht, als er eine „Meditation" über das Wort „Gott" schrieb. Seiner Meinung nach leistet schon der Begriff etwas höchst Erstaunliches. Denn er führt die Aufmerksamkeit des wachen Geistes, der sich in der Welt beheimatet und tätig weiß, über die „Dinge" hinaus und lässt ihn nach dem „Ganzen" fragen — nach dem, was mehr ist als die Summe der Teile und was selbst diesen Mehrwert noch einmal übersteigt. Recht pfiffig behauptet Rahner, der Mensch würde sein angestammtes Niveau verlieren, wenn er auch nur das *Wort* „Gott" vergäße, aber:

Zitat

„Dieses Wort *ist*; es ist in unserer Geschichte und macht unsere Geschichte. Es ist *ein* Wort. Darum kann man es überhören, mit Ohren, die — wie die Schrift sagt — hören und nicht verstehen. Aber damit hört es nicht auf, dazusein. [...] Es ist da. Es kommt aus jenen

Ursprüngen, aus denen der Mensch selbst herkommt; man kann sein Ende nur mit dem Tod des Menschen als solchen zusammen denken; es kann noch eine Geschichte haben, deren Gestaltwandel wir uns nicht im Voraus denken können, gerade weil es selbst die unverfügbare ungeplante Zukunft offenhält. Es ist die Öffnung in das unbegreifliche Geheimnis [...] Der Mensch hätte [ohne das Wort Gott] das Ganze und seinen Grund vergessen, und zugleich vergessen – wenn man das noch so sagen könnte –, dass er vergessen hat. Was wäre dann? Wir können nur sagen: Er würde aufhören, ein Mensch zu sein. Er hätte sich zurückgekreuzt zum findigen Tier".[1]

Der formbare Mensch | 3.2

Dass es das *Wort* „Gott" gibt und damit in vielen Varianten die unablässige *Rede* von Gott, ist unabweisbar. Ebenso unabweisbar ist die Tatsache, dass der Mensch, der Gott zur Sprache bringt, ein zielstrebiges Wesen, ein Wesen der Formbarkeit und stetiger Veränderung ist.

Für das Aufkommen der theologischen Frage ist diese Feststellung von einiger Bedeutung. Denn wer sich verändert und formen lässt, fragt unwillkürlich nach Kriterien, welche die Veränderung anzeigen und taxieren. Man will wissen, ob es einen Fortschritt oder einen Rückfall gab. Zu jeder Minute findet Bewertung statt, heute mehr und öffentlicher denn je: Wettbewerbe, Rankings, Preise, Prämien und, als Konsequenz, allgemeine Anerkennung, mehr Geld, mehr Möglichkeiten oder, bei negativem Bescheid, der soziale Nachteil. Was sich diesbezüglich in der modernen Gesellschaft abspielt, ist übertrieben, vielleicht auch gefährlich, doch für das menschliche Zusammenleben bleibt die Suche nach Maßstäben elementar: Wie soll ich mich verhalten? In welche Richtung soll ich gehen? Was kann ich ändern, wie komme ich weiter, wo finde ich Sinn? Welcher Anspruch liegt auf dem Menschsein?

Wertmaßstäbe

Ohne Ethik, ohne Moral, ohne Gespür für das Gute wäre das Menschsein undenkbar. Zwar können Gesetze die Belange des täglichen Lebens weitgehend regeln; aber Regeln ersetzen nicht den Charakter. Es liegt an der einzelnen Persönlichkeit selbst,

Menschliche Ambivalenz

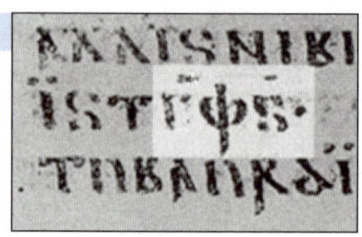

Abb. 5 | ▶
„Gott" in der gotischen Genitivform guþs (abgekürzt zu gþs) im Codex Argenteus (Mt 5,34 EU): ni svaran allis, ni bi himina, unte stols ist guþs („nicht schwört, nicht beim Himmel, welcher der Thron Gottes ist").

inwieweit sie an sich arbeitet, um gesellschaftsfähig zu bleiben. Der Mensch ist, woran der französische Denker Blaise Pascal († 1662) erinnert hat, in eine eigentümliche Schwebe versetzt: Er kann vieles tun, um Gutes zu erreichen, aber er kann sich auch gegen das Gute wenden; er kann zum Heiligen werden oder zum Monster.[2]

Umkehr

Bei alledem spielt die Umkehr eine tragende Rolle, biblisch ausgedrückt: das Um*denken*, woraus sich eine neue Einstellung ergibt. Eine Kehrtwendung ist freilich nicht notgedrungen religiös konnotiert; sie gehört einfach zum Leben, privat wie öffentlich. Es gibt Situationen, die den Rückwärtsgang zur Pflicht machen. Der aktuelle Verfall von Wahrheit und Wahrhaftigkeit in der globalen politischen Arena, angezeigt durch zwielichtige Wortkreationen wie „postfaktisches Zeitalter" oder „alternative Fakten", markiert ein solches Stadium ziemlich offensichtlich.[3]

Biblisches Menschenbild

Die geistbegabte Kreatur zeichnet sich also durch ihre Empfänglichkeit für Niederes und Edles aus. Deshalb fällt der biblische Blick auf sie genauso nüchtern wie idealistisch aus. Zuallererst wird klargestellt, dass der Mensch „essen" muss; Mann, Frau, Kind sind von ihrem „Schlund" bestimmt, den das hebräische Wort *nephesch* anzeigt. Entsprechend beherrscht die Sorge um das tägliche Brot den Alltag, der Mühe, Gier und Streit kennt. Illusionslos wird der Mensch unter alle anderen Lebewesen gerechnet, mit denen zusammen er freilich Gottes Geschöpf ist.[4] Allerdings besitzt der Mensch, anders als die Tiere, eine ihm eigene Hellhörigkeit. Seine *nephesch* macht ihm bewusst, „dass er aus sich selbst nicht leben kann".[5] Luft, Nahrung und Wasser müssen ihm trotz aller Mühe zugedacht sein und es tut ihm gut, wenn er diese Tatsache nicht verdrängt. Denn in seinem Wesen liegt mehr und Bedeutenderes als das Bedürfnis zu essen und zu trinken. Die Bibel wagt ein großes Wort: „Gott schuf den Menschen als sein Abbild;

als Abbild Gottes schuf er ihn. Als Mann und Frau schuf er sie" (Gen 1,27).

Kurz gesagt: Ein „großes Wunder ist der Mensch"[6] — aber da nach biblischer Überzeugung weder der blinde Zufall noch eine kalte Notwendigkeit den Lauf der Welt bestimmt, hängt Entscheidendes daran, ob und wie sich der Mensch *bewährt*. Ist Gott die Instanz, vor der dies geschieht?

Wenn ja, wird Theologie geboren. Denn ihre Aufgabe besteht in der Zusammenschau gegenwärtiger und noch kommender Realitäten: So *ist* der Mensch. Aber auch: So *kann* er sein, so kann er *werden,* so wird er einst *bleiben*.

Mit Aristoteles hat Thomas von Aquin die charakterliche Entwicklungsfähigkeit des Menschen bestaunt und sie „Tugend" genannt.[7] Thomas sieht in ihr das *ultimum potentiae* (höchstes Vermögen) der geistbegabten Kreatur. Gemeint ist ihre Berufung zur Vollkommenheit. Tugend verfeinert, sie erzieht,

Abb. 6 | ▶
Adam und Eva nach der Vertreibung aus dem Paradies, Meister Bertram, Hochaltar der Petrikirche, Hamburg 1375-1383

sie hebt nach oben und deutet in Dimensionen, die für den Moment unerreichbar scheinen. Doch der Mensch braucht die Herausforderung. Es drängt ihn zur Grenze — und dann weit darüber hinaus.

Die Theologie durchmisst den Radius der menschlichen Entfaltungskraft, von der sie weiß, dass sie jedes Begreifen übersteigt. Als Maßstab dient das „Bessere", das sich zum „Besten" hin ausstreckt. Woher kommt dieser Drang „nach oben"? Mit Platon lässt sich sagen: Es ist „das Gute" schlechthin, von dem aus sich nach dem Besseren fragen lässt, weil es selbst das „höchste Gut" ist.[8] Als solches besitzt es Ausstrahlung und Anziehungskraft. Dass überhaupt etwas existiert und sich entwickelt, ist dem Guten verdankt. Von ihm wird alles getragen.

Zusammen mit der Schrift preist die Theologie das Gottesgeschenk der Schöpfung: „Gott sah alles an, was er gemacht hatte; es war *sehr gut*" (Gen 1,31). Gegen jede Tendenz, die Schöpfung

Gottgeschenkter Optimismus

abzuwerten, nimmt die Theologie den Kampf auf, etwa im Fall des Evolutionsbiologen und bekennenden Atheisten Richard Dawkins, der mutmaßt, dass die blinde Urgewalt der kosmischen Evolution die Gleichsetzung des Guten mit einem Schöpfergott unmöglich mache.[9] Wer anders denkt, setzt sich dem Vorwurf aus, unaufgeklärt und irrational zu sein. In die gleiche Kerbe schlägt ein Autor, der zwar mit der Idee des Guten etwas anzufangen weiß, sie aber innerweltlich vereinnahmt; das Gute komme vom Menschen, nicht von seinem Schöpfer. Demnach sei „Gott ein *Symbol* für alles, was gut ist", nicht mehr und nicht weniger, ein Gleichnis „für Dankbarkeit, Barmherzigkeit und Vergebung — für Liebe, Vertrauen und Frieden".[10]

Nicht zuletzt der Dissens in solchen Fragen macht die Theologie zu einer spannenden Angelegenheit: Gibt es das Gute unabhängig von der bürgerlichen Selbstzufriedenheit? Gibt es das Gute ohne Gott? Was ist es, das „die Welt im Innersten zusammenhält"? (J.W. v. Goethe). Immerhin hat ein Theologe nachgewiesen, dass das Schlechte, das Böse, das große Nein, auf keinen Fall als maßgebliche Grundkraft des Daseins in Frage kommt: Augustinus von Hippo († 430).

Irrsinn des Bösen   Augustinus spricht von der *privatio boni* (Raubbau am Guten): Das Üble baut nicht auf, sondern zersetzt, es schmarotzt. Ihm kommt keine eigene Substanz zu. Mat hat die Lehre Augustins vielfach kritisiert; verharmlost sie das Böse und den Schmerz, den es verursacht?[11] Vielleicht, aber da ist auch ein großer Trost: Der Raubbau kann unmöglich das letzte Wort behalten. Warum nicht? Weil sich das Böse nicht sinnvollerweise superlativisch denken lässt. Die vollkommene Negation würde sich letzten Endes gegen sich selbst richten. Ihr Triumph wäre das Nichts, die Absurdität, der Irrsinn. Aber so kann ein vernünftiger Mensch nicht denken. Intuitiv tendiert er in die entgegengesetzte Richtung: Sein statt Nichtsein, Kommunikation statt Verweigerung, Zuspruch statt Verurteilung, Liebe statt Hass. Der christliche Glaube kündet von alledem und die Theologie überlegt, welche Gründe er dafür hat.

Die Theologie und das Denken | 3.3

Der Zusammenhang von Denken und Sein | 3.3.1

Wo es Menschen gibt, wird – über kurz oder lang, mehr oder weniger intensiv – nachgedacht. Diese Tatsache hat Aristoteles dazu veranlasst, vom „logosbegabten Lebewesen" zu sprechen. Der Mensch ist, lateinisch ausgedrückt, ein *animal rationale*.[12] Er definiert sich über seine Intelligenz.

Vernunftgeleiteter Mensch

Obwohl heute das Gespür dafür gewachsen ist, dass auch Tiere je auf ihre Weise intelligent sind, und obwohl das antike Vertrauen in die „Vernünftigkeit" schlechthin zugunsten pragmatischer und konstruktivistischer Ansätze, die je nach Sachlage viele „Vernünftigkeiten" kennen, verblasst ist,[13] bleibt die Auskunft des Aristoteles hoch bedeutsam: Den Menschen zeichnet die Fähigkeit zur subtilen Reflexion aus. Seine *ratio* (die ihm eigene Vernunft) ist das bevorzugte Instrument, sich und seine Umwelt zu hinterfragen.

Als *denkendes* Wesen bleibt der Mensch an den „Dingen" interessiert. Sein Geist stößt auf „Welt" und kommt so zu sich selbst. Er nimmt Zusammenhänge wahr und setzt sie in Sprache um. Sein und Denken, lehrt die klassische antike Philosophie, verweisen aufeinander. Und zum Denken gehört die Kommunikation. Noch einmal Aristoteles: Das von ihm zur Charakterisierung des Menschen verwendete Wort *logos* „bezeichnet Denken, Vernunft und verständlich artikulierte Rede in einem".[14]

Das Christentum hat sich von der griechischen Philosophie beerben lassen. Dafür steht die Theologie der Kirchenväter, der maßgebenden Vertreter frühkirchlicher Gelehrsamkeit (vgl. S. 100-104). Sie haben sich freilich in erster Linie auf Platon gestützt auf der Basis mittelplatonischer Vermittlung. Mithin bildete sich ein geistzentriertes Menschen- und Weltbild aus, wie es beispielsweise bei dem hochgebildeten Glaubenslehrer Clemens von Alexandrien (um † 215) greifbar wird: „Die Erkenntnis", schreibt er, „ist sozusagen eine Vervollkommnung des Menschen *als Menschen*, denn durch das Wissen der göttlichen Dinge verleiht sie seinem Charakter, seiner Lebensführung und seiner Redeweise die Erfüllung, und sie steht im Einklang und in Übereinstimmung mit sich selbst und dem göttlichen Wort".[15] Natürlich spricht Clemens als christlicher Theologe und damit aus der Überzeugung heraus, dass in der Person

Erkenntnis bei den Vätern

Jesu von Nazareth der göttliche Logos Mensch geworden sei. *Dessen* Wissen und *dessen* Rede sind es, die authentische Erkenntnis über den Kosmos und sein geistiges Hinterland vermitteln. Aber die Intellektuellen seiner Zeit dachten ohne Jesusbezug genauso. Vor allem die zur Entstehungszeit des Christentums sehr populäre Philosophie der *Stoa* hatte diesbezüglich Vorarbeit geleistet.

Stoisches Weltbild   Den Stoikern zufolge herrscht eine passgenaue Korrespondenz zwischen dem menschlichen Denken und der kosmischen Ordnung. Weil die Welt logisch funktioniert, kann sie logisch erfasst werden. Und weil es Logik bei allen Menschen gibt, ist ein völkerübergreifendes, rationales Ethos möglich. Dazu schrieb der stoisch geprägte römische Kaiser Marc Aurel († 180): „Alles ist wie durch ein heiliges Band miteinander verflochten. Nahezu nichts ist sich fremd. Alles Geschaffene ist einander beigeordnet und zielt auf die Harmonie derselben Welt. Aus allem zusammengesetzt ist eine Welt vorhanden, ein Gott, alles durchdringend, ein Körperstoff, ein Gesetz, eine Vernunft, allen vernünftigen Wesen gemein, und eine Wahrheit, so wie es auch eine Vollkommenheit für all diese verwandten, derselben Vernunft teilhaftigen Wesen gibt."[16]

Thomas von Aquin   Die antike Hochschätzung der menschlichen Vernünftigkeit, mit der sich die Frage nach dem Geheimnis von Welt und Mensch verbindet, hat sich im Fortgang der abendländischen Geistesgeschichte insbesondere durch die mittelalterliche Scholastik verfeinert (vgl. S. 105-109). Für Thomas von Aquin hat jedes Seiende — die Einzeldinge und das Individuum — ein klar bestimmbares Profil. Darin zeigt sich das Sein an sich (lat. *esse*) und das Sein in je spezifischer Weise (lat. *essentia*). Jedes Seiende — alles, was in der Welt vorkommt — ist eine Erscheinungsform des Seins. Zugleich besitzt jedes Seiende ein Wesen; es hat eine ihm zugewiesene Art, authentisch zu bleiben. Das Wesen verleiht den Dingen Identität und macht es so unverwechselbar. Mit dieser Bestimmung formuliert Thomas, „was zu seinem nachhaltigsten Erbe wird: die Überzeugung von einer prinzipiellen Erkennbarkeit und kategorialen Bestimmbarkeit der gegenständlichen Welt" durch den menschlichen Verstand.[17] Als Denkender wird der Mensch wahrheitsfähig. Und die Wahrheit, so ist Thomas überzeugt, führt zu Gott.

Das Postulat und die empirische Vernunft

Der Vernunftoptimismus des Thomas und seiner Schule hat sich in der Neuzeit, was seine theologische Leistungsfähigkeit betrifft, erheblich abgeschwächt — doch zugleich transformiert und neu in Position gebracht. Spätestens seit der Philosophie Immanuel Kants († 1804) wird der menschlichen Vernunft abgesprochen, dass sie an eine Wirklichkeit jenseits ihrer selbstbezüglichen Erkenntnis heranreicht. Aber Kant hat scharfsinnig die Leistung von *Postulaten* entdeckt: Die Vernunft schaut nicht Gott, aber sie vermag einsichtig darzulegen, warum es moralisch gesehen vernünftig sein kann, die Existenz Gottes anzunehmen.

Kants Vernunftbegriff

Kant interessiert, was der Erfahrung und dem Denken der Erfahrung als Voraussetzung zugrunde liegt. Der transzendentale Ansatz: Was weiß der Mensch über das Wissen? Wie ist er als denkendes Wesen am Ertrag seiner rationalen Recherche beteiligt? Die umfassende Allianz von Denken und Sein löst sich. „Es ist nach Kant [...] nicht mehr möglich, von einem Begriff auf den realen Gegenstand zu schließen, da es nicht möglich ist, ihn logisch nachzuweisen".[18] Denkt der Mensch vergebens? Immerhin bleibt ihm die technische Vernunft. Sie sieht, wie die Dinge funktionieren, und sie konstruiert, was für das tägliche Leben nützlich erscheint. Und Gott? Auf ihn verweist, wie gesagt, das Postulat, doch — kritisch an Kant zurückgefragt: Lässt sich ausschließen, dass sich das Göttliche als Denken des Denkens gerade in den Bedingungen der menschlichen Verstandestätigkeit äußert?

Transzendentale Wende

Der Höhenflug in den so genannten empirischen Wissenschaften verdankt sich der erklärten Reduktion des forschenden Geistes auf Beobachtung und Experiment. Vernunft — das Wort bezeichnet in der *Scientific Community* der Gegenwart den Umgang mit den Dingen ohne jede transzendente oder transzendentale Bezugnahme. Das philosophische Problem wird konsequent ausgeklammert. Solange die Forschung Erfolg hat, ist ihre Berechtigung erwiesen. Allerdings bleibt sie dem Disput der angewandten Methoden und ihrer Ergebnisse unterworfen. Verifikation und Falsifikation sind

Empirische Vernunft

Abb. 7 | ▶
Immanuel Kant, 1768

die treibenden Kräfte des wissenschaftlichen Fortschritts, der nicht nach Wahrheit, sondern nach dem Richtigen sucht. Der Irrtum gehört zur Methode. Er optimiert die investigative Idee und erdet sie. Für bloßes Meinen und ungesichertes Glauben ist kein Platz, es sei denn, es handelt sich um Hypothesen. Diese befeuern den Wissensdrang, entfallen aber, sobald sie überprüft sind. Die Hypothese „Gott" spielt indes keine Rolle; sie gehört nicht ins Labor.

Theologie als Deutung   Wer Theologie studiert, sucht nach Indizien, das Transzendente entgegen allem Anschein auch und gerade im Kontext der „Dinge" zu suchen. Dabei befindet man sich in guter Gesellschaft mit geistreicher Reflexion ganz ohne Empirie, denn: Denkt ein Künstler nicht? Arbeitet eine Geigerin geistlos? Was geschieht in der Dichtung, in der Malerei? Braucht gute Pädagogik keinen Verstand und äußert sich Fantasie am Rande des Irrsinns? Ganz gewiss nicht. Im Übrigen gibt es treffende Begründungen für äußerst wichtige Charaktereigenschaften: Zuverlässigkeit, Ehrlichkeit, Gerechtigkeit, Mut — Glaube, Hoffnung und Liebe. Nichts davon ist irrational. Gott und das Denken, das gehört einfach zusammen.

3.4 | Theologie und Existenz

3.4.1 | Zumutung aus dem Zeitlichen

Wie die Vernunftbegabung, so gehört auch die Fähigkeit, dem Leben Sinn abzugewinnen, zur Grundausstattung des menschlichen Geistes. Theologie ist entstanden, weil das Dasein weitgehend religiös *gedeutet* wird — damals wie heute. Deutung? Theologie lebt mit und aus der Deutung existenzieller Hoffnungen. Deutung? Nur Meinung, nur Geschmack, über den sich bekanntlich nicht streiten lässt?

Mit Willkür hat die theologische Recherche nichts zu tun. Das Gefühl spielt hingegen eine Rolle, doch nicht unabhängig von klar benennbaren Stimulanzien. Interessanterweise setzt zur Stunde vor allem die säkulare Gesellschaft auf Stimmungen. Bei der weltanschaulichen Bewältigung des Alltags zählt für viele *nur* das Gefühl — vereint mit handfesten Erwartungen. Für den Historiker Yuval Noah Harari hat der „liberale Humanismus" der Zeit zu dieser Entwicklung geführt. Hier „gehen die subjektiven Empfindungen der Menschen über alles. Demnach entscheidet allein unser Gefühl darüber, was gut ist und was schlecht, was schön ist und was hässlich, was sein sollte und was nicht".[19]

Theologisch lassen sich — aus christlicher Sicht — nur Fakten deuten. Es geht nicht um private Empfindungen, sondern um Vorgänge, über die es eine Reihe unterschiedlichster Zeugnisse gibt. Diese hat man sorgfältig gesammelt und diskutiert. Dann kam es, oft nach einem zähen Ringen,

Abb. 8 | ▶
Die sog. römische Pietà, Michelangelo Buonarroti, ca. 1547 – 1555, zeigt Jesus nach der Kreuzesabnahme

zum Konsens: So ist es gewesen, so kann man es sehen, das ist unser Glaube! Theologie *deutet* und das heißt, sie entdeckt, bedenkt und bewertet Widerfahrnisse. Sie *zeigt*. Sie appelliert auch und wirbt. Was sie mitteilen will, basiert auf Sachverhalten, denn anders wäre eine deutende Auseinandersetzung unbegründet.

Theologisch gezeigt werden kann nur, was sich als Phänomen aufgedrängt hat und dann, im tiefen Wortsinn, eine Zumutung bleibt. Menschliches Wunschdenken führte dabei nur selten die Feder. Wer käme auf die Idee, sich für einen „gekreuzigten Gott" (Jürgen Moltmann) stark zu machen? Oder über die Auferweckung des Fleisches zu predigen mit der Gefahr, gründlich missverstanden zu werden? Christliche Theologie stellt sich der Zumutung ganz bewusst, was ihr, näher besehen, einen Bonus für ihre Glaubwürdigkeit verschafft. Denn sie bezeugt das Unerhörte. Bei Vereinfachungen bleibt sie skeptisch, besonders wenn die Aussicht auf einen bequemen Burgfrieden winkt. Viele erwarten das — und müssen enttäuscht werden.

Deutung theologisch

Bezeichnetes und Bezeichnendes sind in Glaubensfragen nicht identisch. Entsteht der Mond, weil ihn die Dichtung besingt? Yuval Harari macht es sich entschieden zu einfach, wenn er ohne Begründung behauptet, die geistige Welt des Menschen sei bloße

Sinngebung als Illusion?

Illusion und durch dessen Neigung erklärbar, „sich Dinge vorzustellen, die nicht existieren".[20] Er zieht daraus den Schluss, dass
„*jeder* Sinn, den wir unserem Leben geben, reine Illusion" sei.[21]
Tatsächlich? Ist auch der Drang, das Dasein überhaupt zu deuten
und dies so oder anders tun zu können, eine Illusion? Hariris Lo-
sung widerspricht sich selbst. Denn auch sie ist Deutung auf einer
weltanschaulichen, nicht empirischen Ebene. Als Deutung überzeugt sie jene, die sich ihr anschließen; verstanden als ein Sach-
urteil, ist sie barer Unfug.

Selbstbewusstes Leben auf dieser Welt ist immer Interpretation.
Der empirische Wissenschaftsbetrieb deutet *empirisch* erfassbare
Daten, während die Philosophie, die Religion und die Theologie —
wie im Übrigen Poesie, Musik und bildende Kunst — auf die welt-
anschauliche Herausforderung des Lebens reagieren. Im Konzert
dieser Interpretationsinstanzen nimmt die Theologie einen wichtigen Platz ein. Dass bestimmte Voraussetzungen und Kriterien,
mit denen sie arbeitet, von anderen Denkweisen unterschieden
werden müssen, ist eine andere Frage und kommt in diesem Buch
noch zur Sprache.

3.4.2 | Zumutung aus dem Ewigen[22]

Theologie und
Religiosität

In der Regel studiert niemand Theologie ohne religiöses Interesse.
Denn hier wird von Gott in seiner Bezogenheit auf den Menschen
gesprochen, und umgekehrt: Es kommt der Mensch *vor Gott* zur
Sprache. Das Metier der Theologie ist die Transzendenz. Deshalb
verlangt ihr Studium die Bereitschaft, sich nicht nur mit Teilas-
pekten des Lebens zu beschäftigen, so wichtig und abendfüllend
diese auch sind, sondern mit dem anstrengenden und darum gern
vernachlässigten Ur-Rätsel des Daseins: Wer bin ich, woher komme ich, wohin gehe ich, wofür muss ich einstehen, was kann ich
erwarten?

Die Beobachtung, dass der Mensch angesichts existenzieller
Fragen im Zwiespalt lebt, belegt jeder Tag aufs Neue. Durch die
Welt geht ein Riss, der auch im Innenleben des Individuums klafft
und sich auf alle Bereiche des gesellschaftlichen Lebens auswirkt.
Die Menschheit ist mit sozialen, ökonomischen, politischen, kulturellen und religiösen Problemen konfrontiert, die es zu bewältigen gilt. Dies erfolgreich zu tun, macht ihre Größe aus, sich dabei
zu verfehlen, ihr Elend.

Oder wäre es besser, man verzichtet auf den „Blick nach oben" und die Reflexion darüber? Eine Abstinenz dieser Art — manche sähen eine überfällige Befreiung darin — wird der menschlichen Eigenart nicht gerecht. Die Welt mit dem Allerbesten in ihr macht niemanden satt. Augustinus, der frühere Boheme, schrieb treffend: „Unruhig ist unser Herz, o Gott, bis es ruht in Dir".[23]

Dem Verstehen der theologischen Denkart kommt es sicher zugute, wenn sich die Studierenden von dieser Unruhe ergreifen lassen. Ihr akademisches Fach wird dann freilich zu einer Herzensangelegenheit, die es mit sich bringt, dass man sich gesellschaftlich positioniert. In einer gegenüber Glaube und Religion zunehmend skeptischen, ja aggressiven, aber auch weitgehend ignoranten Umgebung ist das sicher nicht leicht. Erklärtermaßen atheistische Gestimmtheiten sind mit mehr oder weniger sichtbarem Zuspruch auf dem Vormarsch, auch an den Hochschulen. Nicht alle praktizieren akademische Fairness, manche werden untergriffig und präpotent. Viele scheren sich um das Selbstverständnis der Theologie wenig oder verweigern ihr die Anerkennung. Stattdessen wird ein Zerrbild gezeichnet, um sich süffisant oder wütend, meist sehr selbstgerecht, zu echauffieren.

Bekehrung zur Welt?

Ein relativ bekannter Repräsentant solchen Zuschnitts ist der bereits erwähnte Richard Dawkins (den ich in diesem Buch öfter zitiere — nicht weil er brillant, sondern lautstark ist). Dawkins stört sich an der „Gotteshypothese" ganz grundsätzlich, welche er wie folgt beschreibt: „Es gibt eine übermenschliche, übernatürliche Intelligenz, die das Universum und alles, was darin ist, einschließlich unsrer selbst, absichtlich gestaltet und erschaffen hat".[24] Dem entgegnet er: „Jede kreative Intelligenz, die ausreichend komplex ist, um irgendetwas zu gestalten, entsteht ausschließlich als Endprodukt eines langen Prozesses der allmählichen Evolution [...] Sie kann das Universum deshalb nicht entworfen haben".[25]

Pseudowissenschaft als Theologiekritik

So weit, so gut, eine These und eine Gegenthese, im Ton noch moderat. Aber Dawkins' innerer Antrieb ist der Hass auf die monotheistische biblische Tradition. Er traut weder „Jahwe, ihrer abstoßendsten Verkörperung" noch ihrem „fade-entgegengesetzten christlichen Gesicht, dem ‚sanften Jesus, lieb und mild'"[26]. Darum beginnt er zu pöbeln. Mit pseudowissenschaftlichem Snobismus wie diesem werden Theologiestudierende gelegentlich konfrontiert. Da braucht es ein dickes Fell und vor allem: Über-

IOĀN·PICVS ‹MIRANDVLA›

Abb. 9 | ▶
Pico della
Mirandola, Porträt
von Cristofano
dell'Altissimo

zeugungen und argumentativen Biss ...

Ein starkes Motiv für das Theologiestudium bleibt die *Philanthropie*. Wer Menschen nicht mag, wählt besser ein anderes Fach. Denn der christliche Glaube denkt groß von dieser Spezies. Vor allem Denker der Renaissance-Zeit haben ihr, weil sie das Evangelium kannten, ein hohes Lied gesunden, etwa der gelehrte Graf Giovanni Pico aus dem norditalienischen Mirandola († 1494), dessen Begeisterung um ein — vorhin bereits zitiertes — Bonmot antiker Weisheit kreist: „Ein großes Wunder ist der Mensch".[27]

Aber auch diese Auskunft stößt inzwischen auf Widerstand: Worin zeigt sich dieses Wunder? Eine Hybris? Ein überholter, fataler Mythos? Nach Giovanni Pico tritt die menschliche Würde gerade insofern zutage, als es keine biologischen Indizien für sie gibt. Der Mensch ist als Wanderer zwischen den Welten hier wie dort verankert: „In der Unbestimmtheit, Ortlosigkeit, Schöpferkraft und vor allem Freiheit des Menschen besteht das Wunderbare und Bewundernswerte seiner Natur, welche ihm durch die göttliche Freigiebigkeit (*Dei patris liberalitatem*) selbst geschenkt wurde und in der seine Glückseligkeit (*felicitas*) liegt".[28]

Die Theologie muss ohne Abstriche für den Menschen und seine Würde Partei ergreifen. Ihr wissenschaftlicher „Gegenstand" ist das Leben, nichts sonst: *homo vivens gloria Dei* (Irenäus von Lyon). Es geht um das Ganze — um die Ehrfurcht und um das Staunen über Gott und Mensch. Deshalb bliebe eine Theologie, die nur Wissen ansammeln wollte, hinter ihrem Auftrag zurück.

Zusammenfassung

Theologie drängt sich als Empfindungsweise und Denkübung gewissermaßen durch die faktische Situation menschlichen Daseins auf. Zunächst: Es gibt das Wort „Gott", von dem die geistbegabte Kreatur nicht loskommt. Dann: Der Mensch erfährt sich als ein formbares, in viele Dimensionen ausgreifendes Wesen, das nach seiner Herkunft und seiner Zukunft fragt. Weiter: In den Religionen der Welt wird ausdrücklich vom Göttlichen erzählt und das Göttliche gefeiert. Schließlich: Als denkender Geist thematisiert der Mensch das „Sein", so dass seine Vernunft den *Zusammenhang* von Sein und Denken erforscht. Sie sucht nach empirischen Möglichkeiten, das Sein zu erfassen, weiß aber gerade so, dass auch das Denken Voraussetzungen hat, die bedacht werden müssen. Bei alledem sucht der Mensch nach Sinn. Er *deutet* sein Leben und stellt fest, dass es mit den Mitteln dieser Welt allein eigentümlich ungeklärt bleibt. So denkt der Mensch „die Welt" und mit ihr „Transzendenz".

Literatur

Norbert Hoerster, Glaube und Vernunft. Texte zur Religionsphilosophie (dtv; Wissenschaft), München 1979.

Wilhelm Weischedel, Der Gott der Philosophen. Grundlegung einer philosophischen Theologie im Zeitalter des Nihilismus. Sonderausgabe, Darmstadt 1983.

Peter Fischer, Philosophie der Religion (UTB; 2887), Göttingen 2007.

Ludger Schwienhorst-Schönberger, Gottesbilder des Alten Testaments, in: Theologisch-Praktische Quartalschrift 148 (2000) 358-368.

Karlheinz Ruhstorfer (Hg.), Gotteslehre. Gegenwärtig Glauben Denken 2, Paderborn u.a. 2010.

Albert Keller, Grundkurs des christlichen Glaubens. Alte Lehren neu betrachtet, hg. v. Andreas Batlogg, Nikolaus Klein, Freiburg-Basel-Wien ²2012.

Volker Leppin (Hg.), Thomas Handbuch, Tübingen 2016.

Markus Schrenk, Handbuch Metaphysik, Stuttgart 2017.

Werner Zager (Hg.), Der Neue Atheismus. Herausforderung für Theologie und Kirche, Darmstadt 2017.

Testfragen

1. *Skizzieren Sie den Unterschied von empirischem und transzendentalem Denken.*
2. *Was leistet das Wort „Gott" für das Menschsein des Menschen?*
3. *Wie erklärt sich der scholastische Vernunftoptimismus?*
4. *Welchen Beitrag liefert das Denken Kants für die theologische Frage?*
5. *Warum ist nur das Gute als Grundkraft des Daseins denkbar?*
6. *Inwiefern ist die Behauptung unhaltbar, Gott sei eine Illusion?*

Das Verhältnis der Theologie zur Naturwissenschaft

Inhalt

Die eine Welt

| 4.1

Es versteht sich, dass die Theologie, sobald sie historische Vorgänge und darauf bezogene Texte deutet, auf weite Strecken empirisch zu arbeiten hat. Davon wird später noch die Rede sein. Aber wie steht die Theologie zur Naturwissenschaft? Ihrem Selbstverständnis nach positiv. Denn das Christentum sieht in Gott den „Schöpfer von Himmel und Erde" (Apostolisches Glaubensbekenntnis). Es ist die *eine* Welt, auf die sich der denkende, forschende und glaubende Mensch gleichermaßen bezieht.

Positive Verhältnisbestimmung

Umgekehrt verhält sich die Sache etwas anders. Naturwissenschaften benötigen *per definitionem* keinen Bezug zur Gottesfrage und damit auch nicht zur Theologie. Sie basieren auf einer methodischen Reduktion, die einen bestimmten Ausschnitt der Wirklichkeit ins Visier nimmt. Überprüfbarkeit hinsichtlich Versuch und Irrtum ist alles; Weltanschauungsfragen bleiben (weitgehend) ausgeklammert.

Die Theologie kann sich also von der Naturwissenschaft nicht grundsätzlich distanzieren. Doch das heißt nicht, dass sie die einzelnen, immer auch vorläufigen Ergebnisse aus diesem Bereich beurteilen müsste. Es genügt zunächst einmal, der Versuchung zu widerstehen, im Vergleich zur empirisch zugänglichen Realität von einer grundsätzlich *anderen* Welt zu sprechen. Theologie muss geerdet bleiben. Vieles, was sie vertritt, hat direkt oder indirekt mit „den Dingen" zu tun. Darum profitiert die Theologie, wenn sie mit denen im Gespräch bleibt, die in Sachen „Welt" Experten sind.

Die eine Menschheit

Zum Beispiel spricht das Christentum von der *einen* Menschheit. Es unterstreicht, dass alle Kreaturen der Spezies „homo sapiens sapiens" eine unauflösbare Verwandtschaft verbindet, die jedwede Form von Rassismus für absurd erklärt.[1] Aber weist auch der phylogenetische Befund in diese Richtung? Bestätigt der vorherrschende Wissensstand, dass es nur eine einzige Menschenfamilie gibt? Zur Debatte stehen auch aufschlussreiche Nebenfragen, die humanbiologisch gesehen hochinteressant und theologisch betrachtet nicht unwichtig sind: Wie sieht es mit der Tatsache aus, dass bestimmte Menschentypen inzwischen ausgestorben sind? Gab es Holzwege in der Evolutionsgeschichte?

Monogenismus? Polygenismus?

Dogmatisch gesehen hat dieses Problem zur Diskussion um die Begriffe *Monogenismus* (ein einziger Ursprung für alle) und *Polygenismus* (das Aufkeimen des Menschen an mehreren Orten) geführt. Im Hintergrund steht die kirchliche Erbsünden- und Erlösungslehre, welche sich plausibler formulieren lässt, wenn man die Menschheit als ein einziges Ganzes denkt.[2] Der Apostel Paulus spricht im Römerbrief von einem „alten" und einem „neuen Adam" (vgl. Röm 5); gemeint ist die Gesamtheit der Menschen *vor* dem Erscheinen Christi, deren Leben gottfern war, und ihre Korporation *in* Christus, in der diese Misere aufgehoben ist. Niemand, der die Welt naturwissenschaftlich betrachtet, kann ernsthaft in diesem Sinn argumentieren. Aber die naturwissenschaftliche Anthropologie vermag Ursachen, Genesen und Faktoren zu beschreiben, die sich faktisch zum Guten oder zum Schlechten ausgewirkt haben.

4.2 | Die vielen Perspektiven

Über das spezifische Verhältnis von Theologie und Naturwissenschaft gibt es keine einhellige Meinung. Der US-amerikanische Physiker und Theologe Ian G. Barbour hat eine Klassifizierung erarbeitet, die recht griffig ist und deshalb im Folgenden vorgestellt und, in aller Kürze, kommentiert sei.[3]

Konflikt

In diesem Ansatz sind die beiden Verstehensmodi, die zwei *Epistemologien* (von gr. *episteme*, Erkenntnis), konträr und unversöhnlich zugespitzt — wobei man differenzieren muss: Wird einer der beiden Zugänge als einzig möglich oder lediglich als überlegen verstanden? In jedem Fall herrscht der Dissens; nur der je eigene Erkenntnisweg sei erfolgversprechend im Gegensatz zum belanglosen oder gar absurden Gedankengut der Gegenseite. Beide Überzeugungen „benutzen die Rhetorik des Krieges".[4] Woran krankt dieser Streit?

Konträre Epistemologien

Die Naturwissenschaft würde, falls sie konsequent so dächte, unter der Hand zur Weltanschauung, ja zu einer Art Gegenreligion. Der Glaube an Gott wäre ersetzt durch den Glauben an eine bestimmte *Form* von Wissenschaft, was sehr schnell zur Verballhornung des theologischen Erkenntnisweges führt. Bei Richard Dawkins zeigt sich das sehr deutlich, etwa wenn er das katholische Eucharistieverständnis darin erschöpft sieht, dass sich „Brot und Wein" in das „Fleisch und Blut" eines „vaterlosen Mannes" verwandeln.[5] Ist damit Richtiges gesagt? Und ist das Entscheidende gesagt?

Grenzverletzungen

Auch die Theologie geht Risiken ein, wenn sie den Konflikt befeuert. Dann droht der geistige Imperialismus. Nicht alles Wissbare ist biblisch abgedeckt. Theologie deutet das Dasein,

Abb. 10 | ▶
Ausschnitt aus dem Art-Deco-Fenster „Education" in der Linsly-Chittenden-Hall der Universität Yale, 1890; dargestellt sind Wissenschaft (links) und Religion (rechts)

nicht seine physikalischen Grundlagen. Sie legt Gottes Wort, keine zoologischen Forschungsberichte aus. Es ist ein Ärgernis, wenn fundamentalistisch-christliches Gedankengut die beiden Schöpfungsberichte des biblischen Buches Genesis als naturwissenschaftliche Reportagen hinstellt und dafür blinden Gehorsam einfordert.

4.2.2 | Unabhängigkeit

Abgrenzung

Hier kommt den beiden Epistemologien eine je spezifische Eigenständigkeit zu, die sie voreinander abschirmt: zwei Wege, zwei Interessen. Man behindert – und stützt sich auch nicht. Die Naturwissenschaft geht streng empirisch vor: Beobachtung, Messung, Versuch und Irrtum, Verifikation, Falsifikation. Die Theologie hingegen hört auf Gottes Wort als einzige Erkenntnisquelle. Statt zu forschen konstatiert sie; nicht Ergebnisse zählen, sondern Überzeugungen. Jede der beiden Disziplinen bewegt sich auf abgezirkeltem Boden und übt sich in Selbstzufriedenheit.

Ressortdenken

Allerdings bleibt nach diesem Modell die Unabhängigkeit der beiden Seiten auch dann gewahrt, wenn man fachbezogene Eigenarten anerkennt und es mit Hochachtung tut. Beliebt sind Zuweisungen wie diese: „Die Wissenschaften stellen objektive ‚Wie'-Fragen. Die Religion stellt persönliche ‚Warum'-Fragen in Hinblick auf Sinn und Zweck, unseren allerersten Ursprung und unser Schicksal".[6]

Die friedliche Koexistenz hat etwas Sympathisches. Welt bleibt Welt und Gott bleibt Gott; die Ressorts bleiben klar definiert. Das Problem ist aber auch hier: Wenn die beiden Interessen zwei Welten postulieren, die sich letzten Endes entbehren können, kommt es zur Blickverengung. Die Bibel denkt jedenfalls nicht so: Gott handelt in *dieser* Welt und wird unter ihren Bedingungen auch erkennbar.

4.2.3 | Dialog

Dieser Ansatz genießt im Allgemeinen hohe Akzeptanz und zielt in wissenschaftlicher Hinsicht, bei aller Differenzierung, auf den gemeinsamen Erkenntnisgewinn. Dazu Ian Barbour: „Während die Unabhängigkeitsthese die Unterschiede betont, hebt der Dialog durch den Vergleich von Naturwissenschaft und Religion die

Ähnlichkeiten in den Voraussetzungen, Methoden und Begriffen hervor".[7]

Für den Dialog sprechen in jedem Fall Grenzfragen (*limit questions*) und deren intellektuelle Herausforderung. Die Wirklichkeit ist komplex und niemals monokausal erklärbar, ein Denken in Schablonen unterschätzt sie. Zum Beispiel die menschliche Persönlichkeit: Sie hat im Gehirn (brain) nachweislich biologische Grundlagen, ragt aber mit dem Ich (mind) weit darüber hinaus. Wer hat die Deutungshoheit?

Der Dialog erweitert den heuristischen (problemlösenden) Horizont von Grenzfragen durch seine epistemologische Geschmeidigkeit. Oft liefert er die entscheidende Idee, fast immer zerstreut er Vorurteile. Die wissenschaftliche Kommunikation überwindet Grenzzäune innerhalb und außerhalb einer Disziplin. Dass sie problemlos verläuft, ist damit nicht gesagt. Nötig sind Einfallsreichtum, Geduld, Rücksichtnahme und Respekt. Der Dialog darf nicht übergriffig werden. Aber auch zu große Zurückhaltung wäre falsch. Ideal ist die gegenseitige Schützenhilfe — durch fachlichen Austausch, soweit er sich handhaben lässt, und durch eine Art von Geburtshilfe: Was meint die Theologie und was meint die Physik, wenn zum Beispiel vom „Nichts" die Rede ist oder darüber spekuliert wird, was „am Anfang" war?

Integration

Angestrebt ist in jedem Fall die Synthese: Was empirisch erforscht und im Kreis der *Scientific Community* anerkannt ist, soll zusammen mit theologischer Weisheit zu einem neuen Level des Wissens führen. Ian Barbour spricht von der Entwicklung einer „umfassenden Metaphysik" und nennt als Beispiel die auf den britischen Philosophen Alfred N. Whitehead Bezug nehmende so genannte Prozesstheologie, wo versucht wird, Gott und Kosmos mit Hilfe der Paradigmen „Ereignis" und „Entwicklung" eng ineinander verfugt zu denken. In diesem System „ist Gott die Quelle von Neuartigkeit und Ordnung. Er ruft die Selbst-Erschaffung individueller Entitäten hervor und lässt so Freiheit und Neuartigkeit ebenso zu wie Ordnung und Struktur".[8] Auf der Intention, der forschenden Absicht, liegt ein besonderer Akzent: „Während die herkömmliche Theologie die Transzendenz betont hatte (ohne die Immanenz zu übersehen), hebt das Prozessdenken die göttli-

Grenzfragen

Gott in der Natur

4.2.4

Synthetisches Denken

che Immanenz in der Natur hervor (ohne die Transzendenz zu leugnen) und kann dadurch zu einem größeren Respekt vor der Natur motivieren".[9]

Ähnlich hat im 20. Jahrhundert der Jesuit und Paläontologe Pierre Teilhard de Chardin († 1955) gedacht. Er sah in der Evolutionstheorie seiner Zeit den Schlüssel zum Gottesglauben des Christentums hinsichtlich zentraler Momente: Schöpfung, Inkarnation, Vollendung. Die Trennung theologischer von empirischen Methoden oder der Spekulation von der Beobachtung ist bei ihm aufgehoben. Hier wie dort erkennt der forschende Geist einen bio-noetischen, physisch-geistigen Werdegang, der von der Entstehung ursprünglicher Formen bis zur Erscheinung des kosmischen Christus führt, durch den die gesamte Kreatur in Gott, den Vater, eingeht.[10]

Oder die Gebrüder Bernhard und Karl Philberth, beides namhafte Physiker: Bernhard warb für seine Überzeugung, dass die Ordnungskräfte im Kosmos triadisch strukturiert und darum als Indizien für den trinitarischen Gott zu verstehen seien.[11]

Die Versuchung des integrativen Denkens liegt in der – unzulässigen – Grenzüberschreitung. Denn der Idee kommt höherer Stellenwert zu als der Ambivalenz von Fakten. Methoden werden nicht nur kombiniert, sondern miteinander verschmolzen. Der Unterschied von Sichtung und Deutung, zwischen objektivem Befund und subjektiver Auswertung marginalisiert sich. Aber Versuche integrativen Zuschnitts waren und sind immer hoch innovativ.

Zusammenfassung

Aufgrund ihrer Bezogenheit auf die *eine* Welt sollten Theologie und Naturwissenschaften ein positives Verhältnis zueinander suchen – wobei die Theologie wegen der Heilsbotschaft, die sie intellektuell zu vertreten hat, das größere Interesse dafür haben muss. Wie weit die Tuchfühlung im Einzelnen gehen soll, hängt von Vorentscheidungen ab, die distanziert (Konflikt), distributiv (Unabhängigkeit), kommunikativ (Dialog) oder kooperativ (Integration) sein können.

Dieter Mutschler, Physik und Religion, Perspektiven und Grenzen eines Dialogs, Darmstadt 2005.

Patrick Becker, Kein Platz für Gott? Theologie im Zeitalter der Naturwissenschaften, Regensburg 2009.

Christoph Böttigheimer, Wie handelt Gott in der Welt? Reflexionen im Spannungsfeld von Theologie und Naturwissenschaft, Freiburg-Basel-Wien 2013.

Literatur

1. *Warum sollte man sich ein positives Verhältnis von Theologie und Naturwissenschaften wünschen?*

2. *Suchen Sie weitere Beispiele für theologische Themen, die auch die Naturwissenschaften einbeziehen.*

3. *Welcher Kategorie in der Klassifizierung von Barbour geben Sie den Vorzug und warum?*

Testfragen

Theologie, Glaube, Philosophie?

Primat der Vorgabe

Um es vorweg ganz klar zu sagen: Der christliche Glaube ist seiner Wesensart nach keine Philosophie. Er beruht weder auf intellektuellen Prinzipien noch auf Folgerungen, die aus ihnen gezogen werden können. Seine Inhalte verstehen sich als „gegeben" — rational denkbar, aber nicht aus dem Denken geboren. Zwar hat der Kirchenvater Augustinus das Christentum als die „wahre Philosophie" (philosophia vera)[1] bezeichnet, aber damit in erster Linie seinen persönlichen Zugang zur Wahrheit und ihre existenzielle Umsetzung gemeint. Auch für ihn gilt: Die Glaubenslehre stammt aus der Offenbarung, also aus der Selbstkundgabe Gottes; die Mittel aber, um sie sich anzueignen und damit tiefer zu verstehen, hält die Philosophie bereit.[2]

Augustinus folgt mit dieser Haltung der Kirchenpolitik seiner Zeit, wonach die griechische Mythologie (die landläufigen Götter- und Göttinnenerzählungen) einschließlich ihrer Rezeption im öffentlichen Staatskult abgelehnt, aber das hohe Gut philosophischen Denkens übernommen wurde. In diesem Punkt gab es, von wenigen Ausnahmen abgesehen, in der Alten Kirche keine Differenzen: Der Glaube empfängt, die Philosophie erklärt. Der Glaube orientiert sich an der kirchlichen Überlieferung und mit ihr an der Heiligen Schrift. Die Philosophie aber wird vom Glauben überprüft: Tut sie der Überlieferung gut, ja oder nein, und wenn ja, inwiefern?

So gesehen trat das werdende Christentum sehr wohl in den Wettstreit der Philosophien ein, doch nicht, um die eigene Thesenwelt daran zu messen, sondern um Verbündete zu finden. Die

Glaube, nicht Philosophie

Überlegenheit des Gotteswortes sollte mit den Goldkörnern menschlicher Weisheit zum Durchbruch finden. Und die größte Goldmiene hatte die Alte Kirche bei Platon gefunden; man brauchte nur zuzugreifen. Der Platonismus in seinen Spielarten und Brechungen ist im antiken Christentum mit Abstand die am meisten geschätzte und am meisten rezipierte Denkschule, so dass man von einem „christlichen Plato" gesprochen hat.[3]

Man darf aber den Einspruch nicht übersehen, den Theologen wie Augustinus im Namen der Bibel an den zu ihrer Zeit vorherrschenden *Neuplatonismus* richteten: Gott und Welt sind nicht nur verschiedene Aggregatzustände auf ein- und derselben Stufe des Seins, sondern radikal verschieden. Gerade deshalb lässt sich der Glaube nicht philosophisch herleiten. Denn ohne Offenbarung und ohne Gnade ist kein Vergleich zwischen ihm und der Welt möglich. Fachterminologisch gesprochen: Es gibt keine Ontologie (Seinslehre), die schon aus sich selbst heraus theologische Epistemologie (Erkenntnislehre bezüglich Gott) sein könnte. Wird aber beides — Offenbarung und Gnade — vorausgesetzt, leistet die Philosophie einen wertvollen, ja unersetzlichen Dienst. Kein maßgeblicher altkirchlicher Glaubenssatz zeigt sich auch nur annähernd verstehbar ohne die Kenntnis griechisch-hellenistischer Denkgewohnheiten und Terminologien.

5.2 | Asymmetrie

Das Christentum ist von einer charakteristischen *Asymmetrie* (Armin Nassehi) geprägt: Seine Glaubenssätze liegen nicht auf Augenhöhe mit philosophischen Thesen. Sie überragen sie aber auch nicht einfach, sondern sind schlicht anders verursacht, anders begründet und anders ausgerichtet. Dennoch bleibt, um es noch einmal zu sagen, ihre Eigenart für den philosophischen Denkakt zugänglich — mit dessen Hilfe das Glaubenswissen erkannt und anerkannt, ausgeleuchtet, kommunizierbar gemacht und, nicht zuletzt, verteidigt wird.

Im Zueinander von Glaube, Theologie und Philosophie waltet ein für das Christentum charakteristisches Gefälle: Der Glaube antwortet auf das historische Faktum des Christusereignisses und erinnert daran. Er artikuliert sich *verkündigend*, das heißt, er benennt einen Sachverhalt, dessen Wahrnehmung von seiner freien

Akzeptanz abhängt. Allerdings ist die Darbietung dieses Sachverhalts bereits theologisch ummantelt. Denn die Verkündigung thematisiert die *Transzendenz* in ihrem Bezug zur *Welt* — worauf der Glaube reagiert. Um seinerseits an Klarheit zu gewinnen, motiviert er zu weitergehenden theologischen Anstrengungen, in denen nun auch, nach sorgfältiger Prüfung, die Philosophie ihren Platz hat.

Damit zurück zum Stichwort „Asymmetrie": Was von der Christusverkündigung her vorgegeben ist und zum Glauben führt, lässt sich philosophisch nicht einholen. Denn der Glaube wird evoziert, er wird erweckt. Die Philosophie hingegen spekuliert. Gewiss: Auf diese Weise kann auch sie, und wohl sehr gut, Transzendenz denken. Doch der Glaube weiß die Transzendenz gewissermaßen „engagiert" — und bezeugt so ihren erkenntnisstiftenden Primat. Und die Theologie? Sie verleiht sowohl der Verkündigung (in ersten Ansätzen) als auch dem Glauben (wenn er vertieft wird) Form und Ausdruck. Nicht *Glaube* und Philosophie, wohl aber *Theologie* und Philosophie sind verschwistert.

Engagierte Transzendenz

Beispiel

Gott existiert

Der Satz „Gott existiert" christlich gelesen: Mit der Liebe, dem Sterben und der Auferweckung Jesu von Nazaret hat sich gezeigt, dass der Mensch in jeder Lebenslage vorbehaltlos auf Gott setzen kann. Das ist eine Glaubensaussage, die allerdings schon in dem Moment theologisch erfasst wurde, als man sie verkündet hat: Gott existiert — für Dich! Philosophisch war dann zu klären, ob es im Denken des Menschen für die Möglichkeit (nicht die Faktizität) des Christusereignisses Kriterien gibt und wie man angemessen darüber reden könnte. Auf diese Weise bleibt die den Glaubenssatz weiterführende Theologie philosophisch streitbar und stellt die für sie spezifischen Fragen: Was ist Transzendenz? Was bedeutet das Wort „Gott"? Wie weit trägt die menschliche Erkenntnis? Was leistet ein Begriff? Inwiefern kann der Mensch „engagierte Transzendenz" erfassen und verkünden?

5.3 | Die Basis theologischer Erkenntnis nach römisch-katholischer Lehre

Zwei Gottesgaben: Glaube und Vernunft

Glaube und Vernunft, Theologie und Philosophie haben je eigene Erkenntniswege, aber sie widersprechen sich nicht. Mit dieser Klarstellung hat sich das Erste Vatikanische Konzil im Jahr 1870 an die katholische Christenheit gewandt.[4]

Der Widerspruch bleibt ausgeschlossen, weil der *eine* Gott sowohl den Glauben als auch die Vernunft schenkt, und Gott ist, wie das Konzil formuliert hat, „Schöpfer des Himmels und der Erde, allmächtig, ewig, unermesslich, unbegreiflich, an Vernunft und Willen sowie jeder Vollkommenheit unendlich". Lassen sich diese „Eigenschaften" auch denkerisch bestätigen? Das Konzil bejaht diese Frage und bekräftigt zu diesem Zweck im Anschluss an Überlegungen des Apostels Paulus (Röm 1,20) die so genannte *Natürliche Theologie*: „Gott, der Ursprung und das Ziel aller Dinge, [kann] mit dem natürlichen Licht der menschlichen Vernunft aus den geschaffenen Dingen gewiss erkannt werden".

Die Vernunft erfasst also Gott, obwohl er transzendent, obwohl er, so das Konzil, „über alles, was außer ihm ist und gedacht werden kann, unaussprechlich erhaben" bleibt. Doch an der Vernunft hängt nicht alles. Denn sie wird ergänzt und zugleich über sich

Abb. 11 | ▶
Niederländische
Illustration des
Vatikanum I,
H. Bogaerts, 1870

hinausgeführt, und zwar durch die Offenbarung, das heißt, durch Gottes Selbstkundgabe vor dem denkenden Menschen, der intellektuell redlich *glauben* soll. Woran? An das, was Gott über „sich selbst und die ewigen Ratschlüsse seines Willens" auf einem „übernatürlichen Weg" zu erkennen gab.

Es gibt also keine Konkurrenz, keinen prinzipiellen Widerstreit zwischen Glaube und Wissen, wohl aber eine asymmetrische Verflochtenheit, da der Glaube zwar mehr weiß als die Vernunft, aber ohne die Vernunft nichts begreift. Man könnte sagen: Der Glaube bringt gleichsam die Vernunft zum erblühen; er erleuchtet, er veredelt sie. Trotzdem löst der denkende Glaube nicht Gottes Geheimnis auf; ein „Schleier" umhüllt es nach wie vor und ein „gewisses Dunkel" relativiert die theologische Erkenntnis.

Das Konzil hat zwei Extreme im Blick auf die Gottesfrage vermieden: den *Rationalismus* und den *Fideismus*. Rationalistisch ist es zu meinen, die Vernunft könne das Göttliche durchschauen und diesen Kraftakt selbst leisten. Als Korrektiv werden ihr die Größen „Offenbarung" und „Glaube" übergeordnet. Zum anderen aber gilt: kein Fideismus! Das wäre ein unbedachter, rein gefühlter oder auf blindem Gehorsam basierender Glaube, eine Art von Esoterik, die rein subjektiv empfindet und leicht fanatisch wird.

Nach katholischem Verständnis muss die Vernunft glauben und der Glaube vernünftig sein; in diesem Zueinander bekundet sich das Gottgeheimnis.

Vatikanum I: Dogmatische Konstitution Dei Filius Kap. 4:
„Auch wenn der Glaube über der Vernunft steht, so kann es doch niemals eine wahre Unstimmigkeit zwischen Glauben und Vernunft geben: denn derselbe Gott, der die Geheimnisse offenbart und den Glauben eingießt, hat in den menschlichen Geist das Licht der Vernunft gelegt; Gott aber kann sich nicht selbst verleugnen, noch kann jemals Wahres Wahrem widersprechen."

„Sie griffen die Vernunft an, sagte Pater Brown. Das tut kein echter Theologe."
(Gilbert Keith Chesterton)

5.4 | Denkend studieren

Da die Theologie in Ländern wie Deutschland, Österreich, der Schweiz und Polen auch an staatlichen Hochschulen gelehrt wird und dort ohne Weiteres mit anderen akademischen Fächern kombinierbar ist, stellt sich die Frage, ob ein Studium auch ohne Glaube und ohne Bekenntnis möglich wäre.

Kognitive Empathie

Man kann ohne Glaube und Bekenntnis nicht Theologe oder Theologin sein, aber man kann ohne Glaube und Bekenntnis Theologie studieren. Denn dieses Fach ist als inhaltlich ausweisbares Wissensgebiet mit spezifischen Informationen genau so lernbar wie jede andere Disziplin. Unerlässlich bleibt die Bereitschaft zur kognitiven Empathie – dass man sich „hineindenkt", dass man lernt, wie Theologie „tickt", und dass man die entsprechenden Daten aufnimmt. Auch bei erklärter Gegnerschaft ist das Theologiestudium machbar; es geht immerhin um ein Wissensgebiet.

Konfessorische Empathie

Um sich freilich selbst als Theologe oder Theologin einzuführen, ist mehr erforderlich als Information und Fachintelligenz. Denn theologische Aussagen wurden des Bekenntnisses wegen formuliert. Wenn der von Aristoteles unter Berufung auf Empedokles bekräftigte Grundsatz zutrifft, dass Gleiches nur von Gleichem erkannt werden könne,[5] dann bietet sich das Theologiestudium als Kabinettstück an: Glaubens*einsichten* wurden gläubig erworben und Glaubens*sätze* wurden gläubig formuliert. Wer demnach Glaubensinhalte professionell auslegt, muss es auf der Ebene tun, auf der sie sich bewegen, und das heißt: Die Gottesfrage sollte eine Frage des persönlichen Interesses und damit eine Frage nach dem sein, was „ist", was „Geltung" hat, was zur persönlichen Entscheidung drängt.

Theorie gläubigen Bewusstseins?

Darf man die Theologie nüchtern und neutral als eine Wissenschaft verstehen, die *gläubiges Bewusstsein* statt Wahrheit erforscht? Dann wäre nicht „Gott" Gegenstand des Theologiestudiums, sondern die Gottes*vorstellung* bestimmter Überlieferungen und Gruppen. Der Theologie käme in diesem Fall die ordnende Sichtung von Genesen, Evolutionen oder Revolutionen verschiedener Gottes- und Menschenbilder jenseits persönlicher Betroffenheit zu. Sie wäre Religionswissenschaft oder Kulturwissenschaft, ein Fach wie etwa die Germanistik oder die Sinologie, wenngleich bezogen auf religiös motivierte und religiös geprägte Datenträger.

Abb. 12 | ▶
Carl Spitzweg:
Ein Besuch, ca. 1850

Auch wenn im Theologiestudium Bewusstseinsinhalte und kulturabhängige Vorstellungen eine große Rolle spielen, dürfte klar sein, wie mager dieses Fach ohne die Gottesfrage als *existenziell* gestellte Frage wäre. Studiert wird die menschliche Rede von Gott, ja; aber sie ist evoziert von der Rede Gottes in Richtung Mensch. Und der Resonanzraum, worin sich der Dialog von Gott und Mensch vollzieht, ist die *Glaubensgemeinschaft*. Man mag es begrüßen oder nicht, das Theologiestudium ist grundsätzlich *kirchlich* geprägt.

Der Bibeltheologe Heinrich Schlier († 1978) hat deshalb zu Recht von der „kirchlichen Verantwortung" Theologiestudierender gesprochen. Diese liegt zunächst einmal darin begründet, das göttliche Wort „in der mannigfachen direkten oder indirekten Antwort kennen und erkennen zu lernen" — durch das Schriftstudium, durch ein wachsendes *feeling* für die christliche Identität.[6] Zugleich, so Schlier, sei es erforderlich, das göttliche Wort zu „erfahren" als persönlichen Halt und innere Richtschnur. Diese „Erfahrung aber bedarf der Einübung". Wie? Durch den „Umgang mit dem Nächsten" und das „inmitten der christlichen Gemeinde", aber auch darüber hinaus ohne Ansehen der Person.[7] Das bedeu-

Kirchliche Prägung des Theologiestudiums

tet Zeugenschaft und Bewährung, „denn die Zeit, wo die ‚Entkon-
fessionalisierung des öffentlichen Lebens' die Entchristlichung des
Volkes, seiner Sitte, aber auch, wenn man so sagen darf, seines
Instinktes vollenden wird, ist nicht mehr allzufern".[8]

5.5 | Glaubend studieren

Auch ohne zu glauben erfasst man theologische Sachverhalte.
Doch mit Hilfe des Glaubens und durch den Glauben wird die
Theologie zum Gotteszeugnis auf intellektuellem Niveau. So ent-
steht die „theologische Persönlichkeit". Was zeichnet sie aus?

Glaube als Beziehung   Der Glaube ist zunächst ein Phänomen der subjektiven Inner-
lichkeit. Er schenkt Vertrauen in eine transzendente Realität und
weckt Erwartungen. Von daher erklärt sich im Übrigen das deut-
sche Wort für „Gott". Es handelt sich um ein Partizip-Perfekt-
Passiv aus der indoeuropäischen Sprachwurzel „ghutom als: das
Angerufene oder der Angerufene" [...] ‚Gott' als Partizip eines
Verbs ‚rufen' ist im Wesen offen auf denjenigen hin, der ihn ruft".[9]
Martin Luther hat formuliert: „Das nun, sage ich, woran du dein
Herz hängst und worauf du dich verlässt, das ist eigentlich dein
Gott".[10] Persönlicher Glaube schafft Beziehung. Glaubende hören
und sie „rufen".

Glaube als Mit-Glaube   Der Glaube bleibt etwas hoch Persönliches, und doch ist er
immer auch und wesentlich *Mit-Glaube*. Niemand steht mit dem
Ruf nach Gott und im Vertrauen auf ihn allein. Viele rufen zu
Gott, und sie tauschen sich aus, verbal oder nonverbal, durch
Bekenntnisse, durch Gesten, durch ihre Ausstrahlung, durch ihr
Verhalten. Man hört von Gott ausnahmslos über andere und damit
auch mit anderen zusammen. So setzen sich die Gottsuche und
das Gottvertrauen gemeinschaftlich fort, im Kreis von Gleichge-
sinnten. Als eine buchstäblich *verbindende* Größe zeigt sich der
Glaube durchaus *verbindlich*; nicht zuletzt deshalb ist er, trotz
seiner privaten Verankerung, auf weite Strecken Glaube *der Kirche*.

Glaube als kirchlicher Akt   Weil der Glaube — in seiner traditionellen Gestalt — verkündet
und gemeinschaftlich erfasst wird, also kirchlicher Glaube ist,
prägen ihn bestimmte Inhalte. Er lebt als Gefühl und Überzeugung im Herzen der Gläubigen; aber er formt als Botschaft und
Weisung ein soziales Umfeld. Das Persönlich-Subjektive hat eine
kollektive Außenseite: „Mein" Glaube ist unweigerlich „dein Glau-

Abb. 13 | ▶
Carl Spitzweg:
Disputierende
Mönche, ca. 1858

be" und damit „unser Glaube". Der kirchliche Glaube kann — und muss — im Blick auf seine inhaltliche Tiefe wissenschaftlich erforscht werden: hinsichtlich seiner Herkunft, seiner Geschichte, seiner Verbreitung, seiner philosophischen Hintergründe, seiner sprachlichen Eigenart. Wie weit er auf das persönliche Empfinden und den Charakter von *Gläubigen* tatsächlich eingewirkt hat und noch einwirkt (ob er oberflächlich, ängstlich, überzeugt oder einfach nur gedankenlos aufgenommen wird), bleibt hingegen der Forschung weitgehend entzogen.

fides qua und
fides quae

Das beschriebene Doppelgesicht des Glaubens, der sich einerseits als personales, gefühltes, andererseits als interpersonales, versprachlichtes Phänomen äußert, also Glaubens*hingabe* und Glaubens*wissen* zugleich ist, spiegelt die folgende Terminologie: Man unterscheidet die *fides qua* (*creditur*), die persönliche, unübertragbare Glaubenshaltung — und die *fides quae* (*creditur*), den Glaubensinhalt, der Individuen miteinander verbindet.[11] Der Glaube lebt in Herz und Geist, aber er bekundet sich im Wort und im Bekenntnis. Er ist Gefühl und damit unabmessbar, dennoch auch Information; insofern muss man ihn „wissen".

Wirklichkeit des
Transzendenten

Theologiestudierende haben es immer und unausweichlich mit diesen beiden Seiten des komplexen Phänomens „Glaube" zu tun. Aber was das Entscheidende ist: Sie begegnen Menschen, die glauben oder zu ihrer Zeit geglaubt haben. Im Lebenszeugnis Glaubender bekundet sich das Geheimnis der Transzendenz, das Geheimnis der *Übernatur*, wie man früher gern formuliert hat. Es lohnt sich, der Überzeugung und dem Bekenntnis anderer (es sind nicht wenige, die glauben, und Kirche lebt weltweit) Respekt entgegenzubringen.

Denn mit der grundsätzlichen Offenheit für die „engagierte Transzendenz" entgeht, wer glaubend Theologie studiert, dem platten Reduktionismus. Gemeint sind so genannte „Nichts-als-Sätze": Gott ist nichts als ein Sammelwort für menschliches Wunschdenken, die Kirche nichts als die Summe raffinierter Machtpolitik seit Jahrhunderten, gelebte Nächstenliebe nichts als ein Trick der Natur zur Optimierung der Evolution. Ist dann das Kind in der Wiege nicht mehr als ein Neuronenbündel, ein Gemälde nur Chemie auf Leinwand, Musik nur Akustik und Notenpapier?

Damit noch einmal zurück zur Frage, ob sich Theologie glaubens*unabhängig* studieren lässt. Es hat sich gezeigt, dass diese Möglichkeit besteht. Auch Musikwissenschaft kann jemand betreiben, ohne musikalisch zu sein. Musiker oder Musikerin wird man so freilich nie. Musikwissenschaft geht von der Musik aus und führt, im besten Fall, zu ihr zurück. Aber das ist eine persönliche Entscheidung. Theologie geht vom Glauben aus und führt im besten Fall zum Glauben. Auch das ist eine persönliche Entscheidung. Doch sie macht aus Theologiestudierenden Theologinnen und Theologen.

Zusammenfassung

Theologie ist keine Philosophie, sondern denkerische und existenzielle Deutung historischer Vorgänge als Ereignisse der *Gottbegegnung*. Die theologische Aufmerksamkeit wird durch eine Asymmetrie geweckt, an der sich zeigt, dass die Selbstkundgabe Gottes (die Offenbarung) *nicht* auf gleicher Augenhöhe mit der intellektuellen Gottsuche des Menschen erfolgt. Nach einer programmatischen Vorgabe des Ersten Vatikanischen Konzils (1869/70) können sich Glaube und Vernunft nicht widersprechen. Von daher ist Theologie wie jedes akademische Fach lehr- und lernbar. Allerdings setzt sie ein existenzielles Interesse an der Gottesfrage und der Offenbarung voraus, worauf der Glaube reagiert. Dieser besitzt zwei entscheidende, aufeinander bezogene Charakteristika: Die persönliche Innerlichkeit des Überzeugtseins einerseits (*fides qua*) und das gemeinschaftliche Bekenntnis zu Inhalten andererseits (*fides quae*). Aus Theologiestudierenden werden Theologen und Theologinnen, wenn sie das akademisch dargebotene Wissen in kirchlicher Verantwortung zu einer Angelegenheit persönlichen Interesses machen.

Literatur

Louis Bouyer, Das Handwerk des Theologen, Gespräche mit Georges Daix (Theologia Romanica; 11), Einsiedeln 1980.

Basil Studer, Gott und unsere Erlösung im Glauben der Alten Kirche, Düsseldorf 1985.

Klaus Schatz, Vaticanum I 1869-1870, Bde. I/II, Paderborn u.a. 1992-1993.

Wolfgang Beinert, Kann man dem Glauben trauen?, Grundlagen theologischer Erkenntnis, Regensburg 2004.

Hermann Stinglhammer (Hg.), Glauben – (wie) geht das? (Passauer Forum Theologie; 1), Regensburg 2016.

Testfragen

1. *Warum ist Theologie nicht mit Philosophie gleichzusetzen?*
2. *Was besagt der Begriff „Asymmetrie" im Blick auf das für die biblische Offenbarung bezeichnende Gott-Welt-Verhältnis?*
3. *Inwiefern setzt der christliche Glaube Kirchlichkeit voraus?*
4. *Wie spricht das Erste Vatikanum über das Verhältnis von Glaube und Vernunft?*

Sichtung und Reflexion des Geglaubten als Aufgabe der Theologie

Zur Genese von Glaube und Theologie

Die Autorität der Schrift

Woran entzündet sich der Glaube? Er antwortet, so ist bereits deutlich geworden, auf die *Offenbarung*. Mit diesem Begriff tritt ein entscheidendes Moment in den Überlegungsgang zum Wesen des theologischen Denkens ein. Denn glaubend gewusst werden kann nur, was sich von Gott her *gezeigt* hat. Offenbarung ist Enthüllung — Apokalypse. Offenbarung ist Mitteilung, allerdings keine seelenlose Belehrung, sondern Kommunikation: Gott äußert sich, und er äußert sich so, dass ihn der Mensch verstehen lernt. Offenbarung ist ein Vorgang, ein Prozess in Raum und Zeit: „Viele Male und auf vielerlei Weise hat Gott einst zu den Vätern gesprochen durch die Propheten; in dieser Endzeit aber hat er zu uns gesprochen durch den Sohn" (Hebr 1,1-2). Der Mensch nimmt diese Dynamik auf, erfährt sich in Gottes Nähe gerufen und entschlüsselt seine Erfahrung nach und nach.

> Offenbarung

    Primäres Zeugnis der Offenbarung ist die *Heilige Schrift*, die Bibel. Sie beschreibt und erinnert, worauf das Ja des Glaubens und seine theologische Analyse bezogen sind. Der schärfste Verstand, die beste Philosophie, das klarste Denken — nichts von alledem dringt zu jener Wirklichkeit vor, die jedes Begreifen übersteigt und doch den Anspruch erhebt, „wahr" zu sein, und die deshalb für den Menschen „Heil" bedeutet. Dieser Wahrheitsanspruch bezieht

> Die Schrift als literarisches Fanal

sich nicht auf die Bibel selbst, aber das Buch der Bücher ist dessen Sprachrohr, dessen Manifestation, buchstäblich sein literarisches Fanal — ein weithin leuchtendes Zeichen. Die Christenheit billigt ihm höchste Autorität zu.

Hier regt sich womöglich Widerstand, denn Autoritäten, zumal in Glaubensfragen, sind ins Zwielicht geraten. Es gibt ein ganzes Ensemble von Vorbehalten: der neuzeitliche Empirismus (nur das ist wahr, was ich messen kann), die rationalistische Skepsis (nur das ist wahr, was ich begreifen kann), der postmoderne Konstruktivismus (nur das ist wahr, was ich mir zurechtlege) und der momentan erstarkende Emotionismus (nur das ist wahr, was ich fühle und will). Auf diesem Boden ist ein Gleichgültigkeitsgefühl gegenüber religiösen Inhalten entstanden. Die Schrift also als Autorität? Viele winken ab.

Aber so neu ist der Argwohn nicht. Schon Augustinus hatte sich seinerzeit Gedanken gemacht und dann beschieden, dass hinter der Schrift Gott selbst, aber auch eine konkrete Glaubensgemeinschaft stehen muss, die sie verbürgt: „Ich würde dem Evangelium nicht glauben, wenn mich nicht die Autorität der katholischen Kirche dazu anhielte".[1] Mit dieser Auskunft wird die Sache für heutiges Empfinden allerdings nicht leichter, denn mehr noch als die Schrift steht die *Kirche* unter Verdacht. Beansprucht sie, was niemand beanspruchen darf?

Im Grunde ist es die Autoritätsfrage an sich, die den Glauben und die Theologie herausfordert. Wie weit trägt Autorität? Jede Disziplin, jede Kunst hat ihre Koryphäen. Aber sie werden relativiert. Neue Sterne gehen auf, und Vergangenes veraltet oft gründlich. Manche meinen: Das Denken müsse sich selbst bestätigen, eben *durch* das Denken. Und trotz *Fake News*: Ist die einzige in der heutigen Gesellschaft anerkannte Autorität nicht die Autorität des Faktischen?

Das Christusereignis als Glaubensvorgabe 6.1.2

Wenn es die Autorität des Faktischen tatsächlich gibt, und wenn Wirklichkeit an dem gemessen werden muss, „was der Fall ist" (Ludwig Wittgenstein), dann steht es um den christlichen Glauben und seine Theologie nicht eben schlecht. Denn deren Gottesbezug kreist, wie erwähnt, um das so genannte *Christusereignis* – um ein historisches Faktum also. Was mit Jesus von Nazareth in die Welt kam, waren nicht nur Ideen, sondern Begebenheiten, und gegenüber der Begebenheit bleibt das Denken nachgeordnet: Lässt sich erklären, warum ein bestimmter Mensch von einem anderen Menschen geliebt wird? War es vorhersehbar, dass ein Pater Maximilian Kolbe in Auschwitz spontan sein Leben anbot, als er an Stelle eines mehrfachen Familienvaters, dem dieses grausame Los eigentlich gegolten hätte, in den Hungerbunker ging? Gab es zwingende Gründe für die Bewahrung des Weltfriedens in der Kuba-Krise 1962, als die Welt an einem Atomkrieg vorbeischlitterte? Umstände, Hintergründe und Auswirkungen geschichtlicher Vorgänge lassen sich (annähernd) erfassen; der historische Anhalt selbst bleibt unerklärlich. Er stellt eine Wirklichkeit eigener Ordnung dar. In jeder Minute werden Fakten generiert, ohne dass sie vorgedacht und denkerisch erzwungen wären.

Abb. 15 | ▶
Antiveduto
Grammatica: Maria
Magdalena am
leeren Grab,
1620-1622

Denken des Faktischen

Auf der Ebene des Faktischen bekundet sich auch das Phänomen der göttlichen Offenbarung. Zur Autorität für Glaube und Theologie wurde das Faktum, dass Offenbarung „ergangen" ist (Hansjürgen Verweyen); Gott hat gesprochen und gehandelt. Glaube und Theologie sind eine Konsequenz der Geschichte. Reagiert wird auf ein Widerfahrnis — das freilich einer bestimmten Deutung unterliegt und nur gedeutet greifbar wird.

Jeder historische Fakt — im Kleinen wie im Großen — bliebe ohne Deutung unzugänglich. Doch das historische Ereignis trägt seine Deutbarkeit gewissermaßen als Mehrwert in sich, während ihm die Deutung von außen her zukommt. Ein nicht gedeuteter und damit nicht erkannter historischer Vorgang entfaltet zwar Wirkungen, evoziert aber keine Stellungnahmen. Auch das Christusereignis ist — wie der Glaube Israels — nur dann „Offenbarung", wenn es wahrgenommen und interpretiert wird. Es war zu einem gesellschaftlichen Moment geworden und hat zu einer *Interpretationsgemeinschaft* geführt, in der das Interesse an ihm nicht erlischt.

Kirchliche
Deutungshoheit

Die erkenntnisleitende Qualität der Kirche im Blick auf die Offenbarung steht theologisch außer Frage, aber sie verleiht — formal gesehen — kein Alleinstellungsmerkmal: Wie sich beispielsweise die *Scientific Community* der Historiker mit den Folgen der Kriegspolitik Napoleons beschäftigt, so denkt die Kirche über Person und Werk Jesu nach. Welche andere Autorität für die Deutung des Korsen wäre denkbar als jene derer, die sich wissenschaftlich mit ihm befassen? Und wer wüsste mehr über Jesus als Frauen und Männer, die ihm nachfolgen und so um ihn ringen? Von daher rückt die vorhin zitierte, für viele befremdliche Äußerung Augustins über die Autorität der Kirche in ein anderes, wohl günstigeres Licht: Autorität bedeutet im Blick auf das Christusereignis *Zeugenschaft* aufgrund persönlicher Betroffenheit. Außerhalb der Kirche wird sich kein authentisches Christusbild finden lassen. Formal gesehen geschieht in ihr nicht sehr viel anderes als in jeder weltanschaulichen Interessengemeinschaft; im Blick auf „die Sache Jesu" aber kommt ihr als Glaubensgemeinschaft die Deutungshoheit zu.

Erkenntnistragender
Fundamentalismus

An dieser Stelle sei folgende, bewusst zugespitzte These formuliert (aber sie wird sich wohl im Verlauf dieses Buches als versöhnlich erweisen): Ohne ein Mindestmaß an „Fundamentalismus" lässt sich weder glauben noch ernsthaft theologisch denken. Das „Fundament" für Glaube und Theologie ist das Widerfahrnis — kein Prinzip, kein Ideal. Die Theologie befragt *kirchlichen* Glauben, um zum inneren Gehalt dessen vorzudringen, was durch ihn als göttliche Offenbarung qualifiziert worden ist. Die Theologie hat es mit einer Wirklichkeit zu tun, die nach wie vor zur Stellungnahme drängt — allerdings und weitgehend auf der Basis dessen, was sich seit den ersten Tagen des Christentums an Interpretationsgut angesammelt hat und auch heute noch denkerisch berücksichtigt werden muss.

> **Merksatz**
>
> Die Theologie bewältigt einen doppelten Auftrag. Erstens: Sichtung und Diskussion des bereits über das Christusereignis Gedachten im Rahmen der Denkformen „von damals". Zweitens: Sichtung und Diskussion des bereits vielfach und vielfältig bezeugten Christusereignisses mit den Denkformen „von heute". Die Frage nach Gott bleibt der Motor von alledem.

Der Glaube der Urkirche | 6.2

Am Anfang steht der Glaube der Urkirche. Dass er den Glauben *Israels* voraussetzt und damit den Glauben des antiken Judentums zur Zeit Jesu, darf man auf keinen Fall unterschätzen. Israels Geschichte ist durch die fortschreitende Entdeckung Gottes, des Schöpfers von Himmel und Erde, geprägt. Mit Israel bildet sich jener erste, bleibende und vorbildliche Resonanzraum aus, in dem das Gotteswort vernehmbar wird. Jesus war gläubiger Jude; was er über Gott zur Sprache gebracht hat, spiegelt weitgehend die Überzeugungen seines Volkes. Das „Jüdische am Christentum" — um mit einem Buchtitel des Alttestamentlers Norbert Lohfink zu reden — war zunächst das Jüdische an *Jesus* und wird es immer bleiben.[2]

Der Glaube Israels

Was war jüdisch an Jesus und was ist demnach jüdisch am christlichen Glauben? Lohfink erinnert vorrangig an die *weltbezogene* Spiritualität Israels: Was Gott für sein Geschöpf bedeuten will, betrifft die konkrete Leibhaftigkeit des Daseins hier und heute — keine bloße Gedankenwelt, keine Seelenlandschaft in ihren Gestimmtheiten jenseits des Alltags. Nach jüdischem Verständnis zielt Gottes Heilsabsicht primär auf sein „Volk". Entsprechend steht nicht der einzelne Mensch im Vordergrund des biblischen

Weltbezogene Gläubigkeit

Die Korporation

Interesses, sondern die Korporation, das religiös durchformte Sozialgefüge, von dem das Individuum abhängt und worin es aufblüht.

Jesus verkündete, ganz auf dieser Linie, die „endzeitliche Wiederherstellung des wahren, von Gott seit den Anfängen gewollten Israel als der strahlenden Gesellschaft Gottes in seiner Welt".[3] Mit dieser Zielrichtung ist dem Verständnis des historischen Jesus ein gleichsam unauslöschliches Prägemal eingestiftet, denn „als die Gemeinden der an Jesus glaubenden Juden sich den Völkern öffneten und als sich dann innerhalb der jüdischen Welt im Ja und Nein zu Jesus von Nazareth eine schmerzvolle Scheidung vollzog, sah die so entstandene ‚Kirche' ihre Geschichte als die Verlängerung des bisher durch Israel geschehenen Handelns Gottes in der Geschichte, zusammen mit der Hoffnung, dass die Spaltung Israels einst wieder rückgängig gemacht werde".[4]

In der Option für die Armen, der festen Hoffnung auf Frieden in aller Welt und nicht zuletzt in der Rolle des Gottesvolkes als einer auf die Schrift bezogenen „Lerngemeinschaft" sieht Lohfink weitere jüdische Parameter urchristlicher Theologie gegeben.[5] Ihre Vernachlässigung würde zur Verzerrung der ursprünglichen Jesus-Wahrnehmung führen.

6.2.1 | Ursprüngliche Glaubensformeln

Biblische Ursprachen

Was verraten die ersten, offiziell weitergereichten Äußerungen kirchlicher Gläubigkeit über Jesus von Nazareth? Zunächst sei schlicht und einfach an die Tatsache erinnert, dass Hebräisch, Aramäisch (Jesu Mundart) und Alt-Griechisch die Ursprachen des Alten und Neuen Testaments sind. Für das Theologiestudium bleiben Grundkenntnisse auf diesem Gebiet unerlässlich. Aber es geht um mehr als um Wortschatz und Grammatik: Wie hat man Erfahrungen mit Jesu Leben und Sterben begreiflich und kommunikabel gemacht?

Es entstanden Glaubensformeln, in denen wie in einem Brennglas zusammengefasst und auf den Punkt gebracht ist, was in der Bibel Israels und in der frühchristlichen Verkündigung als *Narrativ*, das heißt in Form von Erzählungen, zu greifen war. Mit ihnen sind sehr viele andere und sehr verschiedene Sprachformen verschmolzen: Berichtsskizzen, Listen, Lieder, feierliche Hymnen, Weisheitssprüche, Mahnworte, Dekrete, Gesetzestexte, Hausordnungen, liturgische Agenden, Gebetstexte, Kultvorschriften und, nicht zuletzt — Bekenntnisse.

Im Bekenntnis, der so genannten *Homologie*, einer prägnanten, kurzen Glaubensformel, die als *Homologese* mündlich, meist im Rahmen einer liturgischen Feier artikuliert wurde[6], zeigt sich — präzise verdichtet — worauf das Narrativ in seiner Redundanz hinausläuft. Ausgangspunkt ist das Bekenntnis zum „Evangelium" (2 Kor 9,13), die *confessio*, und, im Idealfall, eine veränderte persönliche Lebensführung. Durch ihre existenzielle Rückendeckung weiß sich die Homologie bzw. die Homologese allerdings wieder auf das Feld der Geschichte zurückverwiesen, das mit dem Narrativ ausgemessen wird. Man kann sagen: Die „heilige Erzählung" ermuntert zum „heiligen Bekenntnis" und zur „heiligen Lebensführung" gemäß dem Vorbild biblischer Leitlinien.

Homologie und Homologese

Wie ist die Homologie inhaltlich bestimmt? Treibendes Motiv ist die Osterbotschaft: Der gekreuzigte Jesus, mit dessen Wort und Tat die Gottesherrschaft in Israel ihren Anfang nahm (vgl. Mk 1,15), ist nicht im Tod versunken, sondern „auferweckt worden" (Apg 2,32) — eine Revolution im wahrsten Sinn des Wortes, eine Neuordnung der Wirklichkeit, Evangelium in seiner schönsten und zugleich herausforderndsten Gestalt. Man versteht sehr gut, dass hier regelrecht „Schlagzeilen" gemacht wurden ...

Die Homologie, die als Homologese immer auch einen Akt der Anerkennung und der Ehrerbietung darstellt, entspricht der dramatischen Situation des entstehenden Christentums voll und ganz. Sie lanciert eine Ur-Botschaft, ein Proto-Evangelium mit dem Anspruch auf Zustimmung, Verinnerlichung und reflektierter Weitergabe. So schrieb der Apostel Paulus an die junge Gemeinde in Rom: „Wenn du mit deinem Mund bekennst: ‚Jesus ist der Herr' und in deinem Herzen glaubst: ‚Gott hat ihn von den Toten auferweckt', so wirst du gerettet werden" (Röm 10,9). Mit dem gleichen Enthusiasmus wandte sich der Apostel an die Christinnen und Christen im nordgriechischen Philippi, gestützt auf Bekenntnistraditionen lange vor ihm: „Er [Jesus, der Herr] erniedrigte sich und war gehorsam bis zum Tod, bis zum Tod am Kreuz — darum hat ihn Gott über alle erhöht und ihm den Namen verliehen, der größer ist als alle Namen" (Phil 1,8-9).

Das Zitat aus dem Philipperbrief zeigt sehr schön, dass sich mit der Homologie sehr bald mehrgliedrige Glaubensformeln verbunden haben, die einen expliziten Verweis auf das historische Narrativ be-

Erweiterte Glaubensformeln

Abb. 16 | ▶ Pieter Bruegel der Ältere: Turmbau zu Babel (Wiener Version), 1563

Theologie in nuce

sitzen: Jesu Leben, Tod und Auferweckung.[7] Die Schlagzeile fußt auf dem Bericht, aber ob Erzählung oder Bekenntnis: Erinnert wird an das Christusereignis und die unfassbare, im doppelten Sinn anstößige Nachricht, dass, wer Jesus „sieht", den „Vater" sieht (vgl. Joh 14.9). Im Gefüge von Homologien, Homologesen und vielfach erweiterten Glaubensformeln begann christliche Theologie gleichsam flügge zu werden. Geboren worden war sie gewissermaßen mit einem Schlagwort, das ihr zeitlebens zur Orientierung dient: Jesus ist der Herr! Mit ihm ist erstens Bezug auf den historischen Anhalt der neuen Botschaft genommen, den sie erinnernd zur Geltung bringt; es indiziert zweitens einen existenziellen Ist-Zustand, weil es zur Sprache bringt, auf welche Hoffnung der Glaube setzt; es appelliert drittens an die Zukunft der Glaubensgemeinschaft, die für ihre Leitsätze eine ausgefeilte Theologie braucht, damit das Evangelium nicht nur das Herz, sondern auch die Intelligenz anspricht. Damit wird ein weiteres Element in der Genese des kirchlichen Glaubens greifbar.

Glaubensbekenntnisse

Wer auch nur einen flüchtigen Eindruck vom Christentum gewinnt, erfährt, dass es Glaubensbekenntnisse überliefert und Glaubensbekenntnisse feierlich rezitiert, sie also betet. Es gab im Lauf der Geschichte erstaunlich viele Glaubensbekenntnisse in der Kirche, aber die Wertschätzung für sie ist kein Indiz dafür, dass die gesamte kirchliche Überlieferung in ihnen enthalten wäre. Das so genannte *Symbolon* (von gr. Zusammenschau), lateinisch *Credo* („Ich glaube") genannt, macht lediglich auf die Eckdaten der christlichen Gedankenwelt aufmerksam. Es hält fest und spricht aus, was für das Christentum in dogmatisch-soteriologischer Hinsicht unverzichtbar bleibt. Moralvorstellungen, Hinweise zur Struktur kirchlichen Lebens, ja selbst biografische Einzelheiten aus der Geschichte Jesu fehlen völlig und müssen vorausgesetzt oder sachte erschlossen werden.

Eckdaten des Glaubens

Der „Sitz im Leben" eines Glaubensbekenntnisses ist die *Taufliturgie*. Da ursprünglich nur Erwachsene in das Wasserbecken stiegen, setzte dieser Ritus einen überlegten Entschluss voraus, der in einem Frage-Antwort-Dialog geprüft wurde. Es ging um die Anerkennung Gottes als Vater, Sohn und Heiliger Geist, verbunden mit der Absage an das Böse. Bis heute hat sich im Taufgottesdienst der Kirche diese Agende erhalten, wobei es schon früh einen Übergang von interrogativen (fragenden) zu deklaratorischen (verkündenden) Bekenntnisformen gab. Der trinitarische Duktus blieb hier wie dort erhalten und prägte fortan auch – im Vergleich zum Taufversprechen – größer angelegte Texte, eben die Symbola.

Taufbekenntnis

Unter den am meisten verwendeten, bald zum veritablen Credo ausgestalteten Bekenntnistexten gewann das später so genannte „Apostolische Glaubensbekenntnis" (lat. *Apostolicum*) besondere Bedeutung, dessen Autorität mit der (legendarischen) Verbindung zu den Aposteln als Verfassern entstanden war. Das Apostolicum ist seinem Kern nach frühestens ab dem Ende des zweiten Jahrhunderts in einer römischen Urfassung greifbar und präsentiert sich heute im Wortlaut wie folgt:

Apostolisches Glaubensbekenntnis

Ich glaube an Gott, den Vater, den Allmächtigen,
und an Christus Jesus, den eingeborenen Sohn, unseren
Herrn, der geboren ward aus dem Heiligen Geist und Maria,
der Jungfrau, der unter Pontius Pilatus gekreuzigt und be-
graben ward, am dritten Tag auferstand von den Toten, aufstieg zum Himmel, sitzt zur Rechten des Vaters, von wo er
kommen wird zu richten die Lebenden und die Toten, und
an den hl. Geist, die hl. Kirche, Vergebung der Sünden, Auferstehung des Fleisches. Amen.[8]

Struktur des Glaubensbekenntnisses

Der Text spannt einen Bogen von der Weltschöpfung, die Gott, dem Vater zugeschrieben wird, bis zur Auferweckung der Toten am Ende der Zeit. Das triadisch-trinitarische Moment fällt sofort ins Auge: Gott, der Vater — Jesus Christus, der Sohn — der Heilige

Bekenntnisse im Wandel

Geist. „Drei" Akteure des menschlichen Heils sind genannt. Aber diese Auskunft darf nicht numerisch verstanden werden, so, als ob erst ein „Team" von Handelnden den einen Gott ergäbe. Die Dreizahl nimmt zwar Maß am Narrativ der Schrift, wonach drei Namen den einen Gott manifestieren. Doch sie ist ein Symbol absoluter Fülle: In Gott fehlt keine Dimension des Wirklichen; er ist als Vater radikal transzendent, als Sohn geschichtlich engagiert,

Abb. 17 | ▶
Verrocchio: Taufe Christi, unter Mitarbeit von Leonardo da Vinci, um 1475

als Heiliger Geist unaussprechliche Innerlichkeit im Herzen der zur Gottesgemeinschaft berufenen Kreatur. Aber das ist schon eine zeitgenössische Interpretation.[9] Was den Text aus dem zweiten Jahrhundert angeht, so hängt alles daran, dass die biblische Überlieferung gewahrt bleibt, obwohl die Reflexion über sie bereits mehrere Stadien kennt und das im Credo Gesagte gleichsam als dogmatisches Ur-Meter den Glauben einer Großkirche prägt.

Man beachte bei alledem eine Dynamik der Veränderung. Nach K. Beyschlag setzt mit dem Konzil von Nizäa im Jahr 325 eine Neuausrichtung der christlichen Glaubenskundgabe ein: „Bis auf Nicäa war das Bekennen die

Voraussetzung des Bekenntnisses. Seit Nicäa ist das Bekenntnis die Voraussetzung des Bekennens".[10] Das heißt: Aus der anlässlich der Taufe persönlich geäußerten Hinwendung zu Gott als Vater, Sohn und Geist hat sich eine Textgestalt entwickelt, mit der die individuelle Komponente normiert wurde. Das Bekenntnis war zu einer formalisierten Vorlage geworden, die sich übernehmen, aufsagen und auswendig lernen ließ.

Als es im Lauf der Zeit innerkirchlich zu Streitigkeiten mit der Gefahr theologischer Verzerrungen kam und auch von außen her die Angriffe zunahmen, stieg der Credo-Text in seinen gebräuchlichen Varianten zur einer Art Bastion der Rechtgläubigkeit auf. Man sichert die „eiserne Ration" des Christentums und ruft die Getauften zur ideellen Geschlossenheit auf. Am Symbolon wird die wahre Kirchenzugehörigkeit deutlich. Abweichungen sind schnell auszumachen und können korrigiert werden. Christliches Bekennen ist primär nicht mehr eine Angelegenheit der persönlichen Glaubenszuversicht, sondern bedeutet „Anerkennung": erklärter Beitritt, öffentliche Solidarität.

Das Markenzeichen von Glaubensbekenntnissen ist die Nüchternheit, mit der sie in aller Ruhe über Unerhörtes jenseits von Gefühlen und Erwartungen sprechen. Weil ihre Botschaft „viele", letzten Endes „alle" betrifft, durchzieht ihren Redestil transpersonale Sachlichkeit. Glaubensbekenntnisse formulieren prosaisch, knapp, auf den Kopf zu. Emotionen sind ihnen fremd, nicht einmal von der Liebe ist die Rede, die doch als Inbegriff der christlichen Gottesbeschreibung gilt. Allerdings wird gesagt, was Liebe *getan* hat und mit welcher Nachhaltigkeit es geschah: Gottes Allmacht rief die Welt ins Dasein; der Sohn wurde Mensch unter Menschen, sein Weg endet am Kreuz — zu einer bestimmten Zeit, an einem bestimmten Ort, in feindseliger Umgebung.

Nüchternheit des Credo

Bis hierhin berichtet das Apostolikum über vergangene Ereignisse ohne Überschwang. Dann ändert sich zwar die Blickrichtung und es wird bezeugt, was die Geschichte transzendiert: die Auferweckung Jesu, sein Gang zu Gott, die Gabe des Heiligen Geistes, die Heilsbedeutung der Kirche, das ewige Leben. Aber der Ton bleibt nach wie vor unaufgeregt. Das Glaubensbekenntnis spricht große Worte gelassen aus.

Theologische Fachbegriffe fehlen. Worte wie Transzendenz, Trinität, Inkarnation, Prädestination oder Transubstantiation, wie sie jedes theologische Lexikon bietet, spielen keine Rolle. Dass sie deswegen bedeutungslos wären, ist damit nicht gesagt. Aber sie gehören einer anderen Stufe theologischer Reflexion an. Die „akademische" Zurückhaltung im Apostolicum ist allerdings ein Indiz dafür, dass auch eine denkerisch und begrifflich hochdifferenzierte Theologie immer wieder an der heilsgeschichtlich angelegten Rede über Gott und der Schlichtheit ihrer Sprache Maß nehmen muss.

6.2.3 | Glaube und Begrifflichkeit

Die Zeit, das Bekenntnis terminologisch zu untermauern, hatte freilich nicht lange auf sich warten lassen. Im Übrigen gab es ein Christentum ohne Theologie zu keiner Minute. Glaubensbekenntnis und Glaubensreflexion sind zu Beginn gleichursprünglich; wer Jesus als „den Herrn" bekennt, setzt theologisches Wissen um Gott und historisches Wissen um die Geschehnisse in Jerusalem voraus, woraus sich eine substanzielle Verknüpfung ergibt. In diesem Sinn ist auch das Glaubensbekenntnis durch und durch theologisch angelegt. Seine denkerische und begriffliche Absicherung fand dann jedoch eigene Wege.

Bekenntnissätze drücken erstens Gläubigkeit und zweitens Glauben aus. Gläubigkeit ist eine Privatangelegenheit, der Glaube nicht. Gläubigkeit sperrt sich gegen jede Bewertung, der Glaube hingegen muss bedacht, qualifiziert, verteidigt werden; man glaubt „etwas" und, biblisch gesehen, immer nur „mit anderen". Die Theologie schützt sowohl den Glaubensinhalt als auch die Glaubensgemeinschaft. Der scheinbar einfache, urchristliche Zeugnisakt gibt unter der Lupe der Glaubenswissenschaft seine tatsächliche Komplexität zu erkennen. Auch dieser Vergewisserungsprozess gehört, jedenfalls in seinen entscheidenden Wegmarken, zum Glauben. Muss ihn jeder Christ, jede Christin kennen und verstanden haben? Das wohl nicht, aber wer das Glaubensbekenntnis mit der Gesamtkirche betet, bestätigt unausgesprochen die theologische Apparatur, die seine Geltung bewahrt.

Weitung des Glaubensbegriffs

Konzil von Nizäa

Mit dem ersten großen Konzil der Christenheit, das sich im Jahr 325 in der kleinen anatolischen Garnisonstadt Nizäa (heute Türkei) zusammenfand, war eine wegweisende Etappe in der theologischen Entfaltung des neutestamentlichen Erbes erreicht worden: Gegen die Propaganda des alexandrinischen Presbyters Arius († nach 327), der in Jesus nur ein vornehmes Geschöpf, wenngleich mit höchster prophetischer Begabung sah, stellten die in Nizäa versammelten Bischöfe als die Erstverantwortlichen für das christliche Bekenntnis Jesu Göttlichkeit heraus. Um ihrer Position Kontur zu geben, hatten sie einen philosophischen Begriff bemüht, der im Neuen Testament nicht vorkommt, aber seiner Christologie durchaus gerecht wird: Jesus — obwohl ein Mensch wie alle Menschen — ist hinsichtlich seiner offenbarenden, erlösenden Autorität Gott, dem Vater, *wesensgleich* (gr.: *homoousios to patri*).[11]

Was hatte sich mit dem Konzil bezüglich Glaube und Theologie verändert? Nizäa markiert, wie sich der Dogmenhistoriker Basil Studer ausdrückt, den „Anfang einer *neuen* Theologie".[12] Die kirchliche Glaubensvergewisserung wurde vor dem Hintergrund einer argumentativen Auseinandersetzung zum ersten Mal auch intellektuell normiert. Wer sich

Abb. 18 | ▶
Erstes Konzil von Nizäa: Kaiser Konstantin hält eine Schriftrolle mit dem Text des Großen Glaubensbekenntnisses

fortan an Jesus halten wollte, musste sich *angesichts des Konzils* entscheiden. Der traditionelle Taufglaube hatte sich in der bischöflichen Großkirche zum „nizänischen Glauben"[13] weiterentwickelt, und zwar mit Erfolg. Trotz beträchtlicher Widerstände „wurde der Glaube von Nizäa im Lauf des 4. Jahrhunderts zur Grundlage des kirchlichen Lebens. Er wurde zum Maß auch der staatlich anerkannten kirchlichen Orthodoxie, lieferte die Normen für die Verkündigung und Schrifterklärung, bestimmte den Gottesdienst und die ganze Frömmigkeit".[14]

Das Konzil von Nizäa zeigt, dass zum Verständnis der Theologie von damals auch heute noch die ganze Raffinesse einer hochdifferenzierten, wissenschaftlichen Recherche erforderlich ist: Welche Philosophie hat die Begrifflichkeit der für das Konzil verantwortlichen Geister geprägt? Wie verliefen die Diskussionen vor und nach der Entscheidung? Wer waren die führenden Köpfe? Wie sah seinerzeit die Gesellschaft aus, wer hatte das politische, wer das kirchliche Sagen? Welcher Bildungsstand ist zu berücksichtigen und welche intellektuellen Defizite? Wie verträgt sich

Anfragen heute

der Begriff *homoousios* mit der apostolischen Überlieferung? Darf er die Schriftauslegung tatsächlich normieren? Wie verstanden die Protagonisten damals den Begriff, was leistet er heute? Was lehrte Arius wirklich? Hatte man sein Anliegen richtig wiedergegeben? Welche Quellen belegen das?

Auch skeptische Fragen haben ihr Recht, eine der heikelsten vielleicht: Wie und warum hat sich der nizänische Glaube in der Großkirche durchgesetzt? Stand es ihr zu, Gegner der Häresie (Glaubensverfälschung) zu bezichtigen? Steht hinter dem bis heute verbindlichen theologischen Programm des Konzils eine Arroganz der Macht, die längst entlarvt sein müsste? Viele Fragen, viele Antworten; die Bibliotheken sind voll davon.

Zusammenfassung

Der Glaube, als entscheidende Voraussetzung für die Theologie, ist ereignisbasiert. Er antwortet auf den geschichtlichen Vorgang der Offenbarung, die zum Tragen kommt, indem sie *gedeutet* wird: als historisches Christusereignis. Das Bekenntnis zu ihm beginnt mit knappen Glaubensformeln, eingebunden in das Leben der Urkirche und von ihm geprägt. Daraus entstehen förmliche Glaubensbekenntnisse (Symbola), die auf einer auch philosophisch erarbeiteten Fachterminologie beruhen. Aus der ursprünglich persönlich-individuellen Glaubenskundgabe wird eine überindividuelle Glaubensvorgabe, die in die Bekenntnisgemeinschaft „Kirche" eingliedert. Insofern basiert christlicher Glaube auf privater Innerlichkeit wie zugleich auf öffentlicher, begrifflich geformter „Rechtgläubigkeit".

Literatur

Ludwig Ott, Grundriss der Katholischen Dogmatik, Freiburg-Basel-Wien ²1981.

Reinhard Staats, Das Glaubensbekenntnis von Nizäa-Konstantinopel. Historie und theologische Grundlagen, Darmstadt 1996.

Ferdinand Hahn, Theologie des Neuen Testaments I: Die Vielfalt des Neuen Testaments. Theologiegeschichte des Urchristentums; II: Die Einheit des Neuen Testaments. Thematische Darstellung, Tübingen 2002.

Eilert Herms, Lubomir Zak. Grund und Gegenstand des Glaubens nach römisch-katholischer und evangelisch-lutherischer Lehre. Theologische Studien, Tübingen 2008.

Gerhard Lohfink, Jesus von Nazaret. Was er wollte. Was er war, Freiburg-Basel-Wien 2011.

Michael Seewald, Dogma im Wandel: Wie Glaubenslehren sich entwickeln, Freiburg-Basel-Wien 2018.

1. Was sind Homologien, was Homologesen?
2. Inwiefern ist das ursprüngliche Christusbekenntnis schon ein theologischer Akt?
3. Mit welchem Recht greifen kirchliche Lehrentscheidungen auf philosophische Fachterminologien zurück?
4. In welcher Hinsicht stellt das Konzil von Nizäa einen Wendepunkt im Werden der christlichen Theologie dar?

Testfragen

Arbeitsfelder der Theologie

Die theologische Sichtung des christlichen Glaubens von den An-fängen bis heute hat mit einem gewaltigen Kontingent an Infor-mationen zu tun, die jeweils eng verwoben sind mit der Kultur- und Mentalitätsgeschichte weltweit. Denn das Christentum war schon früh eine „globale" Angelegenheit. Zudem sind Glaubens-interpretationen von zeitbedingten Umständen beeinflusst und sie haben umgekehrt geschichtliche Entwicklungen angestoßen. Wo manifestiert sich der Grundstock des theologisch bedachten Glaubens? Über das Bekenntnis der Urkirche und die erste konzi-liare Reflexion darüber wurde eben gesprochen. Doch hierzu be-darf es noch einiger vertiefter Überlegungen.

Die Bibel

Grundlegend ist die *Bibel* — die heilige Schrift Israels, die sich weitgehend mit dem — aus christlicher Sicht — so genannten Alten Testament (AT) deckt. Es besteht aus einem Konvolut mit zum Teil recht umfangreichen Einzeltexten (Büchern). Dazu tritt die Dokumentation über die Geschichte Jesu, das Neue Testament (NT), welches ebenfalls viele Einzeltexte bündelt, aber einen ver-gleichsweise geringeren Umfang hat. Das Alte Testament (die He-bräische Bibel) prägt nach wie vor das weltweite Judentum und bedeutet auch für das Christentum viel. Stellung und Ansehen der Bibel ähneln sich hier wie dort. In beiden Fällen steht das heilige Buch im Dienst einer korporativen Identität. Was Menschen über

Altes und Neues Testament

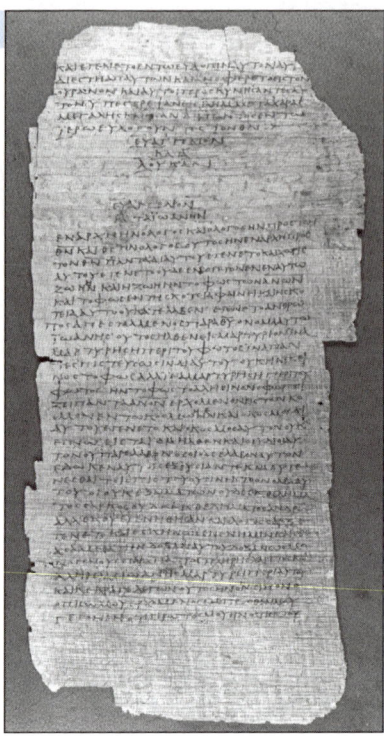

Abb. 19 | ▶
Papyrus 75, ein frühes Papyrus des Neuen Testaments, war wegen seiner großen Übereinstimmungen zum Codex Vaticanus einflussreich für die biblische Textkritik

Die Bibel ideologisch?

Lebenszeugnis der Schrift

Gott in Erfahrung gebracht haben, wurde niedergeschrieben und sorgfältig tradiert. Da sich das religiöse Empfinden im Fortgang der Zeit fortwährend verfeinerte, wuchs auch die Schrift, wenngleich in Grenzen. Als im geistlich-theologischen Disput der Gemeinden die Überzeugung reifte, dass der Kernbestand des göttlichen Wortes hinlänglich dokumentiert sei, wurde die Schrift offiziell kodifiziert. Sie trat als Autoritätsträgerin par excellence der Glaubensgemeinschaft, worin sie entstanden war, maßgebend *gegenüber*. Die Genesen biblischer Bücher und ihrer Anerkennung sind kompliziert und ein Forschungsgegenstand für die Exegese und die Dogmengeschichte, wovon in diesem Buch noch die Rede sein wird (vgl. S. 199-205).

Wichtig ist festzuhalten: Die Bibel — AT und NT — war und ist das Buch von *Glaubensgemeinschaften*. Darum wäre es widersinnig und wissenschaftlich unredlich, das „Buch der Bücher" grundsätzlich gegen deren Glaubensbild zu lesen. Dass sich, und zwar nicht selten, in der Bibel Sätze finden, die ursprünglich und für sich betrachtet eine ganz andere gedankliche Ausrichtung besaßen, sei damit nicht geleugnet. Aber die Aufnahme in den biblischen Kontext gab ihnen einen neuen Sinn. Die „Schrift" entfaltete sich in einem „Volk", ohne dass man unterstellen müsste, hier handle es sich um kollektive Ideologie.

Ideologische Texte leiten ihre Geltung von der Autonomie und Selbstbezüglichkeit der dargelegten Gedankenwelt ab. Ihre „Wahrheit" hängt an der Behauptung. So entsteht das Manifest: Staatsgesinnung, Parteigesinnung, Gruppengesinnung. In der Bibel hingegen formiert der Text ein Zeichensystem, das erklärtermaßen über sich selbst hinausweist in das unerschöpfliche Gottgeheimnis. Nicht am Buchstaben hängt die Wahrheit, auch nicht an Sätzen, sondern am *Wort*, das sich in *vielen Worten* darstellt und auf diese Weise vernommen wird — durch Meditation, durch das existenzielle Wagnis, durch unbeirrtes Suchen in Glaube, Hoffnung und Liebe.

So gesehen stellt die Bibel ein Schriftwerk ganz eigener Art dar. Sie ist nicht aus einem Guss. Sie enthält Ungenauigkeiten und

Widersprüche. Sie ist in weiten Passagen holprig formuliert, Gelehrte aus dem Renaissance-Zeitalter rümpften die Nase. Aber sie hatten von der Bibel wohl das Falsche verlangt. Ihre Texte spiegeln das Leben, nicht ein durchdachtes, wohlformuliertes Programm. In beiden Testamenten geht es um das Leben des Menschen *vor Gott* mit seinen Höhen und Tiefen. Deshalb hat die Bibel einen eminent ideologie*kritischen* Charakter, der nur zu übersehen ist, wenn man sie schlecht oder oberflächlich liest. Leider waren weder Israel noch die Kirche je vor dieser Versuchung gefeit. Aber der Missbrauch nimmt dem Brauch nicht das Recht, und durch gute Theologie wird Ideologie entlarvt. Das ist ein Prozess, der Mühe erfordert und Hellsichtigkeit. Er beginnt *mit* und *in* der Bibel und muss sich von ihr her auf das theologische Denken übertragen.

Es bleibt noch anzumerken, dass man neuerdings eine veränderte Terminologie für die beiden großen Schriftteile zur Diskussion gestellt hat: *Erstes* und *Zweites* Testament. Dieser Vorschlag trägt der Tatsache Rechnung, dass die hebräische Bibel den Anfang und das bleibende Fundament der Heilsgeschichte markiert und deshalb niemals veraltet. Welcher Sprachgebrauch sich letztlich durchsetzt, kann hier offen bleiben.

Erstes und Zweites Testament?

Die Väter | 7.2

Nach der Bibel bleibt die Glaubenswissenschaft dem Erbe der frühchristlichen (antiken) Theologen verpflichtet. Diese werden — es sind ausschließlich Männer — etwas altbacken als „Kirchenväter" bezeichnet. Doch Vorsicht: Dieser Titel ist streng geschützt, er hängt von bestimmten Kriterien ab. Nicht jeder, der in der kirchlichen Frühzeit religiöse Bücher schrieb oder Predigten hielt, ist — aus heutiger Sicht — ein Kirchenvater.

Kennzeichen | 7.2.1

In der Regel wird nach vier Maßstäben klassifiziert. Im Fokus steht erstens die *Rechtgläubigkeit*, das Denken und Schreiben im Sinne der großkirchlichen Vorgabe. Nur aufgrund *kirchlicher Anerkennung* nämlich kann, zweitens, ein Theologe der Alten Kirche — in der Regel als Bischof — Kirchenvater sein. Zu dieser Geltung stiegen Befürworter des nizänischen Glaubens ab dem vierten Jahrhundert auf. Drittens wurde schon früh erwartet, dass ein Kirchenvater persönlich integer geblieben war. Gemeint ist die Übereinstimmung von Denken und Leben, die Fama der *Heiligkeit*. Dieses Kriterium hat etwas Schwammiges, doch es schärft den Sinn dafür, dass zur theologischen Arbeit mehr als Intelligenz gehört. Das vierte Indiz für den Ehrentitel ist von schlicht chronologischer Art: Ein Kirchenvater muss dem so genannten *kirchlichen Altertum* angehören, also in den ersten fünf bis sieben Jahrhunderten nach Christus gewirkt haben.[1]

7.2.2 | Bedeutung

Mit der *antiquitas*, der Zugehörigkeit eines Kirchenvaters zur Alten Kirche, erschließt sich die Bedeutung von Theologen dieses Ranges. Es geht um die zeitliche Nähe zum Ursprung der Kirche und ihrer Lehrentwicklung. Kirchenväter haben die beginnende und dann weitergeführte Entfaltung des kirchlichen Glaubens angestoßen oder mitgetragen. Sie zeichnen verantwortlich für die Festigung der kirchlichen Organisation, die sich unter ihrer Anleitung ausgebildet hat. Als frühe Bürgen und Verteidiger des Evangeliums nach den Aposteln und den Urgemeinden haben sie das Christentum in der antiken Welt salonfähig gemacht. Man kann sagen: Von den Kirchenvätern hat das Christentum das Denken gelernt. Scheu vor der intellektuellen Auseinandersetzung kannten sie nicht.

Diesbezüglich sind die Väter hochaktuell. Sie zeigen, dass der Glaube mehr bedeutet als Gefühle und Wünsche. Die Anstrengung des Begriffs galt ihnen viel, so konnten sie den Dialog mit der Geisteswelt ihrer Zeit eröffnen und der Kirche eine Präsenz sichern, von der die Kulturgeschichte bis heute zehrt. Über die Katheder, vor allem aber die Kanzeln der Väter, ging nahezu jedes Problem, das in der Dogmengeschichte belangvoll wurde. Man denke nur einmal an die Reformationsbewegung Martin Luthers, die in der Rezeption des Augustinus eine ihrer wichtigsten Kraftquellen fand. Die Väter waren Pioniere des biblischen Geistes im Blick auf seine Gefährdungen und Triumphe.

Raffinesse in Einfalt   Wurde der Glaube von den Vätern verkopft? Diese Gefahr hat es gegeben, aber sie wurde gesehen und abgewendet. Im Grunde galt der denkerische Aufwand der antiken Theologenschulen der Sicherung des Glaubens in seiner jesuanischen Einfachheit. Es war der Sinn für die *simplicitas fidei* (Schlichtheit des Glaubens), die verhin-

Abb. 20 | ▶ Michael Pacher: Altarbild der Kirchenväter Hieronymus, Augustinus, Gregor der Große, Ambrosius

dern konnte, dass aus dem Evangelium ein reines Gedankenkonstrukt wurde.[2] Insofern bewiesen die Väter spirituelle Größe: Nicht der Gelehrte findet zu Gott, sondern wer bereit ist, sich von ihm wie ein Kind vertrauensvoll führen zu lassen. Die in diesem Buch vielbeschworene Faktizität des Christusereignisses, die in erster Linie glaubende Umkehr einfordert und dann erst intellektuelle Einsicht verheißt, begleitet die Theologie und die Pastoral der Alten Kirche auf Schritt und Tritt. Hochdifferenzierende Theologie ist zwar unerlässlich, damit Einfachheit nicht in Naivität abgleitet, aber Gelehrte wie spekulativ Unbedarfte ziehen am gleichen Strang, woran der Kirchenvater Irenäus von Lyon erinnert hat: „Auch der begabteste Redner unter den kirchlichen Vorstehern verkündet nichts anderes als die übrigen [...] Es ist ja ein- und derselbe Glaube; wer viel über ihn zu sagen versteht, vermehrt ihn darum nicht, und wer nur wenig sagen kann, vermindert ihn nicht".[3]

Durch die Ausbildung einer hochanspruchsvollen Intellektualität und das Vertrauen auf die Kraft schlichter Gläubigkeit jenseits einer rastlosen, mitunter selbstgefälligen Gottsuche haben die Kirchenväter der christlichen Gottesbeschreibung einen guten Weg gewiesen.

Theologischer Wortschatz

Der Feder antiker Theologen verdankt die Gotteswissenschaft einen Teil ihrer Fachterminologie, wobei es hier natürlich manch unerreichten Meister gab. Wenn von der göttlichen *Trinität* (lat. trinitas) die Rede ist oder von trinitarischen *Personen* (lat. personae), folgt man dem Genie des nordafrikanischen Kirchenschriftstellers Tertullian († nach 220); fällt das Wort *Perichorese* (gemeint ist das substanzielle Ineinandergreifen verschiedener Entitäten), klingt die Spekulation des griechischen Kirchenvaters Gregor von Nazianz nach († 390); und wer über die Gnade spricht, profitiert vom rhetorischen Feuerwerk des großen Augustinus.

Theologiebegriff

Kirchenväter waren also theologische Begriffslieferanten. Mithin prägten sie das Wort „Theologie" selbst. Kurz zur Erinnerung: Es war vorchristlich in Gebrauch gewesen und schon bei Platon bedeutsam. Der Philosoph hatte eine *rationale* „Theologie" gefordert, die das Göttliche dezidiert vom Guten sowie von seiner ethischen Würde her begreift, während es Poeten und Komödienschreiber — volkstümliche „Theologen" — in possenhafte Mythologien gekleidet hätten, die er als peinlich empfand. Die Zweischneidigkeit des antiken Wortgebrauchs wirkte noch weit in die lateinische und griechische Väterlehre hinein: Die Lateiner wiesen die „Theologie" der heidnischen Mythen klar zurück, bis Augustinus im Sinne Platons erklärte, wahre Theologie sei vernünftiges Nachdenken über Gott und vernünftiges Reden über ihn — *de divinitate ratio et sermo*.[4] Bei den Griechen vertraute man schon einige Zeit früher auf einen „Erz"-Theologen — der kein Geringerer war als der Erlöser selbst:[5] Jesus habe Gott in seiner ganzen Wahrheit verkündet und damit die burlesken Erfindungen der Poeten Lügen gestraft. Wie er sollten auch die Lehrer der Kirche „theologisch" im besten Sinn reden: keine „Geschichtchen" mehr, sondern „biblische Geschichte" im Spiegel persönlicher Gläubigkeit und streitbarer Intellektualität.

Schrifttheologie

Dieser Ausrichtung entsprechend ist kirchenväterliche Theologie primär und auf weite Strecken *biblische* Theologie: Rede über Gott auf der Basis von *Schriftauslegung*. Die antiken Gottesgelehrten haben ausnahmslos alle Bücher der Bibel kommentiert und ihre Systeme über dem Alten und Neuen Testament errichtet — was nicht heißt, dass sie unmittelbare Vorreiter der modernen historisch-kritischen Bibelauslegung gewesen wären.

Aber man geht planvoll vor: Das Christusereignis stellt für die Väter den historischen Höhepunkt der Heilsgeschichte dar. Für sie gilt die Menschwerdung des göttlichen Wortes in der Person Jesu von Nazareth als eine unüberbietbar konkrete Realität *dieser* Welt; ihr Hintergrund ist freilich die Transzendenz. Die Kirchenväter denken dezidiert *inkarnatorisch* – auch wenn ihr Blick ebenso entschieden „nach oben" geht. Am Leben, Reden und Beten Jesu schulen sie ihre theologischen und ethischen Ideale.

Schriftauslegung, das heißt für die Väter: Alle Facetten am Christusmysterium sind heilbringende Einsichten in das Gottgeheimnis, entsprechend breit gefächert — in der Regel hoch spirituell — gestaltet sich die kirchenväterliche Exegese: Was berichtet der heilige Text? Was bedeutet er dogmatisch? Welche Auswirkungen hat er auf das christliche Ethos? Und was verheißt er über die Zukunft der Welt bei Gott? Im Rahmen der hellenistischen Kultur und dem Schulbetrieb ihrer Zeit lesen die Väter den Schrifttext mit verschiedenen Brillen, und was aus heutiger Sicht womöglich fremd anmutet, entsprach damals dem Umgangston der Gebildeten, wenn sie über die Klassiker ihrer Literatur, allen voran Homer, disputierten. Dieser wurde „zum Naturwissenschaftler, zum Moralprediger, zum Philosophen".[6] Er ist für die gebildeten Griechen die Autorität schlechthin — musste die Autorität Jesu nicht weitaus größer sein? Also stand es der Exegese bestens an, dem Schrifttext verschiedene „Schriftsinne" abzugewinnen und dies mit möglichst einprägsamer Sprachgewalt zu tun, zumal die Bibelauslegung in der Alten Kirche immer auch im Gottesdienst, in der Predigt erfolgte.

Der *vierfache Schriftsinn*: Was in der patristischen Bibelauslegung bedacht und praktiziert worden war, brachte im hohen Mittelalter einen prägnanten Merksatz hervor:

Vierfacher Schriftsinn

Litera gesta docet
Quid credas allegoria
Moralis quid agas,
Quo tendas anagogia – frei übersetzt:

Der Buchstabe lehrt, was sich zugetragen hat; was gläubig davon zu halten sei, sagt die Allegorie; was du zu tun hast, zeigt der moralische Schriftsinn, wohin du streben sollst, die Anagogie.[7]

Geschichte, Dogma, Moral und Endzeithoffnung – das sind die Säulen, auf die sich für die Väter erlöstes Dasein stützt. Zum Beispiel die *Passion Jesu*; wie berührt und verändert sie die Gläubigen?

> Der *buchstäbliche Sinn* erzählt die grausamen Fakten (freilich bereits gläubig gedeutet): Anklage Jesu, seine Verhaftung, das Verhör, Folter, Hinrichtung, Sterben, Begräbnis. Die Bibelauslegung nimmt von alledem nacherzählend Notiz und geht bei der weiteren Betrachtung davon aus.

> Diese führt zum *allegorischen Sinn*: Durch den Gehorsam des Sohnes und seine Liebe bis zuletzt hat Gott die Welt erlöst. So glaubt die Kirche und so lautet ihr Dogma.

> Daraus erwächst der *moralische Schriftsinn*: Wie der Herr, so mögen auch die, die ihm nachfolgen, treu sein bis zum Tod und dem Hass mit Vergebung begegnen. Aber warum diese Demut? Wohin führt sie?

> Die Antwort gibt die *Anagogie*, die im Kreuz des Herrn bereits den österlichen Triumph erkennt: Sein Sterben ist zum Königsweg in die neue Welt geworden, die das Ende der Zeit krönen wird: Verherrlichung, Verklärung, ewiges Leben.

Die Schriftauslegung der Väter (wie jene im Mittelalter) war keineswegs geschichtsvergessen und schon gar nicht willkürlich. Aber sie vermied die Engführung und versuchte mehr zu sehen und mehr zu zeigen als der erste Blick auf den Schrifttext preisgab. Und da die *Rede* über den Schrifttext, die Predigt also, hohe Bedeutung besaß, legte sich der Ausgriff auf mehrere Dimensionen nahe. Davon lebt die gute Predigt auch heute noch.

7.3 Konzile

7.3.1 Begrifflichkeit und Phänomen

Mit dem Stichwort „Glaube von Nizäa" (vgl. oben S. 75) ist bereits Licht auf die Tatsache gefallen, dass es in der Alten Kirche Synoden und Konzile gab. Beide Fachworte benennen dasselbe Phänomen: Verantwortungsträger für Theologie und Pastoral — es sind in der Regel Bischöfe — treten zusammen, weil über strittige oder ange-

fochtene Angelegenheiten des kirchlichen Lebens beraten und
entschieden werden muss. Ob man von einer Synode oder einem
Konzil spricht, hängt vom Einzugsgebiet, aber auch von der Reichweite einer Versammlung ab. Synoden konnten relativ kleinflä-
chig lokalisiert sein, zugeschnitten auf eine Stadt, eine Region, ein
Herrschaftsgebiet; neuerdings bildet auch der moderne National-
staat einen Rahmen (z.b. die Synode der deutschen Bistümer in
Würzburg 1971-75). Üblicherweise dient die gastgebende Örtlich-
keit zur Kennzeichnung: „Synode" von Karthago, Synode von
Arles, Würzburger Synode.

Synode oder Konzil?

Synoden kümmerten sich gewöhnlich um Probleme vor Ort.
Allerdings hat deren Dringlichkeit in vielen Fällen zugenommen,
so dass man über die Region hinaus denken musste. Angesichts
schwerwiegender Glaubensfragen und in der Sorge um das Selbstverständnis der Gesamtkirche stieg auch die Bedeutung der notwendigen Beratungsorgane. Es kam zu synodalen Aktivitäten,
denen später der Rang von „Konzilen" zuerkannt wurde, mit stei-
gender Akzeptanz der Rang *Ökumenischer Konzile*. Ihrer Lehre
kommt Verbindlichkeit für die Weltkirche zu. Das Konzil von
Nizäa hat nach römisch-katholischer Zählung eine inzwischen
hochoffizielle Reihe von 21 Bischofsversammlungen eröffnet, die
bis ins 20. Jahrhundert reicht.

Merksatz

Synoden sind in der Regel mit ortskirchlichen
Fragestellungen befasst, während Konzile den
Blickwinkel gesamtkirchlich weiten. „Ökumenische Konzile" sind Meilensteine in der Dog-
men- und Theologiegeschichte.

Zum besseren Verständnis der Terminologie: Der Zusatz „ökumenisch" im Blick auf Konzile zielt bestenfalls indirekt auf die Suche
nach konfessioneller Verständigung, wie man sie seit dem 19.
Jahrhundert kennt. Zwar richtet sich ein ökumenisches Konzil an
alle Getauften, tatsächlich aber werden Abstriche gemacht. Von
den orthodoxen Gemeinschaften (den so genannten Ostkirchen)
werden nur die ersten sieben Konzile des ersten Jahrtausends als
gesamtkirchlich belangvoll betrachtet, wobei altorientalische Gemeinschaften (Armenier, Kopten) mit drei Vorlieb nehmen. Die

Ökumenisches Konzil protestantische Welt anerkennt die Konzile des Altertums ebenfalls problemlos, weist aber den Anspruch mittelalterlicher und neuzeitlicher Synoden zurück. So gesehen war das Zweite Vatikanische Konzil 1963-1965 trotz seiner innerkonfessionellen Weltläufigkeit eine Partialsynode der Kirche Roms.

7.3.2 | Synodale Glaubenserkenntnis?

Worin liegt die Dignität von Synoden und Konzilen, zumal ökumenischen, also universalkirchlichen, Zuschnitts? Inwiefern hat ihr Wort Gewicht und Verbindlichkeit?

Die Tatsache, dass es in der christlichen Großkirche von früh an Synoden gibt, bedeutet nicht, hier sei ein Element moderner Demokratie am Werk. Man muss das Synodenwesen primär erkenntnistheoretisch und erst dann kirchenpolitisch verstehen. Es geht um die Art und Weise, wie im Gottesvolk Wahrheit *erfasst*, Inspiratorische nicht *gemacht*, nicht „verhandelt" wird. Bestimmend war und ist Motivation eine *inspiratorische* Sinngebung: Da die Kirche über ihr Glaubensgut nicht autonom verfügt, es folglich auch nicht beliebig verändern kann, wäre es unangemessen, bloß numerisch damit umzugehen. Die Synode lebt von der Überzeugung, dass sich die Wahrheit des Glaubens *zeigt*, dass sie gewissermaßen „aufscheint", dass Gottes *Geist* sie verbürgt, nicht menschliches Genie, nicht menschliches Kalkül.

Synoden suchen den Zusammenhalt und wollen, dass er theologisch trägt. Erklärtes Ziel von ihnen ist die *totius ecclesiae consensio*, wie Augustinus formuliert hat, ihr Anliegen das Glaubenszeugnis der Gesamtkirche, deren „Das-Eine-Denken": *sentire in unum* – nach einer schönen Wendung bei dem vielgelesenen spätantiken Kirchenvater Isidor von Sevilla.[8] Von daher gilt: „Nicht der Konsens begründet die Wahrheit, sondern die Wahrheit den Konsens".[9]

Deprekatorische In zeitgenössischen Ohren, denen parlamentarisch-demokratiMotivation sches Denken (hoffentlich) geläufig ist, klingt dieses Prinzip – diese Hoffnung – befremdlich. Man denkt unwillkürlich numerisch: an Wahlgänge, Fraktionsbildungen, Abstimmungen und Mehrheitsbeschlüsse. Ähnliches gab und gibt es auch im kirchlichen Synodalwesen, wie wäre es sonst zu handhaben? Und doch bleibt der Unterschied: Ein Parlament setzt auf die *Abstimmung*, die Synode auf *Übereinstimmung*. Das Parlament ist das Organ einer Körperschaft (eines Volkes, eines politischen Gebildes), das Vollmacht aus sich selbst heraus besitzt und das eigene Wollen demokratisch austariert. Hingegen arbeitet die kirchliche Synode im Sinne einer Treuhänderschaft. Ihre Vollmacht ist nicht *per se* souverän, sondern deprekatorisch angelegt, das heißt, sie muss erbeten werden als eine Gabe von oben, als Mitgift des Heiligen Geistes.

Nur mit Gottvertrauen kann die Kirche auf ihre Synoden und vor allem ihre Konzile setzen und in dem kühnen Bewusstsein leben, diese seien verbindlich. Wenn es zutrifft, dass mit dem Christusereignis Entscheidendes zugunsten der Welt geschehen ist, dann erhofft die Glaubensgemeinschaft, die darüber nachdenkt, zu Recht bleibenden Beistand: Gott selbst trägt dafür Sorge, dass sein Werk weder der Vergessenheit noch der Verformung anheim-

Abb. 21 | ▶
Ulrich von Richenthal: Das Konzil von Konstanz, Weihe Papst Martins V., 1536

fällt. In Konzilsentscheidungen präsentiert sich das Glaubensgut der Kirche im Modus der Abwehr. Sie waren buchstäblich „notwendig" geworden; sie mussten eine „Not wenden", weil eine zerfaserte, tapsende Kirche womöglich sympathisch, aber nicht wirklich hilfreich ist. Die konziliare Hoffnung auf den Konsens wurzelt in der Verpflichtung aller Getauten zur Bewahrung der Glaubenseinheit, die in der Kircheneinheit ihren konkreten Anhalt findet.

Dass es bei Synoden nicht immer — wie es wohl sein sollte — ausgesprochen fromm zuging, muss man unbeschönigt zur Kenntnis nehmen. Es wurde intrigiert, gemobbt, gefälscht, verleumdet. Lüge und Repression saßen dem erlauchten Kollegium gelegentlich im Nacken, am Ende eines Treffens gab es Enttäuschungen, Verurteilungen, Ausschlüsse und Bannflüche. Religion erhitzt nun einmal die Gemüter, und wenn sie in die falsche Kehle gerät, macht sie fanatisch und blind. Aber die erschreckende Realität ist nicht die ganze Realität, und sie hat nicht das letzte Wort. Denn im Umfeld synodaler Aktivitäten wurde immer wieder ein gewaltiger Kosmos an Verstand und Wohlwollen wirksam. Konzile bringen

Kircheneinheit als Glaubenseinheit

Hell und Dunkel der Konzilsgeschichte

eine Ernte ein, die jahrzehntelanges Studium, geduldiges Gespräch und selbstlose Askese voraussetzt. Unter solchen Bedingungen konnte dann auch reifen, was Konzile mehr als einmal vor dem Scheitern bewahrt hat: der Kompromiss.

Synodaler Kompromiss

Der faule Kompromiss? Es kommt auf die Sichtweise an, aber in der Regel zeigt sich einige Klugheit, wenn Gesprächsbereitschaft und Rücksichtnahme ihre Chance haben. An einem einzigen Tag wurde selten entschieden. Zuerst rückte die Problemlage ins Visier, dann das Panorama der bereits erarbeiteten Lösungen. Hier gab es naturgemäß Streit. Wer hatte Recht? Wer war wie gefährdet? Woran sollte man sich halten? An die Schrift? Ja! An die apostolische Tradition? Ja! An die einflussreichen Theologen, die Schrift und Tradition interpretierten und weiterdachten? Ja, aber gerade im Blick auf sie musste es zur Entscheidung kommen — rigoros, wenn es um die Kernbotschaft ging, versöhnlich und integrativ angesichts von Vorschlägen.

Formel von Chalzedon

Ein Schaustück für eine Reaktion in diesem Sinn bietet das Konzil von Chalzedon (heute ein Stadtteil Istanbuls) im Jahr 451, als es um sensible Fragen zum Persongeheimnis Jesu Christi ging. Modern formuliert: Wie spielen im einen und einzigen „Ich" des Erlösers die menschliche und die göttliche Dimension seines Wesens ineinander? Damals hatte man feierlich und verbindlich erklärt:

Zitat

Ein- und derselbe ist Christus, der einziggeborene Sohn, der in zwei Naturen unvermischt, unveränderlich, ungetrennt und unteilbar erkannt wird, wobei nirgends wegen der Einigung der Unterschied der Naturen aufgehoben ist, vielmehr die Eigentümlichkeit jeder der beiden Naturen gewahrt bleibt und sich in einer Person und einer Hypostase vereinigt. (DH 302)

Dieser Bescheid klingt kompliziert und er ist es auch, aber er verdankt sich einem Kompromiss, dessen Ingredienzien der englische Patristiker Henry Chadwick folgendermaßen kenntlich macht: „Diese Formel war ein Mosaik aus verschiedenen Quellen"; der eine Satz „stammt aus dem Unionsbekenntnis von 433", ein anderer „war ein Zitat aus Kyrills zweitem Brief an Nestorius"; wieder ein anderer „war dem Tomus [des Papstes] Leos entnommen. Die Wendung ‚in zwei Naturen' stammte ebenfalls von Leo".[10]

Der Kompromiss in Glaubensfragen bietet Vorzüge: Er stiftet — *Die via media* wenigstens im Ansatz — Frieden; er empfiehlt eine *via media*, einen Mittelweg, bleibt also tolerant im Rahmen des Möglichen und vermeidet Einseitigkeiten, die nicht selten Vereinfachungen sind. Was den Kompromiss für Konzilsentscheidungen besonders fruchtbar macht, ist seine Offenheit für die Zukunft. Die Diskussion kann weitergehen, denn theologisch wichtiger als vermeintlich klares Wissen sind die Ehrfurcht vor dem Mysterium und die Ernsthaftigkeit des Fragens.

Kein Konzil kann platterdings „wissen"; aber man klärt und ortet, zeigt, wo Gefahr lauert, warnt — und ermutigt. Zu diesem Zweck dienen so genannte *canones*, die eine zentrale Verlautbarung begleiten können. Es handelt sich um prägnante Ausführungsbestimmungen hinsichtlich der vorgelegten Lehre selbst oder um Regelungen für den kirchlichen Alltag. Schon früh äußerten indes *Das Anathem* die *canones* das berühmt-berüchtigte *Anathem*: Das ist der erklärte Kirchenausschluss, die unverhohlene Abgrenzung, vorgenommen freilich um der Einheit willen, die der unversöhnliche Dissens bedroht. Das Konzil von Trient zum Beispiel (1545-63) sah diese Gefahr auch in der Frage nach der Zahl von Sakramenten gegeben, weshalb es gegenüber reformatorischen Einwänden formuliert: „Wer leugnet, dass das sakramentale Bekenntnis [der Beichte] nach göttlichem Recht eingesetzt ist [...], der sei mit dem Anathem belegt."[11]

Definition

Canones

Das altgr. Wort „kanon" bezeichnete ursprünglich ein Messrohr. Im übertragenen Sinn verwies es auf Richtlinien in praktischen Fragen. Theologisch sind *canones* als verbindliche Ausführungsbestimmungen von Synoden und Konzilien bei dogmatisch-theologischen Erwägungen und ihren Konsequenzen zu verstehen.

Anathem

Im antiken Griechenland war das Anathem ein für die Gottheit bestimmtes Weihegeschenk, um ihr Segen oder Fluch anheim zu stellen. Der Apostel Paulus spricht in Gal 1,7 f von „Leuten, die euch verwirren und das Evangelium Christi verfälschen wollen"; diese seien „verflucht" (in der Übersetzung der Vulgata, der wichtigsten lat. Bibelübersetzung steht: *anathema sit*). Seit der Synode von Elvira (ca. 306) wurden Lehraussagen offiziell mit der Formel „anathema sit" versehen. Das Zweite Vatikanische Konzil bemüht das Anathem nicht mehr. Die 1054 zwischen Vertretern Roms und Konstantinopels ausgetauschten Bannflüche wurden am letzten Sitzungstag des Konzils 1965 feierlich aufgehoben.

7.4 | Kirchliche Lehrautorität und kirchliche Glaubensidentität

Die Vorgaben der ökumenischen Konzile zeigen Grenzen auf. Was „die Kirche" glaubt, drückt sich hochamtlich aus: *Firmiter credit, profitetur et docet* — die Kirche „glaubt fest, bekennt und lehrt", oder: *Docemus et declaramus* — „wir lehren und erklären."

Aber steht diese stark formalisierte Glaubensstrenge dem Christentum gut zu Gesicht? Seine konziliare Prägung hat ihm jedenfalls eine innere und äußere Geschlossenheit verliehen, der es seine weltumspannende Kohärenz und seine Identitätsstärke verdankt. Es entstand ein Forum zur Scheidung der Geister. Allerdings kam mit den Konzilen auch eine bedauerliche Härte zum Zug und die Hoffnung, sie könnten die kirchliche Einheit fördern, hat sich nur zum Teil erfüllt. Dass sich die Konfessionalisierung der Kirche auch (freilich nicht nur) am Konzilswesen entzündet hat, wurde bereits angedeutet, also doch ein Problem?

Wer Theologie studiert, möge sich darüber ein eigenes Urteil bilden; indes sei in Erinnerung gerufen, was jenseits amtlich gezogener Grenzen gelebt, gedacht, diskutiert und geschrieben worden ist und nach wie vor auf seine Weise das Christentum repräsentiert.

Rolle des Lehramts   Wie ist das Phänomen „Lehramt", das einen besonderen Stellenwert im Katholizismus und in der Orthodoxie besitzt, einzuschätzen?

Es würde eine schlimme Verkürzung bedeuten und eine Entwürdigung der Theologie, wenn sie darauf festgelegt wäre, nicht mehr zu bieten als einen schlichten *Lehramtspositivismus*. Sie dürfte in dieser Rolle nur bedenken, bekunden und verteidigen, was

Abb. 22 | ▶ Mittelalterliches Skriptorium, 14. Jahrhundert

durch einen amtlichen Erlass abgesegnet ist. Umgekehrt kann sich das theologische Denken nicht von Glaubenssätzen lossagen, an denen sich die christliche Identität festgemacht hat. Im Theologiestudium sollte man lernen, das Lehramt ernst zu nehmen, es aber auch zu relativieren. Folgende Gesichtspunkte helfen dabei:

Auftrag des Lehramts

- Das Lehramt steht im Dienst der kirchlichen Einheit. Ihm ist sozusagen die „Wir"-Dimension des Glaubens anvertraut, der in der Gemeinsamkeit des einen Gottesvolkes auflebt.
- Da sich der christliche Glaube als eine *fides historica* versteht, dessen Substanz nicht erdacht, sondern nach-denkend und aus-deutend in Empfang genommen wird, bleibt er für immer ursprungsbezogen. Es gilt festzuhalten, was einmal „war" und doch für später die Wege weist. Obwohl aus diesem Grund alle, die theologisch arbeiten, auch retrospektiv denken müssen, ist eine Instanz notwendig, die den Ursprung schützt, wenn er im aktuellen Diskurs zu verblassen droht.
- Eine Instanz, die im Dienst des Ursprungs steht, braucht ein waches Verhältnis zur Tradition, weil mit ihr der Impetus des Anfangs über die Zeiten hinweg entfaltet wird. Deshalb gehört zum kirchlichen Lehramt nicht primär der Auftrag, innovativ zu sein. Das Lehramt arbeitet im guten Sinn konservativ und behält im Auge, was „der Herr gegeben, die Apostel verkündet und die Väter bewahrt haben".[12]

- Das Lehramt schützt die für das Christentum charakteristische *Asymmetrie*: Glaubensüberzeugungen sind nicht deckungsgleich mit Glaubensvorstellungen. Glaube und Theologie sind evoziert, das heißt, sie sind einer Vorgabe geschuldet. Die Unterschiedenheit von Ansage und Deutung bildet sich auch im innerkirchlichen Leben ab. Deshalb muss es ein innerkirchliches, autoritatives Gegenüber geben, falls es in Glaubensfragen zum Streitfall kommt. Das Recht zur Definition — *sententialiter determinare* — hat nach Thomas von Aquin das Lehramt.[13]

- Es gibt religiöse Bewegungen, die erklärtermaßen nach dem Göttlichen oder nach einer unbestimmten numinosen Wirklichkeit *suchen* und sich deshalb von der unablässigen, unbeeinflussten, persönlichen Recherche her definieren. Diese Unruhe gehört zum großen Charisma der Menschheit und ist ein unschätzbares Gut. Auch für das Christentum wäre es verhängnisvoll, in der Gottsuche zu ermüden. Aber sein Selbstverständnis setzt eine *göttliche* Initiative voraus, an die das Lehramt erinnert. Der Kirchenschriftsteller Tertullian bemerkt dazu: „Nun kann es bei einer eindeutigen Lehre kein endloses Suchen geben. Man muss suchen, bis man findet, und glauben, sobald man gefunden hat, und dann ist nichts mehr weiter zu tun, als zu bewahren, was man glaubend annahm".[14]

Aus den angeführten Bestimmungen, wodurch die theologische Reichweite des kirchlichen Lehramts bestätigt und — nach katholischer Lesart — geradezu eingefordert ist, ergeben sich indes auch

Grenzen des Lehramts

die *Grenzen* lehramtlicher Autorität:

- Das Lehramt ist nicht selbst Offenbarungs- oder Glaubensquelle. Mit anderen Instanzen zusammen (Bibel, Tradition, Glaubensgespür der Getauften, wissenschaftliche Theologie) bietet es auf seine Weise das offenbarte Glaubensgut dar. Niemand kann deshalb an das Lehramt „glauben"; Gott allein ist Glaubensadressat.

- Das Lehramt bezieht sein „Wissen" nicht unabhängig oder gar losgelöst von der theologischen Diskussionslage in der Gesamtkirche. Einen gleichsam „heißen Draht" des Lehramts außerhalb des gelebten und gemeinsam bedachten, kirchlichen Glaubensvollzugs vor Gott gibt es nicht.

- Es gibt ebenso wenig ein theologiefreies Lehramt, so, als ob auf der einen Seite die pure Autorität, auf der anderen Seite die willkürliche Spekulation stünde. Auch die für das Lehramt Verantwortlichen — im katholischen Bereich Bischöfe und Papst — sind theologisch geprägt und formen dementsprechend die amtlichen Texte, bewusst oder unbewusst.

- Das Lehramt ist nicht „die Kirche". Es ist eine Instanz *in der Kirche* und hat die Pflicht zum Dialog. Unverzichtbar bleibt dabei die akademische Theologie. Man könnte von einem Gefüge gegenseitigen Gehorsams sprechen: Die Theologie hört das Lehramt, das Lehramt hört die Theologie. Von einem Lehramt *der* Theologie analog zum Auftrag von Papst und Bischöfen zu sprechen, ist abwegig. Die Instanzen werden in ihrer Unterschiedlichkeit einander gegebenenfalls zum Korrektiv, nicht zur Konkurrenz.

- Das Lehramt erfüllt seine Aufgabe am besten so, dass es sich auf ein *letztes Wort* beschränkt, nämlich dann, wenn Streitigkeiten den kirchlichen Zusammenhalt bedrohen und kein Ausgleich mehr möglich scheint. Das *erste Wort* in Glaubensfragen ist kein lehramtliches Privileg. Deshalb sollten lehramtliche Verantwortungsträger kirchliche oder gesellschaftliche Diskussionen erst reifen lassen, bevor sie Stellung beziehen.

Theologiestudierende müssen über den Stand und den Anspruch der offiziellen Doktrin informiert sein. Er zeigt sich neben den Konzilsverlautbarungen in herausragenden Entscheiden von Päpsten und Ortsbischöfen bezogen auf konkrete Fälle, in Synoden kleineren Zuschnitts, in amtlich geförderten Katechismen wie dem *Catechismus Romanus* aus dem Jahr 1566 oder dem *Katechismus der Katholischen Kirche*, promulgiert 1992. Im Blick auf das orthodoxe Christentum müssen die ersten sieben oder, altorientalisch gewertet, drei Konzile des ersten Jahrtausends, ebenfalls kleinere Synoden sowie eine Reihe kirchenrechtlicher Sammlungen genannt werden. Der lutherische Protestantismus stützt sich auf so genannte Bekenntnisschriften aus dem 16. Jahrhundert, die ihm seinerzeit Kontur gaben.[15]

Wie zeitbedingt, wie ephemer viele lehramtliche Bescheide immer auch gewesen sind, zeigt schon ein kurzes Blättern im „Denzinger", dem klassischen, katholischen Kompendium kirchlicher Lehrentscheide. Dort werden viele, aber längst nicht alle Äußerungen offiziellen Ranges präsentiert; so manche Sorge von „Anno dazumal" und die feierliche Antwort darauf bewegt heute niemanden mehr. Man sieht buchstäblich Schwarz auf Weiß, dass sich zwar nicht der kirchliche Glaube, wohl aber die kirchliche Lehre ändert, die ihn zeitgemäß aufzubereiten hat. Und mit der Lehre der Kirche verändert sich auch das *Kirchenrecht*. Es ist kein Zufall, dass es innerhalb eines einzigen Jahrhunderts zwei hochoffizielle Ausgaben des so genannten *Codex Iuris Canonici* für Katholiken gab: 1917 und 1983. Offensichtlich waren Anpassungen notwendig geworden. Und da mit dem Kirchenrecht auf die disziplinäre Ebene übertragen wird, was vom Glaubensgut her geboten erscheint, bestätigt sich die Relativität (nicht Belanglosigkeit) vormals hochtrabender Erlasse. Es gibt eine Zeit, in der sie greifen, und eine Zeit, in der sie verblassen. Das eine vom anderen unterscheiden zu können, ist eine theologische Tugend.

Zusammenfassung

Theologie bezieht sich auf primäre Arbeitsfelder, die grundlegend bleiben, auch wenn im Lauf der Zeit viele weitere hinzugekommen sind. Primär ist die Heilige Schrift die Ur-Kunde gläubig gedeuteter Gotteserfahrungen. Auf die Bibel bezieht sich die Arbeit der Kirchenväter, die ihre ersten Interpreten waren. Mit ihrem Denken verbunden sind die Konzile der Großkirche. Diese bieten gleichsam das Rückgrat des christlichen Glaubensverständnisses, was Inhalt und offizielle Fachsprache angeht. Sie sind Teil des kirchlichen Lehramts, dessen Auftrag eine bestimmte Reichweite und bestimmte Grenzen kennt. Das kirchliche Lehramt steht im Dienst der Asymmetrie der Offenbarungsstruktur, ist aber nicht selbst Glaubensquelle, sondern ein Organ zur Glaubensbewahrung im kommunikativen Austausch der Gesamtkirche.

Literatur

Henry Chadwick, Die Kirche in der antiken Welt, Berlin-New York 1972.

Hubertus H. Drobner. Lehrbuch der Patrologie, Freiburg — Basel — Wien 1994.

Michael Fiedrowicz, Theologie der Kirchenväter. Grundlagen frühchristlicher Glaubensrefelxion, Freiburg-Basel-Wien 2007.

Christian Lange, Einführung in die allgemeinen Konzilien, Darmstadt 2012.

Karl Rahner / Herbert Vorgrimler (Hgg.), Kleines Konzilskompendium. Sämtliche Texte des Zweiten Vatikanischen Konzils, Freiburg-Basel-Wien [35]2017.

Heinrich Denzinger / Peter Hünermann (Hgg.), Enchiridion symbolorum definitionum et declarationum de rebus fidei et morum. Kompendium der Glaubensbekenntnisse und kirchlichen Lehrentscheide, Freiburg-Basel-Wien [45]2017.

Testfragen

1. Wie lässt sich die Eigenart der Schrift als Ur-Kunde der Offenbarung beschreiben?
2. Was sind die Kriterien für den Ehrentitel eines „Kirchenvaters" und welche Bedeutung haben die Väter für die christliche Theologie?
3. Was ist ein Konzil?
4. Wie baut sich synodale Glaubenserkenntnis auf?
5. Wie verhält sich die Lehre von den Schriftsinnen zur modernen historisch-kritischen Exegese?
6. Warum bedarf kirchliches Christentum einer lehramtlichen Autorität?
7. Erkundigen Sie sich über Synoden in Ihrer Diözese vor Ort.

Theologiegeschichtliche Epochen | 8.

Die Theologie lebt immer auch von ihrer Geschichte — und damit von Persönlichkeiten und Ideen, die Geschichte geschrieben haben. Darin unterscheidet sich die Theologiegeschichte nicht von der Profangeschichte, denn hier wie dort kommt es darauf an, „Ordnung in das Chaos der historischen Funde zu bringen".[1] Es gibt theologische Fächer, die ganz der Vergangenheit gewidmet sind: alte, mittlere und neue (oder neueste) Kirchengeschichte (vgl. S. 192-198). Doch ohne die historische Vergewisserung kommt keine theologische Disziplin aus. Darum ist ein fundiertes Epochenbewusstsein für das Studium unerlässlich, wozu der nun folgende Überblick dient. Er ist gewollt knapp und schematisch gehalten in der Art eines Steckbriefs, der einem geläufigen Gliederungsmuster folgt: Antike, Mittelalter, Neuzeit.[2]

Ein theologiegeschichtlicher Steckbrief

Antike | 8.1

Anfänge des Christentums | 8.1.1

Natürlich ist, wovon bereits die Rede war, für das Theologiestudium die Antike von besonderem Interesse, die Zeit, als sich Israel als Gottesvolk formiert hat und in der Jesus lebte. Sein Denken und Fühlen war zum einen semitisch, zum anderen hellenistisch geprägt, jüdisch und griechisch, wenn man so will.

Jesus und Ostern

Seit den Eroberungszügen Alexanders des Großen im vierten Jahrhundert v. Chr. gab sich die mediterrane Welt durchaus weltläufig, und vermutlich hat Jesus, der als Galiläer aramäisch sprach, auch griechisch verstanden. Mit dem so genannten *Osterereignis* beginnt die Geschichte der kirchlichen Theologie im eigentlichen Sinn, die zunächst vor allem engagierte Verkündigung bedeutet: Jesus, der Christus — gekreuzigt und vom Tode

Paulus auferweckt — das Heil der Welt! Durch Männer wie Paulus von Tarsus wird diese Botschaft ihrer Idee nach erfasst und universalisiert. Das Christentum tritt als *Lehre* an die Öffentlichkeit und wird von vielen als Neuheitserlebnis empfunden, als eine „Theologie im Prozess".[3] Diese wirkt auf die entstehenden Gemeinden — die „Urkirche" — ein, ist auf faszinierende Art sowohl praktisch wie mystisch ausgelegt und pflegt betont ihr apostolisches Erbe (vgl. Apg 2,43-47).

8.1.2 | Zeit der Patristik

Apostolische Väter Mit den „Apostolischen Vätern" tritt die erste Generation außerbiblischer Theologen auf, denen aber noch sehr an ihrer urkirchlichen Anbindung liegt. Als prominentes Zeugnis darf der Erste Clemensbrief gelten, der dezidiert vom Alten Testament her argumentiert. Dadurch wird die apostolische Christustradition entfaltet und ekklesiologisch buchstabiert. Die besondere Sorge gilt der kirchlichen Lebensordnung, welche sich zusehends herauskristallisiert. Zu großen Spekulationen kommt es hier noch nicht, weil die *Paränese*, der moralische Appell, im Vordergrund steht: Getaufte — es sind zunächst Männer und Frauen mit vorwiegend geringer Bildung — sollen sich durch Geschwisterlichkeit, aber auch durch Gehorsam auszeichnen; erwünscht ist ihr Beispiel der Menschenliebe und der Rechtschaffenheit. Dennoch übt man den theologischen Diskurs, der sich als ein ursprüngliches „bibel-genährtes, durchaus gläubiges Probier-Denken" darstellt.[4]

Griechische Apologeten Ab dem zweiten Jahrhundert strömen zunehmend gebildete Menschen in die bereits gut etablierte Kirche. Auch sie fühlen sich von der innovativen Aura der christlichen Botschaft angezogen, aber ihr Bildungshunger verlangt nach mehr: Lässt sich verstehen, was geglaubt werden soll? Mit Hochachtung wird die griechische Philosophie platonisch-mittelplatonischer Färbung rezipiert. Man will denken und begründen, wobei das Argument von der Idee zum Konkreten geht: Erkenntnis bedeutet Nachahmung des Ewigen in der Zeit und ist so *wahre Philosophie*.

Am bekanntesten unter den Vertretern dieser Zeit, den so genannten Griechischen Apologeten, dürfte Justin der Märtyrer († 165) sein. Er hat mehrfach dazu angesetzt, den neuen Glauben gegen den Vorwurf der Gottlosigkeit zu verteidigen, den das noch heidnische Establishment des römischen Kaiserreiches erhoben hatte. In Justins Geisteswelt war ein Gemisch „aus stoischer Ethik, platonischer Ideenlehre mit dem Ziel der Gottesschau und mittelplatonischer Logos- und Dämonenlehre in geschichtsphilosophischer Rahmung" wirksam.[5] Justin möchte seine philosophischen Gesprächspartner davon überzeugen, dass die natürliche Vernunft der Menschheit keineswegs das Bekenntnis zu Christus als Gottessohn und Erlöser ausschließt.

Ähnlich lehrbeflissen verteidigt ein Athenagoras aus Athen (2. Jahrhundert) den Auferstehungsglauben der Kirche; dieser gehe sehr wohl die Seele *und* den Leib an. Wichtig ist zudem seine Lehre, dass „Vater, Sohn und Geist in der Macht eins, in der Ordnung hingegen verschieden" seien;[6] es entsteht eine erste trinitarische Reflexion.

Abb. 23 | ▶
Justin der Märtyrer, Fenster in der Great St Mary's Church in Cambridge

Zur Ausbildung einer betont systematischen, das heißt planmäßig durchdachten Theologie tragen im zweiten und dritten Jahrhundert Denker wie Tertullian († nach 220), Clemens von Alexandrien († um 215), Origenes von Alexandrien und vor allem Irenäus von Lyon († um 200) bei. Man geht daran, das biblische Erbe auf der Basis diverser Übersetzungen hinsichtlich seiner Wesensgehalte und seiner Ethik im Zusammenhang darzustellen. Diese Anstrengung war unter anderem deshalb notwendig geworden, weil mit der so genannten *Gnosis* (gr. für Er-

Justin der Märtyrer

Erste Systematiker

Die Gnosis

kenntnis) innerhalb und außerhalb der Kirche eine gefährliche Verzerrung drohte: Anstelle des einen Schöpfergottes riefen die Gnostiker verschiedenster Couleurs zwei Seinsprinzipien aus, eine Geist-Wirklichkeit und eine Welt-Wirklichkeit, einander widerstreitend und mit entsprechendem Spaltungspotenzial: hier Gnostiker (Geistesmenschen), die erlösend zur Geistwelt heimgeholt werden müssen, dort Sarkiker (plumpe Erdlinge), denen alles Höhere verschlossen bleibt. Auch das Individuum galt als zerrissen; hier reiner Geist, dort schnödes Fleisch. Gnostische Dualismen durchziehen seitdem die Theologiegeschichte, auch der synkretistische *Manichäismus* der Zeit wies in diese Richtung.[7]

Erklärung

Neuplatonismus: In den frühen Jahrhunderten nChr kommt es unter dem Einfluss orientalischen Denkens zu neuen Interpretationen der Dialoge Platons und der Schriften des Aristoteles. Im Zentrum steht der Begriff des „Einen", des „Höchsten", von dem aus die Wirklichkeit graduell bemessen wird – bis hinunter zum Bösen, dem Gegensatz zum Göttlichen. Da in dieser Ordnung alles Sein hierarchisch ineinander spielt, ist echte Transzendenz undenkbar. Als wichtigster Vertreter gilt der in Rom lehrende Plotin († 270).

Gegen den gnostischen Irrwitz schrieb der Bischof Irenäus von Lyon mit seinen vier Büchern „Gegen die Häresien" an, in denen er Schritt für Schritt den Gegner entlarvt und damit dem Christentum klare Kante verleiht: Es gibt nur den *einen* Gott aller Geschöpfe, nur die *eine* Menschheitsfamilie, nur das konkret-leibhaftige Individuum als Gottes Abbild in der Einheit von Leib und Seele, vom Heiligen Geist geadelt. Theologie wird bei Irenäus zur großen Vision der universalen *Heilsgeschichte*: Schöpfung, Sündenfall, Erlösung, Vollendung. Dieses Muster hat sich in der Theologiegeschichte bis heute festgesetzt.

Klassische Patristik

Im vierten und fünften Jahrhundert steigt die Theologie der Alten Kirche zu ihrer Vollform auf. Markante Charaktere und große Schulen ergreifen das Wort. Das Christentum wird zur Leitkultur im römischen Kaiserreich lateinischer wie griechischer Prägung. Seine Unverwechselbarkeit wächst mit ebenso hitzigen wie subtilen Diskussionen über nahezu alle Fragen geistlichen Lebens: Gott, Christus, Heiliger Geist, Sünde, Gnade,

Kirche, der Tod, das ewige Leben. Bekämpft werden dabei der Arianismus, die Gnosis, das Heidentum.

Aus dem Riesenpanorama sei, was zunächst die Griechen mit dem neuen Zentrum Konstantinopel, das heutige Istanbul, betrifft, an die so genannten Kappadokier erinnert: Basilius der Große († 379), sein Bruder Gregor von Nyssa († 394), beider Freund Gregor von Nazianz († 390). Alle drei verkörpern auf ihre Weise den Geist antiker Profanbildung, die nunmehr (keineswegs leichtfertig) in den Dienst des Glaubens gestellt wird. Die Stärke der Kappadokier ist die Begriffsarbeit, etwa im Blick auf das Trinitätsgeheimnis: Gott zeige sich zwar in drei „Hypostasen" (je eigenen Ausprägungen), aber als ein einziges Gegenüber in ein- und derselben „Ousia" (Wesenheit). Der denkende Glaube nimmt an Fahrt auf und lenkt von der Gotteslehre auf die Christologie über, die einen interessanten Wettlauf anstößt: die „Alexandriner" auf der einen, die „Antiochener" auf der anderen Seite. Erstere betonen Jesu Göttlichkeit, laufen aber Gefahr, sein Menschsein zu unterschätzen. Letztere heben dieses ausdrücklich hervor und geraten in die Schwierigkeit, dass seine Erlöserwürde eigentümlich aufgepropft erscheint.

Abb. 24 | ▶
Der Heilige Irenäus, Fenster in der Kirche Saint-Irénée in Lyon

Alexandrinische Schule	Antiochenische Schule
Der Logos nimmt „Fleisch" an	Der Logos wird „Mensch"
Betonung der göttlichen Natur	Betonung der menschlichen Natur
Durchdringungschristologie	Trennungschristologie
Athanasius (373), Cyrill von Alexandrien (444)	Theodor von Mopsuestia (428), Nestorius (451)

Im lateinischen Reichsteil, hier vereinfacht „Westkirche" genannt, tun sich Männer wie Ambrosius († 397), Augustinus († 430), später dann die römischen Bischöfe Leo der Große († 461) und Gregor der Große († 604) hervor. Den Kappadokiern sind sie an spekulativer Kraft mindestens ebenbürtig. Allerdings ver-

Lateiner

dunstet über kurz oder lang die Vertrautheit der Lateiner mit der griechischen Kultur und Sprache; es kündigt sich die schleichende Entfremdung der Kirche Roms gegenüber der byzantinisch-orthodoxen Glaubensart an. Als maßgeblicher lateinischer Bibeltext setzt sich im Westen die *Vulgata* genannte Übersetzung des Hieronymus durch. Einflussreichster Wegbereiter späterer Systemansätze wird Augustinus, Bischof von Hippo, der streitbar gegen das überkommene Heidentum und den Manichäismus, innerkirchlich gegen Donatisten und Pelagianer auftritt, als Fragen zum kirchlichen Amtsverständnis und zur Wirkweise göttlicher Gnade debattiert werden. Die Zeit der klassischen Kirchenväter ist durchzogen vom Pulverdampf heftiger theologischer Auseinandersetzungen, die aus heutiger Sicht vielleicht kleinlich wirken, aber das Christentum vor der Verharmlosung schützten.

Mit der ausgehenden Antike beruhigt sich der innerkirchliche Schlachtenlärm, dafür beginnt die Zeit des Bewahrens, des Sammelns, des Klassifizierens, des Exzerpierens. Eine Zeitenwende kündigt sich an: Was die Väter schreibend, predigend und streitend bedacht hatten, geht jetzt sozusagen ins Schulbuch ein. Die Theologie zieht sich von den Kanzeln der Bischofssitze in klosterähnliche Enklaven zurück, wo es — abseits vom Ansturm der Völkerwanderung und ihrer Wirren — einigermaßen Ruhe und Muße für die Katalogisierung des überkommenen Kulturbestandes gibt. Nach dem Untergang des weströmischen Kaisertums im Jahr 476 treten die römischen Bischöfe in das entstandene Machtvakuum ein. Sie sind ihres Zeichens immer noch Theologen, aber zugleich gewiefte Politiker und Organisatoren praktischer Kirchlichkeit. Im Osten behaupten sich die christlichen Kaiser bis ins 15. Jahrhundert, unter deren Ägide der Byzantinismus aufblüht und sich ekklesial verästelt. Die Entfremdung der beiden römischen Kirchen (auch die Byzantiner nennen sich „Römer"!) verstärkt sich mit dem tragischen Einschnitt 1056, als sich geistliche Würdenträger wechselseitig Bannflüche zurufen, und führt im 18. Jahrhundert zu rigider Distanzierung.

Doch zurück zur ausgehenden Antike: Für die Sammel- und Kompilationsfreude dieser Zeit stehen die Namen Isidor von Sevilla († 636) im Westen und Johannes von Damaskus († 754) im Osten. Von nachhaltiger spekulativer Kraft zeigt sich indes der Theologe und Mönch Maximus Confessor († 662).

Mittelalter | 8.2

Frühes Mittelalter | 8.2.1

Vor allem im Westen wird das Mönchtum zur großen gestaltenden Kraft, natürlich einmal mehr mit Hilfe kluger Köpfe, etwa des Kirchengeschichtsschreibers Beda Venerabilis († 735) oder des „Kultusministers" von Karl dem Großen, Alkuin († 804).

Frühmittelalter

Auf monastischem Boden wächst mit augustinisch-platonischer Emphase eine sehr persönlich, mystisch geprägte, anthropologisch versierte Theologie heran. Spirituelle Genies wie Bernhard von Clairvaux († 1153) wirken zudem als Prediger oder als Seelenführer auf die Politik ein. So belehrt Bernhard einen seiner Schüler, der als Eugen III. den Papstthron bestiegt († 1153), mit überraschend modernen Worten:

Bernhard von Clairvaux

Zitat

„Wenn Du Dein ganzes Leben und Erleben völlig ins Tätigsein verlegst und keinen Raum mehr für die Besinnung vorsiehst, soll ich Dich da loben? [...] Wenn also alle Menschen ein Recht auf Dich haben, dann sei auch Du selbst ein Mensch, der ein Recht auf sich selbst hat. Warum solltest einzig Du selbst nichts von Dir haben? Wie lange bist Du noch ein Geist, der auszieht und nie wieder heimkehrt (Ps 78,39)? Wie lange noch schenkst Du allen andern Deine Aufmerksamkeit, nur nicht Dir selber? [...] Denk also daran: Gönne Dich Dir selbst. Ich sage nicht: Tu das immer, ich sage nicht: Tu das oft, aber ich sage: Tu es immer wieder einmal. Sei wie für alle anderen auch für Dich selbst da, oder jedenfalls sei es nach allen anderen".[8]

Scholastik | 8.2.2

Bleibende Bezugsperson für diese Epoche ist nach wie vor Augustinus, auf den in Paris beispielsweise Hugo von St. Viktor († 1141) sein theologisches Programm baut. Mönchische Autoren investieren ihre ganze Kraft in die Gottesgelehrsamkeit, sodass eine in sich konsistente, intellektuell raffinierte Gedankenwelt entsteht, die sich in neuen Kreationen, aber auch in traditionsbewussten Kommentaren fortsetzt. Dann zieht an der weisheitlich gefärbten, auch am Gefühl orientierten Mönchstheologie das erklärte Vernunftpro-

Anselm von Canterbury

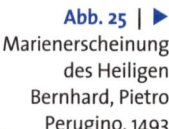

Abb. 25 | ▶
Marienerscheinung
des Heiligen
Bernhard, Pietro
Perugino, 1493

Wissender Glaube

gramm der frühen Scholastik vorbei, das in Anselm von Canterbury († 1109) einen herausragenden Mentor hat. Für ihn muss das Glaubbare auch in seiner Glaubwürdigkeit untermauert werden; Glaube soll wissen, und Wissen soll glauben. So hatte auch schon Augustinus gesprochen; doch bei Anselm gewinnt dieses Anliegen eine methodisch-institutionalisierte Dimension. Man soll denken, aber man soll das Denken auch lernen, und zwar unter Anleitung und nach vorgeschriebenen Regeln — *scholastisch* eben, auf hoher Schule.

Zitat

Anselm im Originalton: „So denn, Herr, der Du die Glaubenseinsicht schenkst, gib mir, soweit Du es für nützlich erachtest, dass ich verstehe, dass Du bist, wie wir glauben, und dass Du das bist, was wir glauben. Und zwar glauben wir, dass Du etwas bist, über das hinaus nichts Größeres gedacht werden kann."[9]

Wesen der Scholastik

Theologie ist für die Scholastik Denksport: intellektuell, systematisch, kommunikativ, thesenfroh, formstreng, begriffsbewusst. Bibel und Väterworte werden rezipiert, aber zugleich seziert, diskutiert, in neue Zusammenhänge versetzt. Scholastik ist Lektüre und Textkritik, ein Frage- und Antwortspiel, ein Lehrer- und Schülerdialog über Jahre hinweg. Und was in den Klosterschulen und später an den Universitäten überlegt und erörtert wird, schlägt sich in großen Folianten nieder, die neues Überlegen anstoßen mit immer ausgefeilterer Methodik. Das Interesse erstreckt sich auf das Gesamtgebiet der christlichen Glaubenswelt, besonders auf die

Gotteslehre und die Christologie, wobei dem Raster der Heilsgeschichte (Schöpfung, Sündenfall, Erlösung) die Faszination gedanklicher Logik Konkurrenz macht: Denken erschließt Sein, und Sein wird erfasst durch Begriffe. Stellen sich Ungereimtheiten ein, hilft die *Dialektik* weiter – *sic et non*, Bekräftigung und Zurückweisung von Thesen, allerdings so abgewogen und argumentiert, dass eine *Synthese* Aufschluss und gedanklichen Fortschritt verspricht.

Abb. 26 | ▶
Anselm von Canterbury, spätes 16. Jahrhundert

Dialektik

Ausgerechnet ein Zeitgenosse Bernhards bringt es in der Dialektik besonders weit, Peter Abaelard († 1142). Zum Grand Seigneur der Scholastik wird indes nicht er, sondern der spätere Pariser Bischof Petrus Lombardus († 1160), auf den *das* Schulwerk der Zeit zurückgeht: ein *Sentenzenwerk*, das heißt: kommentierte, dialektisch qualifizierte Väter- und Philosophenzitate aus der inzwischen immerhin schon tausendjährigen christlichen Diskussionsgeschichte. Dieser Kommentar musste dann immer wieder neu kommentiert werden; darin zeigt sich die Meisterschaft des scholastischen Eleven, der sich so in die Gelehrtenwelt einführt.

Petrus Lombardus

Scholastische Meister, das werden dann, in der Hochscholastik, Männer wie Albertus Magnus († 1280) und Thomas von Aquin sein. Albert zeigt eine bezeichnende Wende an, denn durch Übersetzungen auch aus dem Arabischen wird die mittelalterliche Gelehrtenschaft mit den Schriften des Aristoteles bekannt, von denen Albert alle zugänglichen kommentiert. Mit der Heiligen Schrift und Augustinus korrespondiert nun Platons genialer Meisterschüler. War die Wahrheitssuche bislang „nach oben" orientiert, an der Idee, am Übersinnlichen, so rückt nun, mit Aristoteles, die „Welt" in den Gesichtskreis der theologischen Forschung: Natur, Gesellschaft, der Staat. Albert lernt von Aristoteles die Empirie. Er unterscheidet zwischen Erfahrungs- und Glaubenswissenschaft, will weniger wissen, wie Gott „das von ihm Erschaffene für ein Wunder benutzt", sondern „was bei natürlichen Dingen auf-

Albertus Magnus

grund von natürlichen Ursachen auf natürliche Weise geschehen kann".[10]

Thomas von Aquin

Im Gefolge Alberts nimmt das größte Genie der Scholastik seine Tätigkeit auf, Thomas von Aquin († 1274). Mit seiner *Summa theologiae*, einem umfassend angelegten, äußerst einflussreichen, vielzitierten Kompendium der kirchlichen Glaubenslehre, präsentiert er eine methodisch-planmäßige Durchdringung des Christentums auf höchstem Niveau. Gut scholastisch geht er von einer Frage aus (quaestio). Diese wird dann nach allen Regeln der Kunst, in ihrem Für und Wider, aufbereitet. Dialektik waltet auch hier, eine abschließende Würdigung krönt den Argumentationsgang. Zweifel sind erlaubt und beleben das System, denn, meint Thomas, „wenn jemand nicht vorher den Zweifel gekannt hat, dessen Lösung das Ziel der Suche ist, kann er nicht wissen, wann er die gesuchte Wahrheit gefunden hat."[11] Zur Illustration höre man Thomas selbst:

Zitat

„Frage: Ist die heilige Lehre eine Wissenschaft?
1. Jede Wissenschaft gründet in Prinzipien, die durch sich selbst einsichtig sind. Die hl. Lehre aber geht zurück auf Glaubenssätze, die als solche nicht durch sich selbst einsichtig sind und deshalb auch nicht von allen angenommen werden. „Denn nicht alle finden den Glauben" (2 Thess 3,2). Die hl. Lehre ist also keine Wissenschaft.
2. Von den Einzeldingen gibt es keine Wissenschaft. Die hl. Lehre aber handelt von den Einzeldingen, z.B. von den Taten Abrahams, Isaaks und Jakobs und Ähnlichem. Also ist die hl. Lehre keine Wissenschaft.
Andererseits sagt der hl. Augustinus: „Unter diese Wissenschaft fällt nur, was den heilbringenden Glauben zeugt, nährt, verteidigt und stärkt." Dafür kommt aber keine andere Wissenschaft in Betracht als die hl. Lehre. Also ist die hl. Lehre eine Wissenschaft.
Antwort: Die hl. Lehre ist eine Wissenschaft. Aber es gibt eine doppelte Art von Wissenschaft. Die eine stützt sich auf Prinzipien, die durch das natürliche Licht des Verstandes einsichtig sind, wie z.B. die Zahlenlehre, die Raumlehre u.a.; eine zweite Art auf Prinzipien, die durch das Licht einer höheren, übergeordneten Wissenschaft einsichtig werden. So gründet z.B. die Lehre von der Perspektive in Prinzipien, die durch die Geometrie, die Musik in solchen, die durch die Arithmetik einsichtig sind. Und zu dieser zweiten Art von Wissenschaft zählt die hl. Lehre, weil sie sich auf Prinzipien stützt, die durch das Licht einer höheren Wissenschaft

erkannt werden, nämlich der Wissenschaft Gottes und der Seligen. Wie sich also die Musik auf die Prinzipien verlässt, die ihr von der Arithmetik vermittelt werden, so nimmt die hl. Lehre die Prinzipien gläubig an, die ihr von Gott geoffenbart sind.

Zu 1. Die Prinzipien einer jeden Wissenschaft sind entweder einsichtig durch sich selbst oder sie werden auf die Einsicht einer höheren Wissenschaft zurückgeführt. So die Prinzipien der hl. Lehre.

Zu 2. Die Einzeldinge werden zwar in der hl. Lehre auch berührt, doch nicht so, als wären sie Hauptsache. Sie dienen etwa als Beispiel für das Leben, wie in der Sittenlehre oder zum Erweis für das Ansehen jener Männer, durch die die göttliche Offenbarung, die Grundlage der Hl. Schrift oder Lehre, uns zuteil geworden ist".[12]

Thomas geht rational, scheinbar persönlich unberührt vor, aber er weiß bei aller Denkkraft um das göttliche Geheimnis, dem, wie er vom einflussreichen antiken Autor Ps.-Dionysios Areopagita (wohl 5. Jahrhundert) gelernt hat, das Schweigen besser entspricht als das Reden (vgl. S. 174-176). Dennoch bleibt Thomas mit Aristoteles der menschlichen Vernunft als entscheidendem Gradmesser für die Gotteswissenschaft tief verpflichtet, während andere große Scholastiker wie Bonaventura, der eigentlich Giovanni Fidanza hieß († 1274), oder Johannes Duns Scotus († 1308) auch der Willenskraft und damit dem Ethos und der Entscheidung große Bedeutung einräumen. Auch auf dieser Basis entstehen gewaltige „Summen" mit starker Leuchtkraft, bis dann schon die Fragestellungen so ausgeklügelt und subtil werden, dass sich die scholastische Methode langsam totläuft.

Zu ihrem Niedergang trägt nicht zuletzt der spätscholastische Nominalismus bei, für den sich, wie — neben anderen — Wilhelm von Ockham († 1347) lehrt, die enge Verbindung von Vernunft und Sein lockert. Das Vertrauen, dass sich *Gott* denken lässt, nimmt ab — sollte man nicht eher damit zufrieden sein, wenn der Verstand mit seiner Begrifflichkeit die Einzeldinge in ihrer kausalen Vernetzung erfasst? Und bleibt Gott nicht völlig frei, wenn er sich zeigt, weil ihn kein Denken einschränkt? Die scholastische Einheit von Weisheit, Weltinterpretation und Gotteserkenntnis zerbricht. Das fördert den Aufstieg des modernen, vom Glauben unabhängigen Wissenschaftsbetriebs, dem die Theologie zunehmend indifferent gegenübersteht. Das kirchliche, klösterliche Bildungsmonopol

Mystischer Hintergrund

Wille und Entscheidung

Nominalismus

weicht der erstarkenden Stadt-Universität, die zum Ausdruck neuer Bürgerlichkeit mit durchaus innerweltlicher Stoßkraft wird.

8.3 | Neuzeit

Humanismus

Ein Nutznießer und zugleich Förderer des epochalen Umschwungs
war der Humanismus des 15. und beginnenden 16. Jahrhunderts mit
einem sehr selbstbewussten Menschenbild. Er preist das geistbegabte
Geschöpf in seiner Kreativität und Freiheit, das zwar auf Gott bezogen
bleibt, doch genial und eigenverantwortlich im Umgang mit den
Dingen ist und kritisch im Blick auf die Überlieferung, nicht zuletzt
was die Bibel und kirchliche Machtansprüche betrifft: Lorenzo Valla
(† 1457) oder Erasmus von Rotterdam († 1536) sind zu nennen.

8.3.1 | Reformation und Katholische Reform

Martin Luther

Auf dem Boden des Humanismus und dann doch in der Absetzung
von ihm vollzieht sich, was unter der Bezeichnung „Reformation"
in die Geschichte eingeht. Der bekannteste und wohl auch bedeutendste Name lautet Martin Luther († 1546). Der Wittenberger
Bibelprofessor fördert das Individuum vor Gott, die unbedingte
Geltung der Schriftautorität als einzige Glaubensgrundlage, den
Glauben selbst als reines Gottvertrauen, die Lehre von der Recht-
fertigung allein aus Glauben. Weder Kirche noch Wissenschaft
können geben, was der Glaube gibt: Heilsgewissheit.

In Tateinheit mit komplizierten politischen und kulturellen Ver-
änderungen hat die Reformation wider Willen zur Kirchenspaltung
geführt, aber dafür einen breiten Strang reformatorischer Theologie
und Gemeindefrömmigkeit hervorgebracht. Unter den Gottesgelehrten bildet sich die Disziplin der Kontroverstheologie aus, die
zur Konfessionalisierung Europas (und dann der Welt) beiträgt: Man
betont und verteidigt das Eigene und verwirft das Andere, indes

Kontroverstheologie

nicht nur mit grobem Hammer, sondern weiterhin subtil, mit tie-
fem Ernst, doch in aller Konsequenz, wie es das Beispiel der Fehden
Luthers mit seinem Gegenspieler Johannes Eck († 1554) zeigt.

Ostkirchen

Spätestens seit der Reformation trägt der christliche Theologie-
betrieb einen konfessionellen Stempel, der dazu zwingt, mit dem
Katholizismus nicht nur das große Erbe der byzantinisch-orthodoxen Welt, sondern auch die vielen Schattierungen protestanti-

schen Kirchentums im Blick zu behalten. Die Geschichte kam freilich
nicht zum Stillstand: Während in
den Ostkirchen die Mentalität der
Väter, nicht zuletzt deren Liturgie
und Spiritualität weitergetragen
wird, baut das Luthertum die ihm
zugefallene Eigenständigkeit aus; es
kommt zur *Lutherischen Orthodoxie*,
worin ein neu bewerteter Aristote-
lismus das Sagen hat, der die „neue
Lehre" zu einer festen Burg ausbaut,
die bis zum beginnenden 18. Jahrhundert standhält.

Abb. 27 | ▶
Martin Luther, 1529

Lutherische Orthodoxie

Indes war es katholischerseits
schon sehr viel früher zur Gegenreaktion, zur so genannten Katholischen Reform[13] gekommen, und zwar hochamtlich mit dem
Konzil von Trient in den Jahren 1545-1563. Mit dieser Bischofsver-
sammlung erblickt der „tridentinische" Katholizismus das Licht
der Welt — geprägt von einer strafferen Kirchendisziplin, einer
befeuerten Spiritualität und erweiterten dogmatischen Horizon-
ten, die sowohl versöhnlich wie kontroverstheologisch motiviert
sind, und einer frohen, damals barocken Sinnlichkeit. Auch die
katholische Systematik wird barock. Sie legt den Akzent auf
Fragen der Gnadenlehre, der Mariologie und der Sakramenten-
praxis und tut dies mit großem Elan. Sehr viel Mühe fließt in die
ethische Frage, genauer gesagt in die Kasuistik: Wie verhält man
sich „katholisch" in dieser oder jener konkreten Situation? Neue
theologische Disziplinen kündigen sich an, die Moraltheologie,
die Pastoraltheologie; auch die Kirchengeschichte profitiert vom
Aufschwung.

Trient und Katholische
Reform

Neuscholastik bis Zweites Vatikanum

8.3.2

Da mit den Konfessionen die einst gewohnte, institutionelle Geschlossenheit der Kirche Roms in Frage gestellt wird, setzt man in
weiten Kreisen katholischer Intelligenz auf die Festschreibung der
tridentinischen Lehre und ihre Verteidigung im Geist der Scholastik. Tatsächlich ist es aber die *Neuscholastik*, die die Runde macht.
„Thomas" wird neu aufgelegt, aber faktisch, wenngleich mit

Repristinierter Thomas

Scharfsinn und Esprit, versteinert: Hatte im Mittelalter die *Frage* im Mittelpunkt des theologischen Ansatzes gestanden, der man dialektisch beizukommen hatte, so ging jetzt alles von der *These* aus. Für sie wurde der „Beweis" geführt, fein säuberlich und grundsätzlich parteiisch: „Ja" sagen die Schrift, die Väter, die mittelalterliche Tradition, der philosophische Hausverstand ... Der deutsche Jesuit Josef Kleutgen († 1883) hatte neben vielen anderen verantwortlich gezeichnet.

Tübinger Schule Doch die geschichtsferne Reglementierwut der Neuscholastiker beherrschte nicht allein das Terrain katholischer Geistigkeit. Denn in mehreren Wellen war seit dem frühen 19. Jahrhundert eine „Tübinger Schule" tätig geworden, die, wenn man ihren Horizont nicht allzu eng zieht, große Namen aufweist: Johann Adam Möhler († 1838), Johannes Evangelist Kuhn († 1887), Matthias Joseph Scheeben († 1888), Herman(sic!) Schell († 1906). Hier äußert sich ein Denken, das wieder heilsgeschichtlich und damit grundlegend historisch empfindet, auf die Väter zurückgreift, ohne Befangenheit über die Entwicklung von Glaubensüberzeugungen spricht und vor allem eine organisch aufgefasste Ekklesiologie erarbeitet: Die Kirche ist kein hierarchisch verbürgter Heilsapparat, sondern eine Art Volksgemeinschaft aus vielen Völkern, in der die Getauften eine einzige Familie bilden. Über kurz oder lang begünstigt diese Vision den *ökumenischen* Gedanken, der im 19. Jahrhundert von protestantischen Initiativen ausgeht.

Nouvelle théologie Im beginnenden 20. Jahrhundert − das von der Katastrophe zweier Weltkriege erschüttert sein wird − schlägt in Frankreich eine hohe Stunde der Glaubenswissenschaft: die *Nouvelle théologie* (frz. für „neue Theologie"). Auch diese Strömung ist glaubensgeschichtlich angelegt, von den Vätern inspiriert, für die Scholastik offen, aber nicht restaurativ, sondern im Rückgriff auf die Bibel und zeitgenössisches Philosophieren progressiv eingestellt. Man weiß um die Vergangenheit und ihre Ästhetik, hat aber Mut zur Spekulation hier und jetzt. Zu nennen sind unter anderem Jean Daniélou († 1974), Henri de Lubac († 1991) und Yves Congar († 1995). In Deutschland zeigt sich eine ähnliche Entwicklung bei Romano Guardini († 1968) oder Gottlieb Söhngen († 1971). Viele Gelehrte dieses Zuschnitts öffnen sich der interdisziplinären Perspektive, vor allem im Blick auf moderne Gesellschafts- und Humanwissenschaften.

Abb. 28 | ▶
Konzilsteilnehmer
beim Verlassen des
Petersdoms:
Vatikanum II

Mit der Jugendbewegung, der Bibelbewegung und der Liturgischen Bewegung kommt Schwung in das römisch-katholische Kirchentum und sein theologisches Leben. Als Antwort darauf beruft Papst Johannes XXIII. das Zweite Vatikanische Konzil ein, das periodisch von 1962-1965 tagt. Mit dem Stichwort „Erneuerung" erfasst man seine Intention ziemlich genau, und was die Bischöfe anstreben (oder während der Tagungen lernen), spiegelt sich in der literarisch-wissenschaftlichen Produktion dieser Zeit: ein Umdenken bezüglich des Verhältnisses von Schrift und Offenbarung, Gemeinschaft und Hierarchie, Gottesdienst und Caritas, Weltdistanz und Weltoffenheit, Kirche und Religionen.

Zweites Vatikanum

Neuere Bewegungen

8.3.3

Mit dem Konzil und der von ihm beförderten neuen Hochschätzung für Theologie weltweit steigen markante Persönlichkeiten auf, akademisch am weitreichendsten wohl Karl Rahner († 1984),

Umkreis des Konzils

der transzendentaltheologisch vorgeht (Bedingungen der Glaubenserkenntnis im Subjekt), Hans Urs von Balthasar († 1988), der seine gewaltige Universalbildung phänomenologisch geltend macht (Gottbegegnung als Ästhetik), Johann Baptist Metz (* 1928), dem es gelingt, Theologie politisch zu erden. Joseph Ratzinger (* 1927) stellt seine brillante Rhetorik und Augustinusverehrung in den Dienst der Kirche, Edward Schillebeeckx († 2009) ein enormes exegetisches Wissen. Ohne dass es zwischen diesen Theologien je eine Einhelligkeit gegeben hätte, bildet sich eine anregende Diskussionskultur aus, die nach wie vor beachtenswert ist.

Gegenwarttrends Zur Stunde gebietet indes ein ganz anderer Zeitgeist: Pluralisierung, Globalisierung, Spezialisierung, Individualisierung und Digitalisierung auf allen Gebieten des geistigen und gesellschaftlichen Lebens. Die Theologie profitiert einerseits davon, weil ihr Horizont geweitet wird, verliert aber andererseits an Relevanz und verharrt im Unbestimmten. Bislang ungewohnte Fragestellungen verdichten sich zu ebenso innovativen wie umstrittenen Ansätzen: Theologie der Religionen, Feministische Theologie und Genderproblematik, Befreiungstheologie, Afrikanische Theologie und vieles mehr — jeweils angesichts von Inkulturationsdebatten und der Atheismusfrage.

Säkulare Umwelt und Pfingstlertum Unübersehbar ist im europäischen Kulturraum eine aggressive Säkularisierung, in Lateinamerika hingegen das rasante Ansteigen charismatisch-pfingstlerischer Frömmigkeitsformen mit wenig Sinn für Institutionelles. Die theologische Literatur ist in den letzten Jahren ins Unermessliche angestiegen, wird aber immer weniger zur Kenntnis genommen — sei es dass sie zu oberflächlich, zu hochgezüchtet oder einfach zu trocken ist. Den Erwartungen einer ökonomisierten Leistungsgesellschaft weiß die akademische Theologie wenig zu entsprechen, worin vielleicht auch ihre Chance liegt. Kardinal Walter Kasper meint: „Wenn sich die Theologie im gegenwärtigen pluralistischen Stimmengewirr der Meinungen Gehör verschaffen will, dann muss sie zuerst und vor allem wissen, was sie selber ist. Relevanz kann sie nur haben, wenn sie ihre unverwechselbare Identität als Theologie, das heißt als Rede von Gott festhält."[14]

Zusammenfassung

In der zweitausendjährigen Geschichte des Christentums hat sich die Theologie je nach Zeitenlage vielfach verändert. Darin zeigen sich ihre intellektuelle Flexibilität und der existenzielle Ernst ihrer Botschaft. Ins Auge fällt die Verknüpfung theologischer Denkformen mit dem Gang der Profangeschichte, welche sich nach wie vor zwar sehr vereinfachend, aber gut praktikabel den Kategorien Antike, Mittelalter und Neuzeit zuordnen lässt. Unübersehbar bleibt die konfessionelle Prägung des Christentums. Sie hat sich zum einen wegen seiner Theologien herausgebildet, ihrerseits aber neue Theorieansätze ermöglicht und so den Lauf der Zeiten beeinflusst. Auf eine bislang wenig gesehene Herausforderung muss sich die Theologie in ihren modernen Spielarten angesichts der kommenden Digitalisierung und eines rasanten Fortschritts in den Humanwissenschaften gefasst machen. Doch es gibt Konstanten des Menschseins, für die das Christentum auch in Zukunft sensibilisieren kann.

Literatur

Rosino Gibellini, Handbuch der Theologie im 20. Jahrhundert, Regensburg 1995.
Gregor M. Hoff, Ulrich H. J. Körtner (Hgg.), Arbeitsbuch Theologiegeschichte. Diskurse, Akteure, Wissensformen (2 Bde.), Stuttgart 2012-2013.
Wolfgang Pauly (Hg.), Geschichte der christlichen Theologie, Darmstadt 2015.
Dirk Ansorge, Kleine Geschichte der christlichen Theologie. Epochen, Denker, Weichenstellungen, Regensburg 2017.
Martin Dürnberger u.a. (Hgg.), Stile der Theologie. Einheit und Vielfalt katholischer Systematik in der Gegenwart (ratio fidei; 60), Regensburg 2017.

Testfragen

1. *Wer waren die Apostolischen Väter?*
2. *Wie präsentierte sich die scholastische Theologie?*
3. *Welche theologischen Motivationen führten zur Reformation?*
4. *Erstellen Sie, in Anlehnung an das scholastische Modell, eine „moderne" Quaestio. Mögliche Fragestellungen: Sind Glaube und Vernunft vereinbar? Braucht das Christentum die Kirche? Wohin steuert der homo digitalis?*
5. *Befassen Sie sich mit einer Theologie, die an Ihrer Hochschule mitgeprägt wurde. Was waren ihre Schwerpunkte? Was beeinflusste ihre Denkform? Was geht heute noch von ihr aus?*
6. *Worin sehen Sie momentan die größte Herausforderung für die Theologie?*

Theologische Werke | 9.

Das Theologiestudium beleuchtet den Glauben der Kirche, um mit ihm *mehr* zu sehen — es hat sich gezeigt, dass die Grundinformation dafür in der Bibel, in Glaubensbekenntnissen, bei den Vätern, in der Konziliengeschichte und in Verlautbarungen des kirchlichen Lehramts beschlossen liegt. Schlicht unüberschaubar ist die nunmehr seit zweitausend Jahren während Produktion an *theologischer Literatur*. Alles zu kennen ist völlig ausgeschlossen. Aber muss man alles kennen?

Natürlich nicht — doch ein Überblick tut gute Dienste, und so manches Werk ist unverzichtbar; es gehört sozusagen zur „eisernen Ration" des Theologiestudiums. Mit der klug ausgewählten Lektüre bildet sich ein *sensus theologicus* aus; gemeint ist ein Gespür für das, worauf es ankommt, gleichsam ein innerer Kompass des Denkens und Empfindens, der es ermöglicht, theologische Zusammenhänge intuitiv zu erfassen, ohne dass die *ratio* vernachlässigt wäre. Theologische Literatur formt das wissenschaftliche und spirituelle Level ihrer Leserschaft. Sie schult den Sinn für Fragestellungen und Problemlagen, schärft den Sinn für die Fachterminologie, eröffnet Denkräume und Denkformen und führt in die *Scientific Community* ein.

Wie viel jemand liest, hängt natürlich von der persönlichen Entscheidung ab, und ob man die Texte (auch) in der Originalsprache studiert, bestimmen Fleiß und Begabung. *Latein*, *Griechisch* und *Hebräisch* bilden den Grundstock. Aber es bringt schon einiges, wenn man mit Übersetzungen arbeitet und sie dann am Original verifiziert. Schlüsselworte sollten immer originalsprachlich nachgewiesen werden. So können sie als Dockpoints für das Verstehen und Wiedergeben der Gedanken anderer dienen. Dass moderne Sprachen, vorab das *Englische* (oder Amerikanische) für das Studium der Theologie von Nutzen sind, versteht sich, vieles spricht auch für *Französisch* und *Italienisch*. Und wer sich dem so genannten interreligiösen Dialog verschreiben möchte, kommt ohne erweiterte

Fülle an theologischer Literatur

sensus theologicus

Fachsprachen

Fremdsprachenkenntnisse gewiss nicht aus. Man denke nur einmal
an die arabische und asiatische Welt. Für das vertiefte Studium der
Exegese (der wissenschaftlichen Schriftauslegung) sind außerbibli-
sche Sprachen des Alten Orients unerlässlich: syrisch etwa oder alt-
ägyptisch. Auch eine ganze Reihe patristischer Texte lassen sich nur
erschließen, wenn man syrisch, armenisch oder äthiopisch versteht.

9.1 | Formen theologischer Literatur

Es gibt Grundlagentexte (Quellen) und weiterführende Texte. Es
gibt Primärliteratur und es gibt Sekundärliteratur, die sich auf
Primärliteratur bezieht. Was soll man lesen? Grundlagentexte auf
jeden Fall. Weiterführende Texte je nach Schwerpunkt und Bedarf.
Spezialliteratur, wenn man ein besonderes Augenmerk für sie hat.
Dazu Näheres für den Überblick:

- Da sind zunächst die Quellen, Schriften theologischer Köpfe
  unterschiedlichster Provenienz: Bibelkommentare, Briefe, Ab-
  handlungen, Gelegenheitsschriften, echte oder fiktive Dialoge,
  Summen, Predigten, Gesammelte Werke, Monografien, Aufsätze, Internetpublikationen, Diskussionsforen, Interviews, Autobiografien, Vorlesungsmitschriften, Nachlässe.

- Dazu treten, wie erwähnt, *Studien* über die genannten Werke, die Sekundärliteratur, aus der ganze Bibliotheken bestehen. Die Fülle an Material macht den Reiz der Sache aus.
- Schließlich die Spezialliteratur: Es kann sich um seltene antike Texte handeln, von denen es noch keine anerkannten kritischen Ausgaben gibt, aber auch um Archivalien, die es erst noch zu sichten, zu ordnen und zu entziffern gilt: Urkunden, Korrespondenzen, diplomatische Noten, seltene Drucke.
- Werke der bildenden Kunst und die Musik. Der Text ist hier das *Bild* oder ein *Tonsatz*: Katakomben, Kirchenarchitekturen, Buch- und Wandmalereien, Statuen, Altäre, Altarblätter, Gemälde aller Art und Größe, Liturgisches Gerät, Andachtsgegenstände, Volkskunst, Liedgut, Kompositionen für den Gottesdienst (gedruckt zugänglich und weitbekannt), aber auch Unentdecktes, das noch in Staats-, Schloss- und Klosterbibliotheken lagert und auf die Revitalisierung wartet.

Empfehlungen für eine „eiserne Ration" | 9.2

Die hier benannte Literatur — für das „Normalstudium" empfohlen — ist natürlich, die Bibel ausgenommen, subjektiv ausgewählt; man ergänze oder streiche nach Belieben.

Die Heilige Schrift
Sie ist die Grundlage des Studiums und jede ernst zu nehmende Theologie christlicher Prägung ist Schrifttheologie: von der Bibel inspiriert, von ihr genährt, an ihr gemessen. Tendenzen, an der Maßgeblichkeit der Schrift Abstriche zu machen, tun nichts zur Sache. Es bleibt dabei: Gute Theologie ist Schrifttheologie. Der für das Studium notwendige *sensus theologicus* wird primär anhand der Bibel geübt. Es gab Menschen in der Kirche, die das Alte und Neue Testament auswendig kannten. Und dass in Klöstern an einem einzigen Tag — und natürlich dann jeden Tag — zumindest der ganze *Psalter* (das „Buch der Psalmen") gebetet wurde, war keine Seltenheit.

So ambitioniert brauchen Theologiestudierende heute nicht zu sein, aber die *lectio continua*, das möglichst tägliche, planmäßige Lesen der Bibel, zahlt sich in jedem Fall aus. Es empfiehlt sich, mit Textmarkern zu arbeiten, um herauszuheben, was den Fachver-   *lectio continua* stand anregt: Kronstellen eines Textes, oft zitierte Spitzensätze daraus, kulturgeschichtliche Fingerzeige, aber auch problematische oder schwer verständliche Passagen.

Für das tiefere Verstehen der „sacra pagina" (Heilige Urkunde) auf der Basis historisch-kritischer Textlektüre sind die exegetischen Fächer zuständig, aber man zieht umso mehr Nutzen aus ihnen, je bibelfester man ist. Für alle theologischen Fächer spielt der Schriftbezug eine unverzichtbare Rolle — wie es im Übrigen ziemlich kurzsichtig wäre, sich ohne Bibelkenntnis mit Kunstgeschichte, Literaturgeschichte oder Musikwissenschaft zu befassen.

Apostolische Väter
Um den Übergang von der Zeit der Urgemeinde in das Leben der Großkirche zu verstehen, bieten sich Schriften der Apostolischen Väter an. Hier sind die sieben *Briefe* des Märtyrer-Bischofs Ignatius von Antiochien zu nennen und der *Erste Clemensbrief*. Man erfährt einiges über die ersten Schritte theologischer Artikulation im gelebten und erlittenen Alltag der frühen Gläubigen. Die Ignatiusbriefe, vermutlich um das Jahr 100 nChr verfasst, bezeugen die Anfänge eines emotional gefärbten Christusglaubens und erste Vorstellungen sakramentalen Denkens. Sie zeigen, wie sich Gemeindeleben und Amtsformen herausschälten und machen den ethisch-spirituellen Impetus des frühen Christentums erahnbar. Für den Ersten Clemensbrief gilt Ähnliches, wobei sich an ihm besonders schön zeigt, wie das Alte Testament auf kirchliche Ordnungsmuster eingewirkt hat und wie absurd es gewesen wäre, den *Jesus*-Glauben unabhängig vom *Gottes*-Glauben Israels zu entwickeln.

Literatur

Clemens von Rom an die Korinther, in: Die Apostolischen Väter. Clemens von Rom, Ignatius von Antiochien, Polykarp von Smyrna, neu übersetzt und eingeleitet von Hans Urs v. Balthasar, Einsiedeln 1984, 23-65.

Augustinus († 430)
Zur eisernen Ration Theologiestudierender zählt ein Frühwerk des Bischofs Augustinus, seine *confessiones*, die berühmten „Bekenntnisse". Dieser Titel hat eine dreifache Konnotation: Der Kirchenvater „gesteht" sich und seiner Leserschaft ein, was seinen Lebensweg bis zur Bekehrung geprägt hat — eine Art Lebensbeichte. Er „bekennt" den Glauben an Jesus, den Gottessohn und damit die

Gottgefälligkeit seiner Bekehrung. Und er „preist" Gott für das große Wunder, dass es die menschliche Seele gibt, in der er sich offenbart. Das Werk belegt eine erste „anthropologische Wende" im christlichen Denken, sofern sein Verfasser tiefschürfende Überlegungen über die Psychologie der persönlichen Gottsuche anstellt. Reflexionen über die Macht der Sünde, der Gottferne und des Wesens der Zeit machen die Lektüre für die eigene Spiritualität und für das Theologiestudium gleichermaßen wertvoll.

Augustinus, Confessiones. Bekenntnisse. Lateinisch/Deutsch, hg. und kommentiert von Kurt Flasch, Leipzig 2009 (Reclams Universal-Bibliothek; 18676). | **Literatur**

Basilius der Große († 379)
In das Denken und Walten eines griechischen Kirchenvaters führt recht elegant das Werk des Basilius von Cäsarea „Über den Heiligen Geist" ein. Allerlei Wissenswertes bietet dieses Buch, etwa inwiefern Grammatik und Wortanalysen für die antike Dogmatik systembildend waren; oder wer sich gegen die volle Entfaltung des trinitarischen Gottesbildes der Kirche gestellt hat und warum; was die Taufformel mit dem Glauben und der Glaube mit dem Gotteslob zu tun hat; wie der Mensch vom Gottesgeist umworben und von ihm zur Freude an Gott geführt wird.

Basilius von Cäsarea, Über den Heiligen Geist. Übersetzt und eingeleitet v. Hermann Josef Sieben (Fontes Christiani; 12), Basel u.a. 1993. | **Literatur**

Origenes († um 254)
Er gehört zwar nicht im strengen Sinn zu den Kirchenvätern und hatte sich seinerzeit weit aus dem Fenster gelehnt, aber seine gedankliche Bravour ist unbestreitbar, wie sein Werk „Über die Prinzipien" zeigt. Prinzipien, das sind Grundbausteine der Gotteswissenschaft, vor allem aber die Urgründe des Seins und der Offenbarung in den drei göttlichen Personen. Origenes war, so würde man heute sagen, Exeget, und er war Systematiker, beides mit großer Leidenschaft. Er kannte und kommentierte die Schrift, deren Übersetzungen ihn beschäftigten. Zugleich spekulierte er, wobei er eine christliche Fundamentalvision im Blick auf Gott, Schöpfung, Sünde und Erlösung entwarf. Origenes überlegt, inwiefern die Bibel als göttlich inspiriert gelten darf und wie man sie entsprechend der leib-seelischen Verfasstheit des Menschen am

besten auslegt. Große Stücke hält er auf die Anerkennung der göttlichen wie auch menschlichen Freiheit, wobei er die Überzeugung vertritt, Erlösung bedeute grundsätzlich die Erlösung der gesamten Kreatur. Das Werk regt an und hat eine enorme Wirkungsgeschichte entfaltet.

Literatur
Origenes von Alexandrien, De principiis libri IV = Vier Bücher von den Prinzipien, herausgegeben, übersetzt, mit kritischen und erläuternden Anmerkungen versehen von Herwig Görgemanns und Heinrich Karpp, Darmstadt ²1985.

Johannes von Damaskus († 754)

Es geht um die „Quelle der Erkenntnis", zumindest um deren dritten Teil, die „Genaue Darlegung des christlichen Glaubens". Dort ist zusammengefasst und erläutert, was anerkannte Kirchenväter und Kirchenschriftsteller einst lang und breit diskutiert hatten und nunmehr — aus der Sicht des Damaszeners — zur offiziellen Selbstdarstellung des Christentums gehört. Das Buch ist zu einer Art Urkatechismus insbesondere in der russisch-orthodoxen Kirche geworden. Der Autor zeichnet die Begründung von Lehren ebenso sorgfältig nach wie die Lehren selbst. Er will, dass seine Leserschaft versteht und zustimmt. Viele an sich komplizierte Gedankengänge macht Johannes nachvollziehbar; etwa den Streit um den Willen Jesu, den man sich dogmenkonform ebenso menschlich wie göttlich bedingt vorzustellen hat.

Literatur
Johannes von Damaskus, Genaue Darlegung des orthodoxen Glaubens, aus dem Griechischen übersetzt v. Dionys Stiefenhofer (= Bibliothek der Kirchenväter; 44), München-Kempten 1923.

Anselm von Canterbury († 1109)

Von der Patristik führt der Weg ins Mittelalter — die eiserne Ration: Man wird an Anselm nicht vorbeikommen und seinem Werk „Cur Deus homo?": Warum ist denn Gott eigentlich Mensch geworden? Anselm will *wissen*, und die Herleitung seines Wissens legt er Schritt für Schritt dar — man folgt ihm gerne und lernt dabei die berühmte *ratio Anselmi* schätzen, die er in seiner Schrift „Proslogion" darlegt: Über Gott hinaus kann nichts Größeres gedacht werden, und selbst das höchst Denkbare bleibt hinter der Vollkommenheit des Göttlichen zurück. Im hier empfohlenen Werk steht zur Debatte, wie sich das höchst Denkbare zur denkenden Kreatur verhält; es ist ein Zueinander der Liebe — deren Tatkraft Anselm streng juridisch beschreibt: Weil der Mensch durch die Sünde den unendlichen Gott unendlich beleidigt hat, ist er außer Stande gesetzt, seine Verfehlung aus eigener Kraft zu revidieren. Aber es tritt jemand für ihn ein: Jesus, der Gottessohn, der als wahrer Mensch zu denen gehört, die angeklagt sind, als wahrer Gott jedoch zu leisten vermag, was zum Freispruch führt. Für Anselm hängt alles daran, dass menschliche und göttliche Logik eng ineinandergreifen. Damit bleibt dieses schon damals viel diskutierte theologische Werk auch für heutiges Fragen interessant.

Anselm von Canterbury, Cur deus homo. Warum Gott Mensch geworden. Lateinisch und deutsch, besorgt und übersetzt von Franciscus S. Schmitt, Darmstadt ^{5}1993.

Literatur

Thomas von Aquin († 1274)
Der Benediktiner Anselm gilt als „Vater der Scholastik" — „Haupt der Scholastik" ist der Dominikaner Thomas von Aquin. Er hat eine Denk-Kathedrale errichtet, die mit der berühmten *Summa theologiae* das weite Feld der Gottesbeschreibung weithin überragt. Wer die Muße findet, sie zu studieren, sei ausdrücklich ermuntert, in der Regel aber wird darin nachgeschlagen, je nach Bedarf, je nach Interesse.

Um einen ersten Einblick in das Denken des Aquinaten zu gewinnen, bietet sich indes ein anderes Opus von ihm an, die Abhandlung „Über das Sein und das Wesen" (*De ente et essentia*) aus seiner Frühzeit. Noch vor den theologischen Einzelfragen geht es hier um das tragende philosophische Gerüst scholastischen Denkens: Wie verhält sich das Allgemeine zum Individuellen? Wer verbürgt das Wesen eines Seienden, das immer zugleich vereinzeltes als auch universalisiertes Sein ist? Nach Thomas durchzieht alles Geschaffene die unaufhebbare Differenz von *ens* und *essentia*, während es in Gott, der seinsvermittelnden Ursubstanz, diese Differenz nicht gibt. Aus der Abhandlung erhellt, wie man sich im Mittelalter die Möglichkeit gedacht hat, dass es neben Gott, der das Ein und Alles des Wirklichen ist, noch anderes Sein geben kann, das er zulässt und liebt. Für die Theologie ist diese Frage nach wie vor herausfordernd.

Literatur   Thomas von Aquin, De ente et essentia = Über das Seiende und das Wesen: Lateinisch deutsch, übersetzt und eingeleitet von Wolfgang Kluxen, Freiburg-Basel-Wien 2007 (= HBPhMA 7).

Thomas von Kempen (15. Jahrhundert)

Die theologische Erbauungsschrift „Von der Nachfolge Christi" (De imitatione Christi) hätte beinahe der Bibel, was die Verbreitung angeht, den Rang abgelaufen. Sie ist einem Thomas von Kempen zugeschrieben, entstanden um das Jahr 1420, beheimatet wohl im niederländischen Kulturraum. Mehr als 700 Handschriften sind belegt, dazu Übersetzungen in beinahe 100 Sprachen. Hier wird gewissermaßen vorgedacht, was sich später mit der Reformation Luthers lautstark Bahn brechen wird: Kritik an äußerlichen Frömmigkeitsformen, dafür die Pflege einer religiösen Innerlichkeit und Kreuzesmystik, worin dem Gottesreich nachgespürt wird. Problematisch war das nicht: Weil „die Verinnerlichung mit einer Verkürzung des Geheimnisses der Schöpfung wie der Inkarnation verbunden ist, droht die Frömmigkeit der ‚imitatio' weltlos zu werden".[1] Die Abtötung steht im Vordergrund, besonders bei der Eucharistiefrömmigkeit: „Opfere dich mir, gib alles für Gott, und dein Opfer wird annehmbar. Siehe, ich habe mich dem Vater vollkommen dargebracht für dich, ich gab Leib und Blut zur Speise hin, dass ich ganz Dein und Du ganz mein sein und bleiben kannst".[2]

Literatur   Die Nachfolge Christi, hg. und erläutert von Josef Sudbrack (topos taschenbücher; 320), Ostfildern ⁴2010.

Teresa von Ávila († 1582)

Wie überwältigend und zugleich empathisch Gott an seinen Geschöpfen handelt, lässt sich mit großem persönlichen Gewinn an der spanischen Mystikerin und Klostergründerin Teresa von Ávila studieren. Empfohlen sei ihr Buch „Die Seelenburg" (Las moradas). Teresa gibt weiter, was sie selbst erfahren hat: innere Vereinigung mit Gott, daraus resultierend bleibende Gottesgemeinschaft — als Auftrag zum Dienst am Mitmenschen. Im Mittelpunkt steht die Kunst des Betens, für die sie verschiedene Stufen benennt. Den Anfang macht, freilich immer von Gott ermöglicht, die Askese: Selbstbesinnung und Selbstbeherrschung, Standhalten bei Versuchungen, auch und gerade bei dem Gefühl der Gottferne. Zur rechten Zeit aber wendet sich das Blatt, weil Gott sich mitteilt und besondere Empfindungen schenkt, Ekstasen, Visionen, vor allem die mystische „Vermählung". Bei alledem nimmt Teresa Maß am demütigen Leben und Wirken Jesu. Der Blick auf ihn ist das Fundament des mystischen Erlebens, sodass es nicht mehr ohne Weiteres als utopisch, überdreht oder weltfremd abzutun ist.

Teresa von Ávila, Wohnungen der Inneren Burg, vollständige Neuübertragung, hg. von Ulrich Dobhan und Elisabeth Peeters, Freiburg-Basel-Wien ⁵2016.

Literatur

Martin Luther († 1546)

Das Wirken Teresas fällt bereits in das Zeitalter der Reformation. Grundstürzende Denkbewegungen melden sich zu Wort, zumindest werden überkommene Parameter christlicher Frömmigkeit neu gelesen. Wie sich Martin Luther das kirchliche Leben angesichts der von ihm ausgelösten Umorientierung vorgestellt hat, zeigt sein „Großer Katechismus". Dort geht es zunächst um „Gebote" — in denen Luther nicht einen Appell an mehr religiöse Geschäftigkeit, sondern eine Anleitung zur Gottesliebe sieht. Deshalb schiebt er Ausführungen zum Glaubensbekenntnis, zum Vaterunser und zu den Sakramenten Taufe und Abendmahl nach. Diese bekräftigen noch einmal und eindringlicher, dass der rechte Christ, die rechte Christin „Gott bei seinem Wort nimmt und sich beschenken lässt".[3] Die Lektüre des Katechismus schärft den Sinn für Nuancen im Glaubensverständnis, die gleichwohl in der Lage waren, große Verwerfungen, aber auch weitreichende Solidarität auszulösen.

Martin Luther, Der Große und der Kleine Katechismus, bearbeitet von Kurt Aland und Hermann Kunst, Göttingen ³2003.

Literatur

Franz von Sales († 1622)

Dass Theologie mehr sei als Lehre und Intellekt, war Luther ein Anliegen gewesen. Aber auch das weitverbreitete Werk eines Theologen der Katholischen Reform weist in diese Richtung, das Buch „Philothea" (Gottesliebe) des Bischofs Franz von Sales: Theologie betrifft als Anleitung zum geistlichen Leben nicht nur „Experten", sondern alle Getauften. Sie darf deshalb nicht zu einem starren System aus Thesen, Konklusionen und Vorschriften werden. Sie ist immer auch eine Angelegenheit der Haltung und des persönlichen Charakters. Franz von Sales erscheint insofern als ein „moderner" Gottesgelehrter, als er auf Empfindungen und

Lebenslagen von Durchschnittschristen eingeht, die weder besonders fromm noch einfach gleichgültig sind. Dabei legt er eine Be-
obachtungsgabe an den Tag, die aufhorchen lässt. Und sein seel-
sorglicher Rat bleibt nüchtern und ausgeglichen: „Sich ins Freie
begeben, spazieren gehen, sich fröhlich und heiter unterhalten,
auf der Gitarre oder einem anderen Instrument spielen, singen
oder jagen, das alles sind anständige Erholungen, und es bedarf
nur des gesunden Menschenverstandes, um dabei vernünftig zu
bleiben und jedem Ding seine Zeit, seinen Ort, sein Maß und seine
Bedeutung zu lassen".[4]

Literatur

Franz von Sales, Philothea. Anleitung zum religiösen Leben, übersetzt und
herausgegeben von Otto Karrer, Mainz [2]2008.

Johann Adam Möhler († 1838)
Der Titel seines wichtigsten Buches ist Programm: „Symbolik oder
Darstellung der dogmatischen Gegensätze der Katholiken und Protestanten nach ihren öffentlichen Bekenntnisschriften", in der
Regel abkürzend *Symbolik* genannt. Der später in München lehrende Vertreter der Tübinger Schule trug indirekt zum Erwachen des
ökumenischen Gedankens bei. Eine Ökumene im heutigen Sinn
kennt er allerdings noch nicht. Was er vorlegt, ist vergleichende
Bekenntniswissenschaft zur Verteidigung des Katholizismus: Inwiefern sehen Protestanten anderes als die Kirche Roms und warum? Ohne grundsätzliche Polemik wird untersucht, wovon konfessionelle Überzeugungen hier wie dort geleitet sind. Damit war
ein erster Schritt in Richtung einer komparativen Erörterung von
Sachverhalten auf der Basis gründlicher Quellenkenntnis getan.
Das Buch zeigt sehr schön den Geist der „Tübinger" und bereichert
durch originelle Formulierungen.

Literatur

Johann Adam Möhler, Symbolik oder Darstellung der dogmatischen Gegensätze der Katholiken und der Protestanten nach ihren öffentlichen Bekenntnisschriften, hg. und kommentiert von Josef Rupert Geiselmann, Köln-Ol-
ten 1958.

Romano Guardini († 1968)

Indirekt ökumenisch wirksam war auch ein kleines Büchlein, das am Ende des Ersten Weltkriegs 1918 erschien: „Vom Geist der Liturgie". Der Verfasser stellt Grundsätze gottesdienstlicher Haltungen vor: Liturgisches Beten, liturgisches Empfinden, liturgischer Stil. Guardini hatte neu zu Bewusstsein gebracht, wie gemeinschaftsbezogen und damit gemeinschaftsstiftend der christliche Gottesdienst seinem Wesen nach ist. Da es heute die Tendenz zu beliebig kreierten Ritualen unabhängig von gläubigen Bekenntnissen gibt, mag das Kapitel über den „Ernst der Liturgie" besonders interessieren. Es wendet sich gegen die „Schöngeisterei", die nur aus ästhetischen oder psychologischen Gründen nach der Feier fragt. Auch über Zwecke und Nutzen soll das offizielle Gebet der Kirche erhaben bleiben. Es gilt der „Primat des Logos über das Ethos" (Kapitelüberschrift), das heißt: Die Liturgie „will den Menschen dahin bringen, dass er sich in die rechte, wesenhafte Ordnung vor Gott stelle, er in Anbetung, Gottesverehrung, Glauben und Liebe, Buß- und Opfergesinnung innerlich ‚recht' werde. Kommt er dann in die Lage, zu handeln, so wird er aus jener Gesinnung heraus auch tun, was recht ist".[5]

Romano Guardini, Vom Geist der Liturgie, Ostfildern-Paderborn [24]2018.   Literatur

Gerhard von Rad († 1971)

Zum besseren Verständnis alttestamentlicher Exegese leistet Gerhard von Rads „Theologie des Alten Testaments" noch immer gute Dienste. Es geht nicht um die Auslegung einzelner Bücher nach Kapiteln und Versen, sondern um einen Durchblick im wahrsten Sinn des Wortes: Was hat Israel über sich und seinen Gott gedacht? Bibelferne Fachsprache meidet der Autor. Sein Interesse gilt dem Glaubensgespür Israels auf der Grundlage seiner Geschichte. Das eine oder andere Urteil über Texte und deren Genesen ist bei v. Rad fraglos veraltet, aktuell aber bleibt seine Überzeugung, dass das Alte Testament von einer Gesamtschau her zu lesen ist, die auf „Heilsgeschichte" zielt. Der Verfasser weiß um die „vormosaischen Ahnen Israels"[6] und damit um jenen Prozess, in dem Israel erst geworden ist, was es sein soll: Gottesvolk. So wird Verständnis für den kreativen Impetus der jüdischen Identität, aber auch für das Christusereignis geweckt, denn: „Mit der immer neuen Deutung, der [...] die alten Jahwegeschichten ausgesetzt waren, geschah ihnen nichts Fremdes".[7]

Literatur

Gerhard von Rad, Theologie des Alten Testaments.Bd. 1: Die Theologie der geschichtlichen Überlieferung Israels, München [10]1992; ders. Theologie des Alten Testaments. Bd. 2: Die Theologie der prophetischen Überlieferung, München [9]1987.

Hans Küng (* 1927)

Sein Lebenswerk wird einerseits ablehnend beschieden, andererseits hatte man vielerorts enthusiastisch begrüßt, was der Tübinger Dogmatikprofessor einer mehr und mehr christentumskritischen Öffentlichkeit vorzulegen wusste. Küngs Feder ist journalistisch geschult, sein Horizont weit, seine Rauflust mit traditionellen kirchlichen Positionen groß. Der monumentale Band „Christ sein" stellt den Versuch dar, die Christusgestalt der kirchlichen Verkündigung ausdrücklich vom historischen Jesus her zu normieren. Damit machte sich Küng zum Anwalt einer „Christologie von unten", die streng historisch-kritisch arbeitet, aber dann zu einer Art jesuanischem Psychogramm vorstößt: Am unbedingten Gottvertrauen des Galiläers hängt die Deutung seiner Person und seines Lebenswerkes, aber auch die Möglichkeit, Gottesgewissheit in der Weise eines konsequent humanisierten, auch für andere Religionen toleranten Menschseins zu gewinnen.

Literatur

Hans Küng, Christ sein, München 1993.

Joseph Ratzinger (* 1927)

Dem Programm Küngs hätte wohl sein prominentester Gegner, Joseph Ratzinger, der spätere Papst Benedikt XVI., nicht von vornherein widersprechen müssen, wenn eine Verständigung über die Unverzichtbarkeit der auch lehramtlichen Prägung des Christentums möglich gewesen wäre. Ratzingers Denkweg in seinem Buch „Einführung in das Christentum" ist doppelpolig angelegt: Einerseits stellt er das christliche Bekenntnis gegen eine Ideologie der „Machbarkeit", die dem Menschen einredet, Alleskönner zu sein; Glaube ist seinem Wesen nach kirchlich vermitteltes Empfangen. Andererseits traut Ratzinger dem Menschen zu, mit der Rationalität eines „besinnlichen" Denkens, wodurch das „rechnerische Denken" ergänzt werden müsse, Großes zu leisten. Der Mensch erkennt den inneren Anspruch von Leben und Welt und lernt so das „Verstehen". Gemeint ist die intellektuell nachvollzogene Akzeptanz dessen, worin man gnadenhaft gründet, die „Erkenntnis unseres Umgriffenseins". Theologie wird aus dieser Sicht zu einer „Uraufgabe christlichen Glaubens."[8]

Joseph Ratzinger, Einführung in das Christentum = Gerhard Ludwig Müller, Rudolf Voderholzer (Hgg.), Joseph Ratzinger. Benedikt XVI., Gesammelte Werke 4, Freiburg-Basel-Wien 2018.

Literatur

Karl Rahner († 1984)
An Kraft und Eleganz der Sprache übertreffen Küng und Ratzinger das Hauptwerk des Innsbrucker Jesuitenpaters „Grundkurs des Glaubens" augenscheinlich, aber was dessen Einfluss auf Methode und Aussage der nachkonzilaren Theologie angeht, so muss man wohl von einer theologiegeschichtlichen Zäsur reden: In aller Konsequenz wird Theologie anthropologisch buchstabiert — wobei es Fingerzeige in diese Richtung schon bei Augustinus gab. In neun „Gängen" durchschreitet Rahner das Gefüge des Christentums, das er mit Anleihen aus der Philosophie Kants „transzendentaltheologisch" zu veranschaulichen sucht: Der Mensch sei schon vor jeder thematischen, also bewusst gewordenen Erkenntnis so veranlagt, dass er zu erkennen *vermag*. Das Transzendentale ist die Voraussetzung, Erkennen als Erkenntnis überhaupt wahrzunehmen.

Der transzendentalen Veranlagung des Menschen entspricht die göttliche *Selbstmitteilung*. Sie ergeht als Gnade an das Subjekt, zwar abhängig von dessen Weltbezogenheit, aber unabhängig von seiner konkreten Lebenssituation. Sie ist Gnade für alle, und auch ihre Ablehnung bestätigt eine Freiheit, die der Mensch nicht nur hat, sondern wesentlich *ist*. In der Person Jesu von Nazareth sieht Rahner den Idealfall gegeben, dass ein Mensch die radikale, unausweichliche Frage, die das Dasein aufwirft, als radikales „Ja" zu Gott lebt. Von daher kann er als Erlöser *aller* Menschen verkündet und verständlich gemacht werden.

Karl Rahner, Grundkurs des Glaubens. Einführung in den Begriff des Christentums, Freiburg-Basel-Wien ²2015.

Literatur

Dumitru Staniloae († 1993)
Man kann Theologie heute nicht anders denn konfessionell sensibel und damit ökumenisch verankert studieren. Deshalb sei zum Abschluss der hier empfohlenen Bücher der rumänisch-orthodoxe

Theologe Dumitru Staniloae genannt und sein Werk „Orthodoxe Dogmatik". Der Autor denkt sehr väternah, zugleich hoch spekulativ. Mit der Klarstellung, dass die Theologie der Ostkirche „keine Scheidung zwischen natürlicher und übernatürlicher Offenbarung" kennt, beginnt sein Werk; mit der Auskunft, in Christus werde sowohl „ein Plan" als auch „ein reales Werk" sichtbar, endet es.[9] Dazwischen entfaltet sich ein dogmatischer Traktat, der um die Grundthemen der orthodoxen Soteriologie und Gnadenlehre kreist: die Vergöttlichung des Menschen, dessen Aufstieg zur transzendenten Wahrheit im Spannungsfeld göttlicher Gnade und konsequenter Askese, eingebettet in das Mysterium der Kirche.

Staniloaes theologische Vision weist eine stringente innere Geschlossenheit auf, die dem Theologiestudium mehrere Vorteile einbringt: Sie führt in eine Gedankenwelt ein, in der die Tradition des kirchlichen Lebens mehr ist als eine Ansammlung historischer Merkwürdigkeiten, wie das Hans Küng suggeriert; man erfährt, warum nach orthodoxem Empfinden nicht die „Welt", sondern der „Himmel" die entscheidende Realität für Glaube und Kirche ist; es begegnet ein konsequent trinitarisch strukturiertes Heilsverständnis. Zwar stellt der binomische Charakter der orthodoxen Theologie, wonach Gott und Welt ein Konkurrenzverhältnis bilden, abendländisches Empfinden zumal der Gegenwart auf eine harte Probe; aber es ist umgekehrt nicht anders.

Literatur   Dumitru Staniloae, Orthodoxe Dogmatik (Ökumenische Theologie; 12), Gütersloh 1991.

In der Aufzählung kommt lediglich das Werk einer einzigen Frau vor; das spiegelt die Schlagseite der theologischen Literaturgeschichte, hilft aber auch, sie kritischer zu sehen. Denn natürlich haben sich auch viele Frauen theologisch geäußert, vor allem seit dem hohen Mittelalter. Die Linie verläuft von den Mystikerinnen aus dem Kloster Helfta oder aus Magdeburg über ähnlich gelagerte Texte aus der Barockzeit bis herauf zu einer stattlichen Reihe von Theologinnen seit dem 20. Jahrhundert: Edith Stein, Elisabeth Moltmann-Wendel, Dorothee Sölle und eine ganze Reihe mehr. Welche Klassikerinnen bieten sich an?

Die Wissenschaftlichkeit der Theologie | 10.

Wer das Theologiestudium aufnimmt, kann dies an einer *kirchlichen* Hochschule mit oder ohne Fakultätsstatus oder an einer *staatlichen* Hochschule mit oder ohne Fakultätsstatus tun. In beiden Einrichtungen wird Anspruch auf Wissenschaftlichkeit erhoben. Denn die Theologie versteht sich als eine *wissenschaftliche* Disziplin. Mit welchem Recht sie das tut, erschließt sich nicht auf den ersten Blick. Denn die Gründe dafür sind auf verschiedenen Ebenen angesiedelt und durchaus diskussionswürdig. Außerdem kommt es auf den persönlichen Standpunkt an; „die Wissenschaft" schlechthin gibt es nicht. Es sind immer Menschen, von denen wissenschaftliches Arbeiten abhängt, und Menschen denken und empfinden nun einmal unterschiedlich. Wer hat die wahre Wissenschaft, wer hat sie nicht?

Vorüberlegungen | 10.1

Aus dieser Frage ergibt sich eine erste Vorbemerkung zum Thema: Jede Disziplin, die an Hochschulen gefördert wird, hat ihr spezifisches wissenschaftliches Profil. Es gibt Trennendes, und es gibt Verbindendes, je nach Fachrichtung, je nach Denkweise, je entsprechend der notwendigen Voraussetzungen. Akademisch kor-

Abb. 30 | ▶
„Habe nun, ach!
Philosophie,
Juristerei und Medi-
zin, und leider auch
Theologie durchaus
studiert, mit heißem
Bemühn. Da steh ich
nun, ich armer Tor!
Und bin so klug als
wie zuvor"; Faust im
Studierzimmer,
Gemälde von
Georg Friedrich
Kersting, 1829

rekt verhält man sich, wenn der eigene Zugang geklärt und die Alternative
respektiert wird.

Eine zweite Vorbemerkung: Wis-
senschaftsideale ändern sich mit der
Zeit. Es wäre naiv zu meinen, dass der
Wechsel je zum Stillstand käme. Für
die antiken, griechischen Naturphilo-
sophen (den so genannten Vor-Sokra-
tikern) galt als wichtigste Triebkraft
des Forschens die Frage nach dem
Ursprung der sinnenhaften Welt:
Steht hinter dem Vielen das Eine?
Wissenschaft war Philosophie, aber
mit einem klaren Bezug zu den „Dingen". Heute hat sich das grundlegend
geändert. Muss es dabei bleiben?

Vorbemerkung Nummer drei: Wissenschaft entsteht aus Wissensdurst.
Sie lebt von der *Frage* — die in vielen
Fällen aus sehr pragmatischen Gründen gestellt wird: Wie lässt
sich der Alltag bewältigen? Was trägt zur Lösung seiner Probleme bei? Aber auch unabhängig von einem praktischen Interesse
setzt der Mensch auf die Forschung. Alles Rätselhafte fesselt ihn.
Was sich als Geheimnis darbietet, macht ihn unruhig und sta-
chelt seine Neugier an. Grenzerfahrungen sind kein Hindernis,
ganz im Gegenteil; sie halten auf Trab, versprechen Spannung
und Erfolg. Die Wissenschaft kennt kein „Genug". Wissen macht
süchtig.

Der vierte Punkt: Wissenschaften treten nicht isoliert voneinander auf, auch wenn jede von ihnen ihr eigenes Profil bewahrt. In
der Regel wirken mehrere Disziplinen zusammen, sodass eine Vernetzung unterschiedlicher Erkenntniswege zur Optimierung des
Wissens führt. Doch wodurch wird das Profil der Disziplinen bestimmt? Es kommt auf die *Intention* an, mit der einer Frage nach-
gegangen wird. Zum Beispiel die Medizin. Sie „findet ihre Einheit
als Wissenschaft [...] durch die praktische Aufgabe des Heilens von
Kranken. Ohne diese Aufgabe gehören die für die Medizin nötigen
Erkenntnisse zur Biologie des Menschen, zur Mikrobiologie, zur
Chemie, zur Psychologie".[1] Die Intention der Medizin macht aus

diesen Fächern Bezugswissenschaften, was natürlich umgekehrt genauso möglich sein kann. Der Standpunkt entscheidet.

Eine letzte Vorbemerkung: Akademische Maßstäbe, wie sie die Wissenschaft einfordert, werden, wie erwähnt, von Menschen gesetzt, und sie sind historisch konnotiert. Damit kommt ein kultureller Faktor ins Spiel, nicht zuletzt der Einfluss von Weltanschauungen: Eine von Erudition und Umfeld losgelöste Forschung gibt es nicht. Das zeigt sich am klarsten an den Fragestellungen selbst. Diese spiegeln immer den Wissensdurst einer bestimmten Epoche und sind Ausdruck von Mentalitäten, die ihrerseits nicht durch die Wissenschaft, sondern vom Zeitgeist geformt sind. Die Gesellschaft bestimmt, wonach geforscht wird, und von ihr hängt ab, was als Ergebnis Akzeptanz und Resonanz findet. Nur eine Minderheit denkt oder forscht sozusagen außerhalb von Moden. Und niemand schüttelt so leicht eine Gestimmtheit ab, die — ausgesprochen oder unausgesprochen — vom Elternhaus, von der Schule, von Freunden oder Kolleginnen und Kollegen geprägt wird. Die Wissenschaft ist immer auch ein soziales Phänomen und Ausdruck von Charakteren. Zur Wissenschaft gehört Intelligenz, aber noch sehr viel mehr: Gespür, Kreativität, Kommunikation, Einfühlungsvermögen, Phantasie, Willenskraft.

Kriterien akademischer Forschung | 10.2

Wer heute an einer anerkannten akademischen Bildungseinrichtung Theologie studiert oder Theologie lehrt, bleibt einem Standard verpflichtet, der an der *universitas docentium et studentium* — der Lehr-, Lern- und Forschungsgemeinschaft „Hochschule" — Geltung hat. Um welche Grundsätze handelt es sich?[2]

Begründungspflicht | 10.2.1

Grundlegend ist eine umfassende Begründungspflicht. Was wissenschaftlich erforscht und dann vertreten werden soll, muss sich auf dem intellektuellen Niveau der zur Stunde vorherrschenden Fassungskraft bewegen. Das heißt nicht, die verhandelte Thematik müsse immer auch für Nicht-Fachleute verstehbar sein, doch der „gesunde Menschenverstand" hat ein Recht auf Gehör. Es steht ihm zu, Fragen, Methoden und Ergebnisse theologischer Denkwege zu über-

Verständlichkeit und Transparenz

prüfen, vor allem hinsichtlich ihrer Rationalität und inneren Folgerichtigkeit. Etwas salopp ausgedrückt: Vernünftiges Forschen muss vernünftigen Leuten erklärbar sein. Das setzt eine klare Sprache voraus, die weder verquollen noch kryptisch ist. Theologen und Theologinnen sollten nicht reden wie Wesen von einem anderen Stern. Ein akademisches, fachfremdes Gegenüber tut ihnen gut. Transparenz und Nüchternheit sind kein Luxus. Denn bei jedem Argument, bei jeder Schlussfolgerung überzeugt allein die Stichhaltigkeit.

10.2.2 | Klärung der Terminologie

Klarheit der Fachsprache

Die Überprüfbarkeit theologischer Aussagen hängt nicht zuletzt damit zusammen, dass die Terminologie geklärt ist. Oft wird dasselbe Wort hier so, dort ganz anders verstanden. Was bedeutet ein theologisches Fachwort, was bedeutet es nicht? Welche Verwendung findet es in welchem Kontext? Schon im innerfachlichen Austausch leistet die Begrifflichkeit Entscheidendes. Exegese, Fundamentaltheologie und Dogmatik zum Beispiel sind Fächer, die eng ineinandergreifen; die Sprache verbindet − oder treibt sie auseinander. Wer wissenschaftlich arbeitet, braucht ein Gespür für die Übersetzbarkeit seiner Gedankenwelt. Theologie hat elementar mit dem Wort, also mit Mitteilung und Dialogizität zu tun. Schon von daher obliegt ihr die Pflege des Wortes sowie die Achtsamkeit darauf als ureigene Aufgabe.

10.2.3 | Scientific Community

Intersubjektivität

Forschungsvorhaben und Forschungsergebnisse brauchen einen Resonanzraum: die Gemeinschaft derer, die sie verantwortet. Vor der *Scientific Community* erfolgt gleichsam die Proklamation des wissenschaftlichen Erfolgs. Wissenschaft verlangt *eo ipso* nach Intersubjektivität: Nur viele Geister und viele Hände bringen sie voran, wobei ein wechselseitiges Geben und Nehmen die Verfahrensordnung bestimmt. Bezeichnenderweise sind gerade die stark spezialisierten Wissenschaftszweige nur als Teamwork denkbar. Die konzertierte, sorgfältig vernetzte Arbeit führt zu Interpretationsgemeinschaften, in denen nicht nur das Resultat objektiver Beobachtungen, sondern auch die subjektive Meinung der Beteiligten eine Rolle spielt. Kein seriöses Team wird den Ermessensspielraum, man möchte fast sagen: den „Glauben" der Kolleginnen und Kollegen grundsätzlich

missachten. Man nehme nur einmal zur Kenntnis, wie selbstverständlich wissenschaftliche Berichte von den Verben „meinen, glauben, überzeugt sein, dafürhalten, annehmen" durchsetzt sind. For-
schungsgemeinschaften sind unerlässlich für die Abwägung der
geleisteten Arbeit. Sie sind Ansporn und Korrektur zugleich. Der   Korrektiv
mainstream einer akademischen Zunft beflügelt die kreative Eigen-
leistung; und sollte diese dann über ihn hinauswachsen, so war er
doch zuvor Schrittmacher und Horizont.

Nachweispflicht | 10.2.4

Die Verantwortung der Forschenden für das Erforschte und ihre
Verbundenheit in der *Scientific Community* bringt es mit sich, dass
Wissen anderen zur Verfügung gestellt, aber auch als persönliche
Leistung anerkannt wird. Wer eine wissenschaftliche Arbeit verfasst, macht nicht aus zehn Büchern ein elftes, steht aber gleichsam
auf den Schultern derer, die sich schon zuvor in einer Frage profi-
liert haben. Es ist völlig legitim, weil notwendig, dass bereits Er-   Zitate
forschtes und Beschriebenes in das eigene Projekt einfließt. Aber
die Übernahme muss genau benannt und dokumentiert werden:
Name, verwendete Informationsquelle, Zeitpunkt und Ort ihrer
Veröffentlichung. Die Rezeption fremder Gedanken ohne Kennzeichnung ist ein *Plagiat* und wird inzwischen digital problemlos
diagnostiziert. Es gehört sich einfach nicht, sich mit fremden Fe-   Plagiate
dern zu schmücken. Das ist geistiger Diebstahl, also eine Straftat.
    Indes sei an dieser Stelle auch einmal ein Wort der Ent-Hyste-
risierung gesagt: Je belesener jemand ist, desto mehr Wissensgut
sammelt sich im Kopf. Nicht alles und jedes bedarf der eigenen
Kennzeichnung. Das menschliche Gehirn neigt dazu, Gehörtes,
Gesehenes und Gelesenes über kurz oder lang zum Eigengut zu
erklären. Doch wache Geister zeichnen sich nicht zuletzt durch
die Fähigkeit aus, dass es in ihnen „arbeitet"; unentwegt werden
Eindrücke von außen rezipiert und in den eigenen Verstehens-
und Ideenhorizont hineinverschmolzen. Dort sind sie dann bestens „aufgehoben" — bewahrt, verfeinert, überholt.

10.2.5 | Widerspruchsfreiheit

Das wissenschaftliche Arbeiten basiert weitgehend auf dem Prinzip der *Widerspruchsfreiheit*: Es kann nicht etwas aus derselben Perspektive zugleich richtig und falsch sein. Hier wirkt das Denken des Aristoteles nach und damit ein bestimmender Strang abendländischer Geistesgeschichte. Aber auch dort, wo asiatische Philosophien Einfluss haben, in denen Prinzipien der Komplementarität, der Dualität oder der disparaten Vielfalt zur Interpretation wissenschaftlicher Erkenntnisse dienen können, behält die

Logik   Widerspruchsfreiheit ihr Gewicht. Logik wird in diesen Fällen auf eine andere, in der Regel intuitivere Ebene verlagert, doch nicht grundsätzlich ausgesetzt. Anders wäre technisch-medizinischer Fortschritt unmöglich.

Widerspruchsfreiheit zeichnet indes auch eine Wissenschaft im Gegenüber zu anderen Wissenschaften aus. Wenn Erkenntnisse einer bestimmten Disziplin beharrlich am Niveau einer anderen Fachrichtung scheitern, dann sind sie entweder falsch oder sie fordern die *Scientific Community* zum Umdenken, also zum Paradigmenwechsel heraus (siehe nächster Punkt). Das Prinzip der Widerspruchsfreiheit stellt die einzelnen Forschungszweige unter einen gemeinsamen Anspruch und macht so die *Interdisziplinarität* möglich. Eine Wissenschaft riskierte die Erblindung, wenn sie nicht empfänglich bliebe für den Beitrag alternativ arbeitender und alternativ strukturierter Arbeitsweisen.

Abb. 31 | ▶

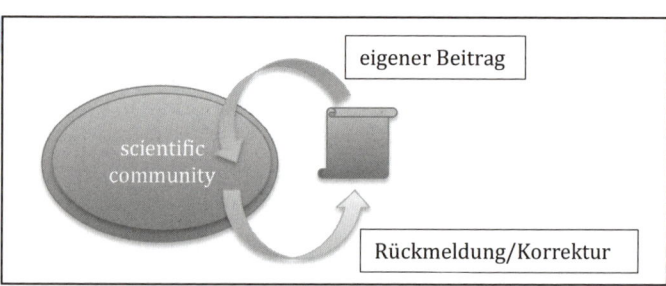

Die eigene Forschung leistet einen Beitrag für die Scientific Community, bereichert sie um neue Ideen und Forschungsergebnisse. Gleichzeitig erhalten die Forschenden eine Rückmeldung zu ihrer Arbeit und werden gegebenenfalls korrigiert.

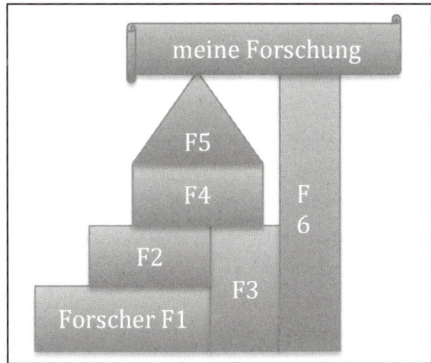

Abb. 32 | ▶

Die Forschung Einzelner greift immer auch auf vorherige Forschungsergebnisse zurück. Die Vorarbeit Anderer ermöglicht aber das vertiefte Weiterforschen.

Systembildung

| 10.2.6

Ein klares Merkmal von Wissenschaften und Wissenschaftlichkeit ist die Tendenz oder die Notwendigkeit zur Systembildung. Es braucht einen übergreifenden Bezugsrahmen, der Beobachtungen notierbar, vergleichbar, abwägbar und beurteilungsfähig macht. Wissenschaftstheoretisch wird mit Thomas S. Kuhn vom „Paradigma" gesprochen.[3] Damit ist eine intersubjektive Denkform gemeint, an der sich Erkenntnisgemeinschaften jeweils für eine bestimmte Zeit orientieren. Ohne paradigmatischen Überbau blieben Einzelbeobachtungen in einer eigentümlichen Schwebe. Zum Wissen führen empirische Daten nur dann, wenn sie in einem „größeren Ganzen" aufleuchten. Zu diesem Zweck sind auch sehr abstrakte, postulatorische, ja fiktionale Ideen denkbar. Die Rede von der *Evolution* zum Beispiel ist ein Theorem, mit dem Einzelergebnisse zum Sprechen gebracht werden. Aber lässt sich „Evolution" an sich beobachten?

Paradigma

Theorien und Modelle

Ideologiefreiheit

| 10.2.7

Wissenschaftliche Erkenntnisse lassen sich nicht regionalisieren. Ein und dasselbe Phänomen kann unter denselben Umständen und methodischen Voraussetzungen hier nicht anders bewertet werden als dort. Von daher widerstreitet seriöse Wissenschaft der

Ideologisierung. Wer nur sagen darf, was gesagt werden soll, erweist der Wissenschaft einen Bärendienst.

Problematisches Mäzenatentum?

Hier droht — nebenbei bemerkt — eine zunehmende Gefahr für die universitäre und außeruniversitäre Forschung. In dem Maß, in dem die Wissenschaft an Mäzenen hängt, bestimmen Erwartungshaltungen ihren Verlauf. Im schlimmsten Fall erzeugt der akademische Betrieb Parteilichkeit und damit — über kurz oder lang — eine Lügenwelt. Soweit darf es nicht kommen. Wissenschaftlichkeit gedeiht nur Hand in Hand mit der Ehrlichkeit und Aufrichtigkeit der für sie Verantwortlichen. Gefälschte Daten, opportunistische, pseudowissenschaftliche Machenschaften widerstreiten diametral der akademischen Ehre. Ein klares Ethos hingegen schützt sie.

10.2.8 | Interdisziplinarität

Wissenschaftliche Intention

Was die einzelnen Forschungsinteressen voneinander unterscheidet, ist die *Intention*. Das heißt: Jede Wissenschaft verfolgt ein bestimmtes Interesse, wodurch sie ihren epistemologischen Zugriff regelt: *Was* will ich wissen, *wie* will ich wissen und worauf will ich hinaus? Theologie und Philosophie zum Beispiel gehen hinsichtlich sehr vieler Fragen Hand in Hand. Aber die Philosophie kommentiert nicht Gottes Wort, schon gar nicht verkündet sie es; auch an der Seelsorge findet sie nur bedingt Gefallen. Hingegen gehört es zum Selbstverständnis der Theologie, über Begebnisse nachzudenken, die sich als heilvolle Selbstkundgabe einer transzendenten Wirklichkeit qualifizieren lassen.

Bezugswissenschaften

Akademische Theologie wäre ohne Bezugswissenschaften, ohne Interdisziplinarität also, undenkbar. Denn sie hat mit Geschichte, mit Kultur, mit Sprache und Text, mit Soziologie und Psychologie und vielem anderen mehr zu tun. Von daher gilt: Die Theologie ist auch und weitgehend deshalb eine Wissenschaft, weil sie fachübergreifend vorgeht. Und doch schärft sich gerade so ihr eigenes akademisches Proprium.

Indes setzt *inter*disziplinäres Arbeiten die *inner*disziplinäre Vernetzung voraus.

Die Kooperationsmöglichkeiten im Rahmen einer theologischen Fakultät sind vielfältig und beliebig verästelbar: Dogmatik mit Kirchengeschichte. Exegese und Fundamentaltheologie. Kirchenrecht und Dogmengeschichte. Liturgik mit Dogmatik und

Kirchengeschichte. Christliche Soziallehre mit Exegese und philosophischer Propädeutik (zu den Fächern vgl. S. 191-241).

Wie sollten die Disziplinen – ad intra und ad extra – miteinander umgehen? Die Devise lautet „kennzeichnen" und „plausibel machen": Wie denkt ihr? Wie denken wir? Dem folgt, wenn möglich, der Vergleich: Wo liegen die Gemeinsamkeiten, wo die Unterschiede? Dazu empfiehlt sich ein Begründungsverfahren: Warum stellt sich hier die Lage so, dort anders dar? Vielleicht gelingt auch ein Resümee: Was machen die verschiedenen Disziplinen je auf ihre Weise füreinander deutlich?

Ein eventuelles Fernziel: Der gemeinsame Zugriff führt zur Veränderung von Disziplinen. Man spricht in diesem Fall von *Transdisziplinarität*. Die akademische Landschaft mit ihren Interessen und Methoden nimmt einen neuen, mehr integrativen Charakter an.[4] Aber so etwas kann nur die Zukunft erweisen.

Theologie als Wissenschaftskritik | 10.3

Da die Theologie ihre Wissenschaftlichkeit am „Gegenstand" *Gott* erprobt, der das Allgemeinste ist, worüber der Mensch Überlegungen anstellt, doch zugleich das, was ihn „unbedingt angeht" (Paul Tillich), liegt es an ihr, mit wissenschaftlicher Akribie wissenschaftliches Denken zu *kritisieren*. Denn vieles deutet darauf hin, dass sich im öffentlichen Empfinden der Gegenwart eine Haltung etabliert, die sich *szientistisch* gibt: Naturwissenschaft über alles! Empirie in | Szientismus jeder Lebenslage und für jede Frage. Entzauberung der Welt im Namen ihrer lückenlosen Erforschung. Neukonstruktion des Menschen zugunsten einer Schöpfung, die allein aus seiner Hand kommt. Abbau von Vorstellungen, die nicht empirisch begründbar sind und in ein Reich ohne Realität gehören ...

Hinter diesem Trend steht eine Veränderung in der Denkart: Besteht die Wirklichkeit nur aus dem, was sich messen und verbuchen lässt? Zweifellos hat der Fortschritt in Technik und Medizin die Welt komfortabler gemacht. Wer möchte sich heute noch ein Leben ohne Telekommunikation, ohne Mobilität, ohne zeitgemäße Arznei vorstellen? Zwar ist noch längst nicht alles erreicht, was für die Gesellschaft wünschenswert wäre, aber die Zielgerade ist justiert.

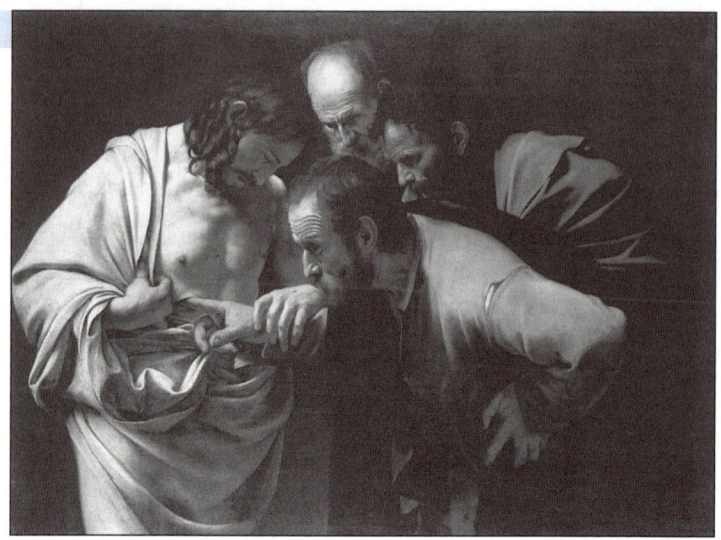

Abb. 33 | ▶
Der Unglauben des
heiligen Thomas,
Michelangelo Merisi
da Caravaggio,
1601–1602

Die Welt als Objekt

Das Bedenkliche am Szientismus liegt in seiner anthropozentrischen Übersteigerung: Die Welt wird zum „Objekt" des forschenden und planenden Geistes; man unterwirft sie ganz seinem Willen. Sie wird nicht „entdeckt", sondern „konstruiert". Entsprechend eindimensional verengt sich der Blick. Denker aus dem 20. Jahrhundert wie Martin Heidegger, Romano Guardini oder Bernhard Welte haben diesen Trend auf eine Entwicklung zurückgeführt, die mit Hilfe der Wissenschaft das Leben *sicherstellend* bewältigen will. Man verdinglicht, definiert, ergreift, zurrt fest, baut um. So manche Wahnvorstellung, die im so genannten „Westen" das Ruder führt, resultiert daraus: Sicherheit, Überwachung, Professionalisierung aller Lebensbereiche um jeden Preis. Intuition und Wagnis gelten als Risikofaktoren. Gefordert sind Profis in der Kindererziehung und in der Altenbetreuung; auf dem Fußballfeld regiert inzwischen das Video, der scheinbare Inbegriff des Objektiven und damit einzig „Wahren".

Vernehmendes Denken

Dem *sicher*stellenden, *her*stellenden Denken hat der Religionsphilosoph Bernhard Welte das „vernehmende Denken" entgegengesetzt: Es weiß, dass sich die Welt gegen die platte Objektivierung sträubt.[5] Das Leben *zeigt* sich, und zwar nicht nur dem Verstand, nicht nur im Experiment, nicht nur durch Maß und Zahl oder auf dem digitalen Reißbrett, sondern der staunenden Ehrfurcht, die

Gespür hat und das Unbegreifliche respektiert. Die Wirklichkeit, so geschmeidig sie sich gegenüber den formenden menschlichen Händen auch zeigen mag, beharrt in einer für sie typischen Unabschließbarkeit. Sie bleibt, vom Transzendenten her betrachtet, Geheimnis und Hoffnung. In diesem Sinn muss die „Wissenschaft Theologie" der szientistischen Versuchung Widerstand bieten: indem sie deren *Reduktionismus* aufdeckt.

Dieser hat neuerdings im so genannten „Neuen Naturalismus" Zuspruch gefunden, dessen Motto lautet: „In der Welt geht alles mit rechten Dingen zu".[6] Dieser Satz klingt reichlich harmlos — natürlich soll es mit rechten Dingen zugehen in der Welt, wer bestreitet das? Aber was ist gemeint? Vertreter dieser Richtung misstrauen der Theologie als einer spezifischen Weise rationaler Wirklichkeitsdeutung. Doch solange die Empirie nicht alles weiß, wird Religion geduldet. Woran allerdings die Kräfte sicherstellenden und vernehmenden Denkens gemeinsam arbeiten sollten, ist eine ganz und gar unaufschiebbare Frage: Darf der Mensch alles, was er kann und sich zunehmend aneignet? Mit Kompetenzstreitigkeiten ist hier niemandem gedient.

Neuer Naturalismus

Theologie an der Universität

| 10.4

In Deutschland trifft sich seit den 50er Jahren des 20. Jahrhunderts der so genannte „Wissenschaftsrat", der im Auftrag der Bundesregierung die akademischen Belange des Staates koordiniert. Dieses Gremium gab im Frühjahr 2010 eine „Empfehlung zur Weiterentwicklung von Theologien und religionsbezogenen Wissenschaften an deutschen Hochschulen" heraus, die mit der These aufwartet, dass zur integralen Gestalt einer Universität das Fach Theologie gehört — einschließlich ihrer Bindung an das kirchliche Kerygma (Verkündigungsgut).[7]

Wissenschaftsrat

Dieses Papier ist in mehrfacher Hinsicht bemerkenswert: Die Theologie wird aufgefordert, sich dezidiert *als Theologie* in das Konzert der Hochschuldebatten einzubringen. Sie möge ihr Proprium nicht verschleifen oder gar leugnen, sondern selbstbewusst in die Waagschale werfen. Eigens wird unterstrichen, dass Theologien gerade in der Art und Weise, *Wissenschaft* zu betreiben, den akademischen Fächerkanon bereichern können. Daraus wiederum folgt die Überzeugung des Wissenschaftsrates, dass es den nicht-theologischen Fächern bestens anstehe, sich mit religions-bezogenen Epistemologien auseinanderzusetzen. Das Papier macht sich für die wissenschaftliche Interdisziplinarität und den interreligiösen Dialog stark. Zwei einschlägige Passagen im Wortlaut:

- „Die christlichen Theologien sollten eine stärkere Profilbildung der Fakultäten anstreben und sich intensiver als bislang an fakultätsübergreifenden interdisziplinären Forschungsprojekten beteiligen. Religionslehrer und −lehrerinnen bedürfen angesichts der neuen Pluralität der religiösen Bekenntnisse wachsender fachlicher Kompetenzen."

- „Islamische Studien sind bisher an deutschen Hochschulen noch nicht etabliert. Dieser Zustand wird der Bedeutung der größten nicht-christlichen Glaubensgemeinschaft in Deutschland nicht gerecht. Daher empfiehlt der Wissenschaftsrat, über die Einrichtung von Einzelprofessuren mit islamisch-religionspädagogischer Ausrichtung hinaus künftig an zwei bis drei Standorten im staatlichen Hochschulsystem größere, autonome Organisationseinheiten für Islamische Studien zu etablieren."

Erklärung   **Wissenschaftsrat**
Der Wissenschaftsrat ist ein Beratungsgremium für den Bund und die Länder, das die Regierung in Sachen Hochschulentwicklung und Forschungsförderung berät. Es sind 24 Frauen und Männer aus der Wissenschaft und acht Vertreter der öffentlichen Hand beauftragt.

Auch der Judaistik (Jüdische Studien) steht demgemäß gebührende Beachtung zu, ebenso — freilich konfessionell ungebunden — der Religionswissenschaft. In einer pluralisierten Gesellschaft sollten religionsunabhängige und religionsbezogene Fachrichtungen, so der Wissenschaftsrat, gleichermaßen für Expertisen in Glaubensangelegenheiten zur Verfügung stehen. Die akademische Freiheit speziell der Theologie bleibt bei alledem unangetastet. Zeichnet sich die funktionsgerechte moderne Hochschule nicht gerade durch diese Freiheit aus?

Kooperationsauftrag   Zur Umsetzung der Empfehlungen ist angeregt, dass Länder und Hochschulen mit den Kirchen und Religionsgemeinschaften zusammenwirken. Vorausgesetzt bleibt ein gleichsam „doppelgesichtiger" Föderalismus: jener im Staat und jener unter den Religionsgemeinschaften.

Art. 150 der Bayerischen Landesverfassung
(1) Die Kirchen haben das Recht, ihre Geistlichen auf eigenen kirchlichen Hochschulen auszubilden und fortzubilden.
(2) Die theologischen Fakultäten an den Hochschulen bleiben erhalten.

Die Theologie ist als akademisches Fach wissenschaftstheoretischen Anforderungen unterworfen. Dazu gehören: Begründungspflicht, Klärung der Terminologie, Vernetzung in einer Scientific Community, Nachweispflicht, Widerspruchsfreiheit, Fähigkeit zur Systembildung, Freiheit von Ideologie. Aufgrund ihres transzendenten Horizontes zählt zu ihren Aufgaben, das reduktionistische Denken szientistischer Strömungen zu kritisieren. Aus der Sicht des deutschen Wissenschaftsrates gebührt der Theologie gerade wegen ihrer Eigenprägung ein fester Platz an den Hochschulen. Ebenso sollen die jüdische Theologie, der Islam und die – konfessionell ungebundenen – Religionswissenschaften Förderung erfahren, damit der fächerübergreifende Austausch intensiviert wird.

Leo Scheffczyk, Die Theologie und die Wissenschaften, Aschaffenburg 1979.
Patrick Becker, Thomas Gerold (Hgg.), Die Theologie an der Universität, Eine Standortbestimmung (Theologie und Praxis, Abteilung B; 20), Münster 2005.
Bertram Stubenrauch, Wieviel Gott verträgt die Wissenschaft? Anmerkungen zu einem Jahrtausendproblem, in: Erhard Mayrhofer, Georg Nuhsbaumer (Hgg.), Naturwissenschaft und Glaube. Impulse zum Dialog (Glauben und Leben; 57), Wien-Berlin 2011, 67-83.
Bernd J. Hilberath, Matthias Scharer, Kommunikative Theologie. Grundlagen-Erfahrungen-Klärungen, Ostfildern 2012.
Konrad Paul Liessmann, Geisterstunde. Die Praxis der Unbildung. Eine Streitschrift, Wien 2014.
Ulrich Lüke, Hildegard Peters (Hgg.), Wissenschaft-Wahrheit-Weisheit. Theologische Standortbestimmungen, Freiburg-Basel-Wien 2018.

Testfragen

1. Inwiefern ist die Theologie ihrem Wesen nach eine Wissenschaft?
2. Was leistet eine Scientific Community?
3. In welcher Hinsicht verfängt das Widerspruchsprinzip?
4. Warum kann die Theologie auch wissenschaftskritisch sein?
5. Was ist „vernehmendes Denken"?

Zur Eigenart religiöser Sprache

Zum Theologiestudium gehört ein Gefühl für Sprache und für Sprachen. Auf die Sprachen wurde bereits aufmerksam gemacht (vgl. S. 117-118). Sie weisen das Phänomen der *Sprache* als eine Eigenart des Menschen aus. Freilich geht es in seinem Fall um ein hochdifferenziertes Sprach- und Sprechvermögen. Die Fähigkeit, sich zu äußern und dies durch Gesten, Gebärden und Mienenspiel zu unterstreichen, kommt auch in der Tierwelt vor. Aber nur der Mensch *spricht*, und nur er denkt über sein Sprechen nach, das über Emotionen und deren Ur-Laute hinaus Worte, Sätze und Texte kennt.

Sprache und Sprachen

Mit der Sprache steht und fällt die Wissenschaft. Sie muss ja artikuliert, sie muss kommuniziert werden. Das menschliche Sprachvermögen ist die erste und wichtigste Voraussetzung für den wissenschaftlichen Erkenntnisakt. Denn die Sprache verrät Grundlegendes über den vernunftbasierten Weltbezug. Ihr liegen aber auch bewusst wie unbewusst verinnerlichte Selbstbilder zugrunde, kulturgeografisch bedingte Wahrnehmungsmuster, wissenssoziologische Eigenheiten von Familien und Clans, eine kollektiv vorgegebene Ästhetik mit der entsprechenden Moral, die anzeigt, was man denken und sagen soll und was nicht.

Abb. 34 | ▶
„Urwald" im
Nationalpark
Bayerischer Wald

Verhältnis von Sprache
und Lebenswelt

Universalität und
Differenziertheit

Zwischen Umwelt, Benehmen und Reden besteht ein inneres Wechselverhältnis, das die Menschheit seit den Anfängen ihrer geistigen und kommunikativen Aktivität in Atem gehalten hat. Man kann sagen: Sprache schafft Mentalität, wie umgekehrt Mentalität auf die Sprache einwirkt.

Dazu ein Beispiel aus der Frühzeit bayerischer Geschichte: Weil im ersten Jahrtausend das Land nördlich der Alpen weithin von Wäldern bedeckt war und sich demnach der Alltag im Wald abspielte, bildete sich diesbezüglich eine besondere sprachliche Sensibilität heraus: „Da ist ‚Holz' als das ganz allgemeine Wort, ‚Hart' als der Weidewald, ‚Forst' als der gebannte Wald; ‚Loh' bezeichnet das schüttere Laubgehölz, ‚Tann' ist der düstere Nadelwald, während im lateinischen ‚Eremus' der Klosterbrüder von Schliersee und Metten, Freising und Salzburg die ganze Öde und Einsamkeit des Urwaldes nachklingt".[1]

Sprache fasst die Welt ins Wort, was immer ganz und gar individuell, aber auch ganz und gar kollektiv geschieht. So wächst mit der Sprache die Erkenntnisgemeinschaft einschließlich ihrer Werte und Hoffnungen. Der einflussreiche Berliner Gelehrte Wilhelm von Humboldt († 1835) war seinerzeit davon überzeugt, dass es im menschlichen Sprachvermögen Grundstrukturen gibt, die universale Geltung haben. „Dazu gehört die sprachliche Kennzeichnung der menschlichen Zweigeschlechtlichkeit, das Ich und das Du des Gesprächs und das besprochene Dritte, die imperative und die interrogative Funktion der Sprache, Frage und Antwort, Ja und Nein, der Wortschatz der Quantität und der Qualität, das Koordinatensystem ICH-HIER-JETZT, der erlebte Raum und die erlebte Zeit".[2]

Und doch: Sprache differenziert sich aus — von Ort zu Ort und von Zeit zu Zeit, und mit ihr reift die Weltanschauung. „Unter Berufung auf Humboldt entdeckte der Romanist Karl Vossler in der Sprache Zeugnisse jeweils einer besonderen Geistesart und Lebenserfahrung, Gesellschaft und Kultur — in der Entwicklung des Vulgärlateins, dem Untergang des lateinischen Neutrums, der Umbildung des lateinischen Verbalsystems sah er ‚neue Denkformen'; in der Ausbreitung des französischen Teilungsartikels im 13. Jahrhundert einen Beweis (nach dem Zusammenbruch des großen idealistischen Aufschwungs der Kreuzzüge) für den realistischen rechnerischen Krämergeist der nordfranzösischen Städte im anbrechenden bürgerlichen Zeitalter".[3]

Theologie und Sprache | 11.1

Sprache also bringt die Welt ins Wort, und die Welt fordert Sprache ein, jedenfalls von einem geistbegabten Wesen, das neugierig und mitteilsam ist. Auf diese Weise entsteht Kultur, mit der Kultur der Kult, mit dem Kult das Gotteslob und mit dem Gotteslob die Rede von Gott — die Theologie in ihren charakteristischen Verästelungen und ihrem intellektuellen Anspruch.

Aber hier beginnen auch die Probleme: Lässt sich von Gott genauso reden wie von einem Baum in der Landschaft oder dem Balzverhalten des Auerhahns? Kommt Gott „vor"? Tut er dies und lässt er jenes, so dass ihn Sprache benennen, beschreiben und bewerten könnte?

Schwierigkeiten der Rede von Gott

Die Bibel kennt diesbezüglich keine Hemmungen: „Gott sprach" — mit dieser Formel, mehrfach wiederholt, eröffnet das alttestamentliche Buch Genesis seine Vision von Schöpfung, Welt und Mensch. Und dann wird *erzählt* — langatmig, lebensnah, aus tiefer Überzeugung: dass der Schöpfer auf Menschen wie Abraham und Mose einwirkte, dass er als Kriegsherr unterwegs war, dass er den Naturgewalten gebot, dass er Anordnungen für Kult und Recht erließ, ganze Völkerschaften dirigierte, Könige erhob oder wieder verwarf ...

Solche Notizen wurden in der Bibel in ausladende Erzähl*systeme* integriert. Man fasste sie als „Tatsachenberichte" auf, über die sich vernünftig und mit logischer Folgerichtigkeit reden lässt: die Erwählung Israels als Gottesvolk, die Berufung von Propheten als Intellektuelle des Jahwe-Glaubens, die Menschwerdung des göttlichen Wortes in Jesus, seine Auferweckung von den Toten. Viele durchaus kluge Menschen haben heute das Gefühl, dass sich in

Unbehagen der Bibel gegenüber

Abb. 35 | ▶
Samuel segnet Saul,
Bibelillustration von
Gustav Doré, 1866

Abb. 35 | ▶
Samuel segnet Saul,
Bibelillustration von
Gustav Doré, 1866

Beispiel

Der Herr sagte

1 Sam 15-17: „Der Herr aber hatte Samuel, einen Tag bevor Saul kam, das Ohr für eine Offenbarung geöffnet und gesagt: Morgen um diese Zeit schicke ich einen Mann aus dem Gebiet Benjamins zu dir. Ihn sollst du zum Fürsten meines Volkes salben. Er wird mein Volk aus der Gewalt der Philister befreien; denn ich habe die Not meines Volkes Israel gesehen und sein Hilfeschrei ist zu mir gedrungen. Als Samuel Saul sah, sagte der Herr zu ihm: Das ist der Mann, von dem ich dir gesagt habe: Der wird über mein Volk herrschen."

alledem eine längst überholte Naivität zeigt: voraufgeklärt und mythenverhaftet — poetisch zwar hochstehend und als kulturelles Erbe bereichernd, aber ohne realen Hintergrund.

Sinnlosigkeitsverdacht | 11.2

Von den Begründern der so genannten „Analytischen Philosophie"
im 20. Jahrhundert — George Edward Moore und Bertrand Rus-
sell — wurde dieses Unbehagen zum Programm erhoben. Sprache
muss für sie als Medium von Information exakt sein. Sie soll die
Wirklichkeit eins zu eins abbilden. Dieses Ziel ist aber nur dann
zu erreichen, wenn die Sprache erstens jede Unschärfe und Vieldeutigkeit vermeidet und wenn zweitens der Gegenstand ihres
Interesses empirisch überprüfbar bleibt. Es muss die Möglichkeit
geben, eine Behauptung zu verifizieren oder zu falsifizieren, das
heißt, sie zu bestätigen oder zu widerlegen. Wer sich dieses strenge Kriterium aneignet, verliert für religiöse Äußerungen, die den
Anspruch erheben, *Sachverhalte* zu referieren, jedes Verständnis.
Schon der einfache Satz: „Gott spricht" hält einer Überprüfung
empirischer Art nicht stand. Welche Realität sollte das Wort „Gott"
vermitteln? Und was heißt, „er spreche"?

Idealsprache

*Überprüfbarkeit
religiöser Aussagen*

Erklärung

*Analytische Philosophie ist eine Sammelbezeichnung für Theoreme aus
dem 20. Jahrhundert, denen es zunächst vor allem um die Wahrheitsfä-
higkeit der Sprache ging. Zwei Hauptströmungen werden unterschieden:
idealsprachliche Intentionen mit der Überzeugung, dass Sätze wissenschaftlich sind, wenn sie tadellos der Logik entsprechen, und die alltags-
sprachliche Forschung, die „Ordinary Language Philosophy", mit der die
Wirklichkeit als sprachliche Pragmatik ausgewiesen wird: Allein der Wortgebrauch schafft Realität.*

Aus der Analytischen Philosophie ist eine Religionskritik hervorgegangen, die einen „kognitiven Sinnlosigkeitsvorwurf" an die Adresse von Glaubensaussagen und ihrer theologischen Begründung richtet. Er lautet: „Alle Aussagen über Existenz, Wesen und Handeln
Gottes stellen kognitiv sinnlose Scheinsätze dar".[4] Wohlgemerkt: Es
geht nicht um falsche oder unwahre Äußerungen, die der Theologie
zum Vorwurf gemacht werden; in diesem Fall müssten die Analyti-
ker Glaubenssätze widerlegen oder, nach entsprechender Prüfung,
akzeptieren. Nein: Theologie erscheint, als vorgeblich informative
Rede über Gott, schlechterdings sinnlos: grammatisch wie phone-
tisch nichtssagend, erkenntnistheoretisch leer, weder falsch noch
richtig, sondern einfach ohne Gehalt, ohne Aussagekraft.

*Sinnlose theologische
Sätze?*

Logischer Empirismus

Dass diese Position nicht einfach auf das Konto leichtfertig erklärter Gottlosigkeit geht, sondern epistemologische Grundfragen stellt, bestätigt der Blick auf einen ähnlich gelagerten Vorstoß im „Logischen Empirismus", wie er in der so genannten „Gärtnerparabel" aus der Feder des britischen Denkers Antony Flew († 2010) nachklingt:[5]

Zitat

Gärtnerparabel

„Es waren einmal zwei Forscher, die stießen auf eine Lichtung im Dschungel, in der unter vielem Unkraut allerlei Blumen wuchsen. Da sagte der eine: ,Ein Gärtner muss dieses Stück Land pflegen'. Der andere widerspricht: ,Es gibt keinen Gärtner'. Sie schlagen daher ihre Zelte auf und stellen eine Wache aus. Kein Gärtner lässt sich jemals blicken. ,Vielleicht ist es ein unsichtbarer Gärtner?' Darauf ziehen sie einen Stacheldrahtzaun, setzen ihn unter Strom und patrouillieren mit Bluthunden [...] Keine Schreie aber lassen je vermuten, dass ein Eindringling einen Schlag bekommen hätte. Keine Bewegung des Zauns verrät je einen unsichtbaren Kletterer. Die Bluthunde schlagen nie an. Doch der Gläubige ist immer noch nicht überzeugt: ,Aber es gibt doch einen Gärtner, unsichtbar, unkörperlich und unempfindlich gegen elektrische Schläge, einen Gärtner, der nicht gewittert und nicht gehört werden kann, einen Gärtner, der heimlich kommt, um sich um seinen geliebten Garten zu kümmern'. Schließlich geht dem Skeptiker die Geduld aus: ,Was bleibt eigentlich von deiner ursprünglichen Behauptung noch übrig? Wie unterscheidet sich denn das, was du einen unsichtbaren, unkörperlichen, ewig unfassbaren Gärtner nennst, von einem imaginären oder von überhaupt keinem Gärtner?'"[6]

Erklärung

Empirie

Auch der logische Empirismus misst wissenschaftliche Hypothesen an ihrer Verifikation oder Falsifikation. Urteile, die nicht auf Beobachtungsdaten beruhen, gelten als unwissenschaftlich. Wichtige Vertreter waren Rudolf Carnap und Hans Reichenbach.

Theologie als Scheininformation?

Die Herausforderung der Parabel ist groß: Hat die Theologie, ungewollt vielleicht, ihrem Gott bislang nur die Rolle eines Lückenbüßers zuerkannt? Seine Existenz wird reklamiert, aber, sobald eine Tatsache gegen sie zu sprechen scheint, modifiziert, und das immer wieder. Ist Theologie nur Ausrede, nicht Auskunft, mehr Rhetorik als Mitteilung? Viele denken so: Wer glaubt, lässt sich auf Scheinwahrheiten ein, und wer es nicht tut, steht auf dem Boden der Wirklichkeit. Theologiestudierende werden an der Hochschule oder auch privat immer wieder auf dieses Vorurteil stoßen. Welche Reaktion bietet sich an?

Abb. 36 | ▶
Alle Schwäne sind weiß? Ein einziger schwarzer Schwan genügt, um diesen Allsatz zu widerlegen, wie u.a. Karl Raimund Popper wusste

Sprache, die um Wirklichkeit ringt, muss auskunftsfähig sein, und eine Auskunft ist nur dann seriös, wenn sie ihre Widerlegung akzeptiert. Wird angesichts einer schieren Evidenz, die das Gegenteil zeigt, ein Urteil unbeeindruckt aufrechterhalten, besteht dringender Ideologieverdacht. Dann lässt sich alles behaupten, auch das Absurde, auch das Skurrile, selbst barer Unsinn, und es gibt (pseudo-)religiöse Bewegungen genug, die auf diesem Niveau glänzen. Die Religionskritik von Richard Dawkins gefällt sich darin, gerade der katholischen Glaubenswelt ein Höchstmaß an Absonderlichkeit zu unterstellen, wobei er sie — vielleicht wider besseren Wissens? — als derart flachköpfig ausgibt, dass wirkliche Flachköpfe im Handumdrehen auf seine Entrüstungsmasche hereinfallen müssen. Hingegen bringt intelligente Kritik die Sache der Theologie voran, deshalb bleibt die Gärtnerparabel interessant: Was sagen der Glaube und die Theologie wirklich?

Falsifikation

Glaube und Theologie sagen zum Beispiel, dass Gott die Liebe sei (vgl. 1 Joh 4,8). Wenn dieser Satz mehr sein soll als eine Leerformel, dann ist er beim Erweis des Gegenteils hinfällig. Dass es Liebe gibt in der *Welt*, steht nun allerdings fest; dass sie vieles bewegt und vielen heilig ist, ebenfalls. Hat der Mensch sie hervorgebracht? Sicher nicht. Also übersteigt sie ihn, und der Mensch, jeder Mensch, empfängt von ihr. Großes kommt vom Größeren, ein letzter Wert von einem letzten Prinzip. Die Frage muss erlaubt sein: Was ist dieses „letzte Prinzip"? Natur? Zufall? Das Nichts? Oder Gott?

Das Phänomen als Ausgangspunkt

Der theologische Satz „Gott ist die Liebe" wäre dann unhaltbar, wenn man erstens die Faktizität der Liebe und zweitens ihren

Geschenkcharakter widerlegt hätte. Aber Phänomene sind nicht zu widerlegen — man kann sie nur deuten. Der Widerstreit „Glaube ja, Glaube nein", bewegt sich auf ein- und derselben Ebene. In beiden Fällen wird zunächst einfach nur behauptet. Denn weder „Gott" noch „die Natur" sind ohne Weiteres als letzte Prinzipien ausweisbar. Aber wie kommt es zur Entscheidung?

Überzeugung als Ausgangspunkt

Wer *Gott* mit der Liebe identifiziert, geht von einer Überzeugung aus. Eine Überzeugung erklärt vieles, aber: Sie bleibt ihrerseits, da sie nicht objektives Ergebnis, sondern subjektive Perspektive ist, im Letzten unbegründbar. Entsprechend erklärt auch der Verzicht auf die Gotteshypothese sehr viel, doch nicht ihn selbst. Hier wie dort werden Voraussetzungen für eine Erkenntnis anstelle eines Resultats formuliert. Die Entscheidung fällt der rationale Diskurs in der *Konsequenz* widerstreitender Perspektiven: Was spricht für, was spricht gegen die Annahme, dass *Gott* die Liebe sei?

Nicht Grundhaltungen — Glaube oder Unglaube — konkurrieren also kognitiv miteinander, sondern jene Argumente für und wider, die der *rationale* Diskurs aus der gewählten Perspektive heraus namhaft macht. Darum ist es unzutreffend zu sagen: Hier der Glaube (mit sinnlosen Sätzen), dort das Wissen (mit klarem Realitätsbezug)! Denn sowohl die Gotteshypothese als auch deren Ablehnung sind Ansichtssache, und beide Blickweisen können nur im Nachhinein Begründungen anführen, die — auf dem Forum der Vernunft — mehr oder weniger überzeugen. Der Sinnlosigkeitsvorwurf, an die Adresse theologischer Aussagen gerichtet, geht demnach ins Leere. Wer ihn aufrechterhält, müsste redlicherweise schon die *Frage* nach Gott für absurd erklären. Aber wäre das vernünftig?

Auf die Gärtnerparabel gewendet bedeutet dies: Der Skeptiker macht einen Kategorienfehler. Er geht davon aus, dass sich die Frage nach dem vermeintlichen oder wirklichen Pfleger allein auf der Ebene von empirischen Fakten entscheiden lässt. Damit setzt er seine subjektive Perspektive mit der Objektivität von Indizien gleich. Aber auch der Idealist, der den unsichtbaren Gärtner einfordert, lässt sich von seinem Kontrahenten in diese Richtung drängen: Empirische Daten sollen seinen *Glauben* beweisen.

Transzendentalität

Zur Bewältigung des Problems mag helfen, was die neuere Theologie *Transzendentalität* nennt. Um im Bild zu bleiben: Der unsichtbare Gärtner bekundet sich nicht in den äußeren Umständen des Gartens, sondern mit der Frage der beiden Fragenden selbst, das heißt in der Notwendigkeit, dass Phänomene gedeutet werden müssen, wenn der Mensch „Mensch" bleiben will. Das Urteil, das ein theologischer Satz formuliert, kann solange nicht als sinnlos oder widerlegt gelten, als sich der Wettstreit an der Deutung von *Tatsachen* entzündet.

Genau darum aber geht es in der Theologie. Sie setzt bei Tatsachen an: dass die Welt Fakt ist, dass das Leben Fakt ist, dass der Tod Fakt ist — und dass es Glaubende gibt, für die sich die Frage aller Fragen an der Gotteserfahrung Israels und an Jesus von Nazareth entzündet. Jesus starb als Märtyrer, als Zeuge für das Heilige; wenn der Nachweis erbracht würde, dass die Lebenshingabe für ein hohes Gut oder für einen anderen Menschen widersinnig sei oder dass es so etwas nie gegeben habe, dann wäre es auch widersinnig, davon zu reden.

Ansporn des Widerständigen

Damit kommt ein weiteres Moment zum Vorschein, mit dem sich theologisches Reden als sinnvolles Reden ausweisen lässt: die Interferenz von *Wort* und *Leben*.

Der Alltag kennt nicht nur emotionslose, scheinbar exakte Informationssätze. Die tausend Nuancen menschlicher Verhaltensweisen drücken sich in einer Vielzahl verschiedener Sprachformen aus. Und „Wahrheit" ist kein Privileg der empirischen Forschung und ihrer wissenschaftlichen Dokumentation. Wer wollte ernsthaft behaupten, Dramen von William Shakespeare seien unwahr? Dort wird, ganz im Gegenteil, sehr viel „Wahrheit" transportiert. Oder das Ja-Wort Liebender; es spiegelt keinen rational überprüfbaren Sachverhalt und dient auch nicht der Information. Es geht um Vertrauen und Verlässlichkeit — und doch auch darum, dafür das rechte Wort zu finden.

Vielfalt sprachlicher Information

Sprache bildet das Leben auf weite Strecken nicht ab, sondern formt es, gibt ihm Schwung und Bewusstsein. Es gibt die Sprache der Musik, die Sprache der Kunst, die Sprache der Poesie und leider auch die Sprache der Gewalt. Auch hier gilt, wovon vorhin bereits die Rede war: Das Leben gebiert Sprache, und die Sprache gebiert Leben. „Wahres" vollzieht sich auf verschiedensten Ebenen der Kommunikation. Denn die Sprache ist ein grundlegend *soziales* Phänomen, keines, das ausschließlich der Empirie dient.

11.3 | Sprachformen

Sprachformenlehre

Da die Theologie den Menschen *vor Gott* beschreibt und dem Menschen Gott verkündet, kommen ihr viele Sprachformen zugute. Deshalb gehört eine hellsichtige *Sprachformenlehre* zu den Grundübungen des Studiums. Und in diesem Rahmen ist dann zu überlegen, wie es einem Sprechmodus gelingen kann, *Transzendenz* zu spiegeln. Doch der Reihe nach.

11.3.1 | Sprache als Worthandlung

Sprechakttheorie

Auf Namen wie Ludwig Wittgenstein, John Austin, John Searle und Jürgen Habermas gehen Überlegungen zurück, die unter der Bezeichnung *Sprechakttheorie* in das Bewusstsein der Geisteswissenschaften eingegangen sind. „Grundeinsicht der Sprechakttheorie ist, dass sprachliche Äußerungen nicht einfach die Welt abbilden, sondern dass sie kommunikative Handlungen sind, die in Kontakt zu anderen Menschen treten und die Welt verändern wollen".[6]

Aus dieser Perspektive erschließt sich eines der Grundanliegen im Sprechverhalten von Glaube und Theologie. Denn zum historisch bestens bezeugten Persönlichkeitsbild Jesu von Nazareth gehört der leidenschaftliche Appell an sein Volk, „umzudenken"

Evangelium als Appell

(Mk 1,15). Damit war kein ausschließlich privater Vorgang in der Stille des Herzens gemeint, sondern ein kommunikativer Neuanfang. Das Evangelium ist zwar „Information", aber Information in der Weise eines Aufrufs; es will „erschüttern" im positiven Sinn des Wortes. Und dann geschieht das Entscheidende: Aus einem neuen Denken folgt ein neues Verhalten, und aus dem neuen Verhalten beginnt eine neue Welt zu entstehen, in der die Rede von Gottes Herrschaft keine Utopie mehr ist: „Blinde sehen wieder und Lahme gehen; Aussätzige werden rein, und Taube hören; Tote stehen auf, und den Armen wird das Evangelium verkündet" (Mt 11,5-6).

Die Sprechakttheorie nach John Austin und John Searle geht davon aus, dass Sprache nicht nur dazu dient, Vorgegebenes zu beschreiben oder darüber zu informieren, sondern dass mit ihr Wirklichkeit verändert wird. Mithin zeigen sich die Sozialkraft der Sprache und ihre innere Verwobenheit mit dem menschlichen Handeln

Was der Verkündigung teuer ist, kann der Theologie nur billig sein. Sie findet zu der ihr angemessenen Sprachwelt, wenn sie am Reden Jesu Maß nimmt und so gleichsam aus erster Hand erfährt, wie das Christusereignis im Ganzen interpretiert werden muss.

Welche Redegattungen der historische Jesus benutzt oder geprägt hat, klärt im Einzelnen die Exegese des Neuen Testaments. Und da Jesus als gläubiger Jude von der Überlieferung seines Volkes getragen wurde, trägt auch die alttestamentliche Exegese entscheidend zu dieser Recherche bei. Mit ihr tut sich ein wahrer Kosmos an literarischen Formen auf, der von nüchternen Namens- oder Zahlenlisten über breit angelegte Erzählungen bis zu poetisch ausgefeilten Weisheitssprüchen reicht. Jesus selbst hat keine Zeile schriftlich hinterlassen. Er hat nichts diktiert, keine Briefe geschrieben, keine Urkunden verfasst. Aber sein ganzes Wesen war *Mitteilung* — Kommunikation, Anrede. Und seine Predigt spiegelte, was er tat, war also *Sprach-Handlung*, sodass zuallererst des Schreibens und Lesens unkundige Menschen sein Charisma und seine Botschaft zu erfassen wussten.

Sprachhandlungen Jesu

Sprache ist eine multidimensionale, in aller Regel situationsgebundene Angelegenheit. Sie macht Persönlichkeiten in ihren Ecken und Kanten kenntlich und zeigt sich ebenso nuanciert wie diese selbst, verbal wie non-verbal: Man erzählt von einer Reise oder gratuliert einem Geburtstagskind; man ärgert sich, wird wütend, redet ironisch oder zynisch. Bei einem Fußballspiel fallen andere Worte als im Gerichtssaal. Zärtlichkeit klingt nicht wie ein Befehl, und wenn jemand gar nichts mehr sagt, weiß man, nun hängt der Haussegen schief.

Sprache und Persönlichkeit

Und dann die Körpersprache, darin ist der Mensch wahrlich Meister: Gebärde, Gestik, das Mienenspiel, hängende Schultern, ein hoch erhobener Kopf, brüchige Stimme, die geballte Faust — Sprache hat einen *Leib* und einen sozialen *Resonanzraum*, worin sie „sichtbar" wird. So zeigt sie weitaus mehr an als bloße Sachinfor-

Körpersprache

mationen oder dürre Bilanzen. Sie zeigt den Menschen, der sich sprechend als *Mitmensch* erweist und deshalb niemals – unter keinen Umständen – sprachlich objektivierbar ist. Jeder Mensch teilt sich selbst mit, wenn er redet. Und wer einen anderen Menschen kennenlernen will, setzt sich am besten seiner persönlichen Aura aus, die kein Steckbrief, kein Personalbogen, keine noch so genaue Aktennotiz vermittelt.

Begriff Information   Gegenüber der Behauptung, dass nur die objektive Wissenschaftssprache Zutreffendes und darum „Wahres" vermittelt, ist aus theologischem Interesse der Begriff *Information* weiter zu fassen: Informativ ist alles, was eine Persönlichkeit aussendet, und informativ ist, welches Bild auf diese Weise von ihr entsteht. Nur intersubjektiv, im Modus der Begegnung, gewinnt eine Information an Profil. Große Künstler äußern sich naturgemäß in ihrem Werk. Sie reden vermittelt, aber durchaus „wirklich". Kunst spricht, indem sie *an-spricht* und damit anregt und inspiriert. Es war kein Zufall, dass im Christentum über Kurz oder Lang Kunstwerke verschiedenster Art entstanden sind. Jedes Artefakt ist eine Sprach-Handlung, die insofern Information bietet, als sie etwas „zur Sprache bringt".

Theologie empirisch   Das Theologiestudium macht mit Sprachformen vertraut, die der Gottesfrage besonders dienlich sind – aber sie stützt sich immer auch auf eine *empirische* Fachsprache. In vielen Bereichen theologischen Wissens steckt ein Datenpool, der nach allen Regeln der Kunst verifizierbar oder falsifizierbar bleibt. Man denke nur einmal an die Geschichte der Konzile: Was sie verhandelt, diskutiert und zu Protokoll gegeben haben, kommt nicht anders denn über den Weg der historischen Rekonstruktion zu Gesicht, in Form von Protokollen, Tagebüchern oder einem Briefwechsel.

Das Fach Christliche Sozialwissenschaft würde ohne statistisches Material seinen Auftrag verfehlen. Zwar ist die Problematik von Statistiken sprichwörtlich, aber ohne Zahlenwerke lässt sich kein gesellschaftlicher Trend belegen. Wenn – gemäß der Weisung des Zweiten Vatikanischen Konzils – die Theologie auf der Höhe der Zeit arbeiten soll (was nicht heißt, sie müsse sich dem „Zeitgeist" unterwerfen), gehört der Blick auf die Physiognomie des öffentlichen Lebens zu ihrem Kerngeschäft. Jedenfalls ist es für sie anregend zu sehen, dass beispielsweise im Jahr 2017 mehr Personen im Westen Deutschlands an „Wunder" glaubten als zwanzig Jahre zuvor, und dass sich im selben Zeitraum die Zahl derer beträchtlich erhöht hat, die mit der Existenz und der Aktivität von Engeln rechnen.[7] Im Resümee dieser Beobachtung, wonach das Interesse am christlichen Dogma abnimmt, doch das Bedürfnis nach Spiritualität steigt, liegt Potential für die Neubewertung des Verhältnisses von Glaube und Religiosität, aber auch für die Schärfung der gesellschafts*kritischen* Dimension des Glaubens.[8]

Empirisches Daten-Wissen gehört also ohne jede Frage zum Wesen dessen, was die Theologie zur Kenntnis nehmen, bedenken und weitergeben muss. Aber ihre Eigenart zeigt sich auf dieser Ebene nur partiell. Theologie bringt „Gott in Welt" zur Sprache, also braucht sie eine Ausdrucksweise, die für die Transzendenz sensibilisiert. Wie sehen die dafür einschlägigen Sprachformen aus? Die folgende Zusammenstellung ist als erste Orientierung gedacht.[9]

Sprache repräsentativ | 11.3.2

Die Forschung bedient sich auf weite Strecken — mitunter ausschließlich — einer *repräsentativen* Sprache. Diese soll die „Wirklichkeit" spiegeln, also zeigen, was sich „zugetragen" hat oder momentan „zuträgt". Man beobachtet und registriert, was sich als „Tatbestand" wahrnehmen und kognitiv, nämlich im Zueinander von Anschauung und Logik, mitteilen lässt.

Kognitive Aussagen informieren über Bedingungsverhältnisse   Kognitive Epistemologie
und liegen in der Erfahrung begründet, dass von einer Ursache auf die Wirkung oder von der Methode auf einen Sachverhalt geschlossen werden kann. Etwa so: Bei Null Grad Celsius gefriert Wasser zu Eis. Oder: Nach den napoleonischen Kriegen hat der Wiener Kongress die politische Landschaft Europas neu geordnet. Ebenso: In Deutschland glauben laut Statistik mehr Menschen an Engel als an einen personalen Gott.

Durch die kognitive Epistemologie baut sich eine Kommunikation auf, die mit ihrer Überprüfbarkeit steht und fällt. Wie eben erwähnt, füllt und erforscht auch die Theologie ein riesiges Datenarchiv. Schon das Buch der Bücher selbst ist — wenngleich im antiken Sinn — an Fakten orientiert. Es berichtet über Vorgänge *auf dieser Welt* und dokumentiert ein Wissensgebiet, über das sich eingehend forschen lässt: historisch, kulturgeschichtlich, literarkritisch, religionsphänomenologisch. Für die Begegnung mit der

Gestalt Jesu von Nazareth legt die Bibel das Fundament. Man erfährt, dass Jesus Jude war, dass er sich öffentlich zu Wort gemeldet hat, dass er Kranken und Randständigen predigte, dass er angeklagt, verurteilt und hingerichtet wurde, schließlich, dass manche hartnäckig behaupteten, er lebe.

Theologie und historisches Faktum

Das Oster*ereignis* entzieht sich der kognitiven Kontrolle, aber die Oster*botschaft* hat welthistorische Schlagzeilen gemacht. Allein mit ihren sozio-politischen Auswirkungen ist die Menschheit wohl für immer beschäftigt. Wer Theologie studiert, blickt in ein Fass ohne Boden. Schon die Wahrnehmung christlicher Glaubens*erscheinungen* erfordert einen langen Atem: die Bibel, die Liturgie, das Dogma, die Moral, die Spiritualität, das Kirchenrecht, die Pastoral. Überall Daten, überall Information.

Ein gewaltiges Konvolut an „Material" steht hinter der Theologie, mit Thesen und Gegenthesen, ständigen Neuansätzen und doch allgegenwärtiger Tradition: Wer war König Sanherib? Aus welchen Textschichten besteht das Buch Genesis? Was hat ein Augustinus wirklich geschrieben? Wie hat der Kirchenvater Maximus Confessor philosophiert? Wie war der scholastische Lehrplan organisiert? Warum hat Luther nachhaltiges Aufsehen erregt? Was sagen Religionskritiker des 19. Jahrhunderts? Wie äußert sich die Liturgische Bewegung? Was bedeutet die Genderfrage für die Rede von Gott? Die angemessene Sprache bleibt nüchtern, kommunizierbar und eben — *weltlich* ...

Völlig verfehlt also wäre es zu meinen, Theologinnen und Theologen bewegten sich in einer profillosen Gefühlswelt; ihr Los ist Knochenarbeit. Beharrlichkeit, Gedächtnis, logisches Denkvermögen, Klarheit im Ausdruck — darauf kommt es an. Es gibt immer wieder Studierende, die sich angesichts dieser Erfordernisse die Augen reiben und dann buchstäblich ent-täuscht ihr Studium aufgeben.

11.3.3 | Sprache direktiv

Zur repräsentativen tritt die *direktive* Sprache. Sie will erreichen, dass sich ein Gegenüber angesprochen fühlt und bewegen lässt. Ein Umdenken soll in Gang gesetzt werden, ein Perspektivenwechsel. Der entsprechende Tonfall kann appellierend, einladend, werbend, befehlerisch, ironisch, provozierend, ja schockierend sein. Eine Information oder ein bestimmtes Anliegen wird überzeichnet, um Aufmerksamkeit und Tatbereitschaft zu erzielen. Mit der Direktive verbindet sich durchaus eine kognitive Dimension, aber dabei bleibt es nicht. In den meisten Fällen ist von „Anordnungen, Befehlen, Bitten, Weisungen" auszugehen, aber auch „Gebete, Anträge, Gesuche und Ratschläge" weisen in diese Richtung.[10]

Der Übertrag zur Theologie liegt auf der Hand, etwa im Blick auf die prophetische Überlieferung Israels. Propheten sind ihr zufolge keine Hellseher, die voraussagen, was übermorgen passiert; allerdings sind sie Menschen mit Tiefblick. Sie sehen die Realität in ihrer Hintergründigkeit und damit in ihrem Bezug zu Gott. Vor allem aber sind sie Hüter des Glaubens Israels, der immer wieder in der Gefahr schwebte, verharmlost zu werden. Zur Korrektur bieten die Propheten wahre Redekaskaden auf. Man appelliert im Namen Gottes. Ihm, dem Unaussprechlichen, werden Stimme und Gesicht gegeben. Gott ist für Israel *die* Wirklichkeit schlechthin, Geheimnis und Hoffnung. Auf ihn setzt auch der gläubige Verstand; aber was wäre ein Zeugnis für Gott ohne Emotion, ohne Freude, ohne Erschrecken, ohne Herz?

Prophetensprache

Die Gotteswirklichkeit muss für Israel zur konkreten Lebenswirklichkeit werden und dazu rufen die Propheten auf. Ihr Wort fordert persönliche und gesellschaftliche Konsequenzen ein: Suche nach Gerechtigkeit, Friedensliebe, Mitleid für Nachbarn und Fremde, keine Anmaßung bei Arm und Reich, keine Heuchelei, kein Resignieren. Stattdessen: Selbstkritik, Umkehr, Buße, Nächstenliebe.

Als Prophet par excellence gilt für das entstehende Christentum Jesus selbst. Das Neue Testament zeigt viele Beispiele seiner Rhetorik. Als direktiver Redner verheißt und droht er: „Selig seid Ihr!" Und: „Wehe euch!" Als direktiver Redner schockiert er: „Wenn dich dein Auge verführt, dann reiß es aus!" oder: „Eher geht ein Kamel durch ein Nadelöhr als dass sich ein Reicher der Gottesherrschaft anvertraut". Eine große Rolle spielt die *metaphorische* Färbung vieler Jesusworte.

Redeweise Jesu

Bei der Metapher, die mehr bedeutet als ein rhetorischer Zierrat, treffen, wie im zuletzt zitierten Beispiel, zwei Denkebenen aufeinander, die augenscheinlich und der gewohnten Logik nach nicht zusammenpassen: das riesige Kamel und die vergleichsweise winzige, am oberen Ende perforierte Nähnadel. Aber die Metapher *verwirrt* Logik, damit ein (schneller) Gedankensprung provoziert und eine Verstehensebene eröffnet wird, auf die es ankommt:

Metapher

Abb. 37 | ▶
Eine Darstellung des
Gleichnisses vom
Nadelöhr befindet
sich am westlichen
Portal der Dortmun-
der Bonifatiuskirche

Gottes Reich beschenkt leere Hände! Die Metapher ist ein Miniaturgleichnis zum Zweck intuitiven Verstehens. Sie löst einen „Aha"-Effekt aus und dann, langfristig gesehen, einen mentalen wie emotionalen Umkehrprozess. Sie überrascht, leuchtet ein, regt an. Sie informiert auch — aber mit Pfiff. Jesus wusste offensichtlich sehr genau um die Wirkung der direktiven Rede. Seine Art zu lehren basiert neben Metaphern auf Gleichnissen und Parabeln, die Trost, Ermutigung und Stärkung sind.

Die Metapher im Dienst der Verkündigung setzt hinter all die Erfahrungen, die man im Leben macht, ein riesiges Fragezeichen: Nichts ist selbstverständlich. Alles bleibt Geheimnis. Das Leben, tiefer erfasst, ragt ins Unendliche. Es ist kein geschlossenes System, das eines Tages durchschaubar wäre wie ein raffinierter Schaltkreislauf in einem Elektrizitätswerk. Bildhaftes Sprechen in Verbindung mit der Gottesidee durchbricht eindimensionale Denkgewohnheiten und lässt aufhorchen: Der Mensch wird zum Hörer des Wortes — zum Hörer des *Gotteswortes*.

Metaphern

Metaphorisches Reden: Schon die gemeinsame Nennung von Gott und Welt „verwirrt" die Logik: Wenn es zwischen beiden Dimensionen eine unmittelbare Wechselbeziehung gäbe, müsste das Göttliche ein Teil der Welt sein — etwas oder jemand neben den Dingen, neben dem Menschen. Aber Gott ist transzendent. Er übersteigt die Welt und alle Vorstellungskraft, die es in ihr gibt, radikal. Dass sich das Geschöpf mit dem Schöpfer vergleicht, ist prinzipiell undenkbar. Gott würde aufhören, Gott zu sein.

Erklärung

Und doch verkündet das Christentum mit Israel gerade dies: dass Gott in der Welt handelt und dass sich darüber sprechen lässt. Deshalb gehört der unscheinbare Satz „Gott ist Mensch geworden" als Sprachbild zu den Ur-metaphern des christlichen Bekenntnisses. Hier wird syntaktisch verbunden, was sich logischerweise gegen die Verbindung sperrt. Eine neue epistemologische Qualität regt zum Umdenken, ja zum Querdenken an. Ein Fenster zu absolutem Neuland öffnet sich – und nimmt göttliche Realität in irdischer Realität wahr.

Sprache kommissiv | 11.3.4

Religion, Glaube und Theologie äußern sich vielfach auf *kommissive* Weise. Eine der (bereits übertragenen) Bedeutungen des nuancenreichen lateinischen Verbs *committere* hebt auf die Wirksamkeit eines Beschlusses ab: „ ... etwas zur Ausführung bringen, etwas stattfinden lassen". Die kommissive Sprechweise proklamiert eine Verpflichtung und die mit ihr verbundenen Konsequenzen. Ihre Blickrichtung ist die Zukunft, wofür die Weichenstellung allerdings hier und jetzt erfolgt. Zum Beispiel ein Gelöbnis, das in der Antike von Soldaten anlässlich ihres Fahneneids abgelegt wurde: „Ich verspreche, das Imperium Roms und seinen obersten Befehlshaber [nämlich den Kaiser] treu zu schützen."

Viele Textarten, die im bürgerlichen Alltag wie auch in der praktizierten Religiosität Gang und Gäbe sind, weisen kommissive Qualitäten auf: Verträge, Absichtserklärungen, Gelübde, Statuten, Lebensordnungen. Mit ihrer Hilfe lassen sich Menschen in die Pflicht nehmen, aber was schwerer wiegt: Mit solchen Texten wirken Menschen auf die Wirklichkeit ein. Das Leben braucht Gestaltung. Absichten gehen in Taten über, und Taten verändern das Antlitz der Erde. Schon Gedanken haben eine erstaunliche Energie, Texte wohl noch mehr, weil sie Gedanken festhalten. Absichtserklärungen wirken desto überzeugender und nachhaltiger, je freier und ungezwungener sie zustande kommen. Sie stellen Persönlichkeit, Willensstärke und Tatkraft unter Beweis. Privates wird öffentlich und damit sozial belangvoll, gewissermaßen politisch im weiten Sinn des Wortes. [Gestaltete Wirklichkeit als Fanal]

Sprache gerinnt, kommissiv gewendet, zum öffentlichen Fanal. Das führt zur Scheidung der Geister: Zustimmung oder Ablehnung. Nicht zuletzt kommen Emotionen ins Spiel. Man weiß, [Sprache als Fanal]

wie befreiend ein liebevolles Versprechen und wie bedrückend eine Drohung oder ein hasserfüllter Fluch sein kann. Religiöses Leben kommt ohne kommissive Sprachformen jedenfalls nicht aus, und auch jener Prozess, den die Theologie „Offenbarung" nennt, setzt sie voraus.

Er beginnt mit einer Verheißung: Wegen der Glaubenstreue des Stammvaters Abraham werden viele Menschen in Israel, und mit Israel viele Menschen auf der ganzen Welt zu Gott finden: „Segnen sollen sich mit deinen Nachkommen alle Völker der Erde, weil du auf meine Stimme gehört hast" (Gen 22,18). Eine göttliche Absichtserklärung verändert die Geschichte, damals, heute, morgen. Wichtiger als unpersönliches Wissen ist die Entschlusskraft des Glaubens, der Berge versetzt. In seinem Namen hat eine Sammelbewegung weite Teile der Menschheit erfasst. Gottes Verheißung bewegt ungezählte Herzen und ganze Imperien. Wann und wie sie sich flächendeckend durchsetzt, bleibt im Verborgenen, doch ihre Dynamik hat sich unwiderruflich ins Wort gesenkt.

Aus der Kraft kommissiven Denkens ist die Kulturlandschaft Europas hervorgegangen. Was wäre sie ohne einen Benedikt von Nursia, der durch Arbeit und Gebet ihre Grundlagen schuf? Seine Regel, die auch psychologisch gesehen ein Meisterwerk darstellt, setzt Glaubenskraft in Kulturarbeit um. Sie fördert das persönliche Innenleben genauso wie den Geist einer Gemeinschaft. So schafft Sprache neue Wirklichkeit.

Im Übrigen hat die kommissive Sprachform aus dem Vorbild des antiken Sozialwesens auch die christliche Sakramentenlehre geprägt: Der Fahneneid römischer Soldaten trug, woran der Kirchenschriftsteller Tertullian erinnert hat, die lateinische Bezeichnung *sacramentum*. Wer „zur Truppe" kam, übernahm klare Verpflichtungen und bekundete dies öffentlich. Ähnlich, so Tertullian, steht die Sache bei den Christinnen und Christen. Ihr „Fahneneid" erfolgt unmittelbar vor der Taufe. Ihre Treue spiegelt Gottes Treue und für die Neophyten, die „Neugeborenen" aus Wasser und Geist, beginnt eine neue Ära.[11]

Sprache expressiv

11.3.5

Eine überragende Rolle für Glaube, Religion und Theologie spielt das *expressive* Sprachmuster. Damit sind Äußerungen gemeint, die der persönlichen Betroffenheit Ausdruck geben. Man kann auch von einer Art *Überzeugungssprache* reden: So sehe ich mich; das bekenne ich; davon bin ich beeindruckt; hier stimme ich ein; dies bedauere ich, jenes freut mich und spornt mich an. Wieder sind Emotionen im Spiel, indes nicht unbedingt feierlich kodifiziert, sondern freier, offener, zugleich intimer und tiefgründiger.

Kunstwerk

Grundsätzlich eignet sich die Bandbreite expressiver Sprachformen zur Demonstration religiöser Botschaften exzellent. Die Nähe zur Kunst in allen Schattierungen ist kein Zufall. Durch Gemälde, Skulpturen und Musik haben sich schon viele Menschen „ausgesprochen" und damit sich selbst und andere bereichert.

Vor allem die Poesie zeigt sich in ihrer Kraft als beste Freundin der Theologie, sodass der englische Schriftsteller Oscar Wilde schreiben konnte: „Christi Platz ist bei den Dichtern" (De profundis). Und was macht die Dichtung mit dem Menschen? Sie bietet ihm die Möglichkeit, das Leben in ein ungewohntes Licht zu tauchen, es zu verzaubern, ihm gleichsam einen Goldgrund zu unterlegen. Daraus lässt sich Mut und Freude schöpfen. Aber auch die *Entzauberung* des Lebens geht auf ihr Konto, etwa wenn sie schonungslos aufdeckt, was sich hinter den Fassaden abspielt. Die freieste Erfindung führt, wenn sie es nur will, zur schärfsten Momentaufnahme der oft bitteren Realität: ein Drama Strindbergs, Romane von Charles Dickens oder Honoré de Balzac's *Comédie humaine*. Mit Hilfe der Poesie, ob Vers oder Prosa, entsteht sozusagen eine Gegenwelt. Tut sich anderes in der Cyber-Industrie?

Poesie

Der menschliche Geist zeichnet sich neben der *ratio* durch seine Phantasie aus: Es könnte alles ganz anders sein! Das Wunderwerk Gehirn ist nicht dumpf festgelegt auf die Erfordernisse des täglichen Überlebenskampfes. Wenn es sich expressiv äußert, erfindet es und erzählt, was immerhin sein *könnte*. Schon der Versuch, die Welt alternativ zu denken, ist der erste Schritt zu ihrer Veränderung. Ist sie nicht ohnehin aus der Poesie geboren? „Im Anfang war das Wort" verkündet das Johannesevangelium mit wohl gutem Grund (Joh 1,1).

Für die expressive Sprache der Bibel sind vor allem die Psalmen bezeichnend, Israels Gebetsschatz. In der Exegese wird unter an-

Gebets- und Prophetensprache

derem das „poetische Gedicht" herausgestellt. Dazu der Alttestamentler Erich Zenger: „Das poetische Gedicht ‚strahlt': bildlich,
rhythmisch, logoshaft, energetisch [...] Das poetische Gedicht löst
seelisches Staunen aus. Es lässt uns die Welt mit anderen Augen
sehen".[12] Hohe Poesie begegnet auch in den Prophetenbüchern
Israels, etwa bei Amos, der die verlogene Scheinwelt einer vom
Geld korrumpierten, gottvergessenen Mischpoche anprangert und
zu diesem Zweck in die Rolle eines Trauersängers schlüpft: „Hört
dieses Wort, ihr vom Haus Israel, hört die Totenklage, die ich über
euch anstimme: Gefallen ist sie und steht nicht mehr auf, die
Jungfrau Israel; sie liegt zerschmettert am Boden in ihrem Land,
und niemand richtet sie auf" (Am 5,1-2). Und dann natürlich Jesus
selbst, der Gleichniserfinder, der große Erzähler von Gott im Far-
benspiel der Schöpfung: „Mit dem Himmelreich ist es wie mit einem Senfkorn, das ein Mann auf seinen Acker säte. Es ist das
kleinste von allen Samenkörnern; sobald es aber hochgewachsen
ist, ist es größer als die anderen Gewächse und wird zu einem
Baum, sodass die Vögel des Himmels kommen und in seinen Zwei-
gen nisten" (Mt 13,31-32).

Expressive Texte zeugen von der seelischen Redundanz der
geistbegabten Kreatur, die den Ist-Zustand ihrer Umgebung durch
Glaube, Liebe und Hoffnung transformiert. Die Religionsgeschich-

te ist voll von literarischen Meisterwerken aller Art, an denen die Gotteswissenschaft ihr Denken und Reden schulen kann: Fabeln, Parabeln, Gleichnisse, Hymnen, Lieder, Lobsprüche, Gebete, Bekenntnisse ...

Nonkognitivistischer Glaube?

Ist es angebracht zu sagen, die expressive Sprechweise sei die dem Glauben und der Theologie *einzig* angemessene Form, sich zu äußern? Gefühl statt Fakt, Empfindung statt Denken? Es gibt Befürworter dieser These: Religion offenbare keinen Sachverhalt, sondern Überzeugungsmuster.[13] Wie reduktionistisch diese Ansicht ist, belegt allein schon die Tatsache, dass in religiösen Traditionen ein hohes Maß an Lebensweisheit tradiert wird, die sich „schlau" im besten Sinn des Wortes gibt, alltagserfahren und psychologisch klug. Religion sieht und kennt den Menschen; aber kennt sie Gott?

Wer die biblische Offenbarungsgeschichte unbefangen ins Auge fasst, sieht, dass sich das Göttliche auf weite Strecken als ein überwältigendes Faszinosum erwiesen hat. Wer spricht bewundernd und begeistert, wenn ihm nichts widerfahren ist? Expressives Reden bliebe eigentümlich kraftlos, wenn es nicht evoziert wäre − hervorgerufen und herausgefordert durch eine Kraft jenseits der subjektiven Gefühlswelt.

Sprache deklarativ | 11.3.6

Gemeint ist: Ein Wort schafft Realität in dem Moment, in dem es ausgesprochen wird. An Zauberei oder Magie ist dabei nicht gedacht, aber man weiß, dass Sprache wirkmächtig ist, und zwar auf sehr verschiedenen Ebenen: in der Beziehung von Mensch zu Mensch, in gesellschaftlichen, speziell politischen Regelwerken, bei Spiel und Sport. Entscheidend bleibt der Kontext einer Deklaration. Denn nur im Gefüge eines Bezugssystems wird sie verstehbar und, je nach Abmachung, verbindlich. Das staatliche Gerichtswesen bietet ein schönes Beispiel, etwa der Strafprozess: Nach dem Hin und Her von Anklage und Verteidigung spricht der Richter ein Urteil, das im Augenblick der Verkündigung (man beachte den Begriff!) Rechtskraft erlangt. Ob es später angefochten oder von einer höheren Instanz revidiert wird, ändert nichts am Prinzip − der Autorität des feierlich prononcierten Wortes. Wer den Rechtsstaat bejaht, beugt sich diesem Wort und arrangiert sich mit den Konstellationen, die es anordnet.

Quelle

„Im Namen des Volkes!

Urteil

In der Schwurgerichtssache

gegen

[...]

wegen des Verdachts versuchten Totschlags u.a.

[...]

hat die 6. Große Strafkammer – Schwurgericht – des Landgerichts G.
in der Sitzung am 6. Mai 2015 [...]

für Recht erkannt:

Der Angeklagte wird freigesprochen."

Quelle: LG Göttingen, Az: 405 Js 1933/12 StA Braunschweig (Urteil im
Transplantationsskandal)

Liebe und Streit

Aber man muss nicht hochinstitutionalisiert denken, um die Kraft
des deklarativen Wortes zu verstehen. Der Alltag ist durchsetzt von
ihm: Zwei Liebende sagen sich, was sie füreinander empfinden. Ihr
Bekenntnis *kreiert* gewissermaßen die Liebe oder intensiviert sie
zumindest. Sie hat sich „ins Wort gedrängt", wird aber zugleich
durch das Wort „in Geltung gesetzt". Bei einem Streit ist es genauso, freilich unter negativen Vorzeichen, etwa bei Beleidigungen.
Ein Schimpfwort verletzt in dem Moment, in dem es ausgesprochen wird. Ob es „wahr" ist oder nicht, spielt keine Rolle, schon
die Frage wäre absurd; es entfaltet seine Wirkung, meist mit lang-
wierigen, bedauerlichen Folgen. Anders sähe die Welt aus, wenn
mehr Blumen gereicht würden, die bekanntlich „sprechen" können. „Danke für die Blumen" lautet die sinnige Antwort, wenn man
etwas Nettes über sich zu hören bekommt. Das Kompliment ist ein
freundliches Nicken: „Schön, dass es Dich gibt". Falsch? Richtig?
Nichts Reelles? Unwirklich?

Erwählung Israels

Ohne das deklarative Wort wäre es nie zur Erwählung Israels
gekommen. Denn die Ur-Kundgabe Gottes war und bleibt aufs
Engste mit ihm verbunden. Gott spricht, Israel hört — und antwortet. So jedenfalls beschreibt es die Bibel. Der Ruf, den Israel
vernimmt, bewährt sich im sensiblen Gefüge der antiken Welt-
ordnung. Erklärt oder begründet wird er nicht, es genügt, dass
er *ergangen* ist: „Dich hat der Herr, dein Gott, auserwählt, damit
du unter allen Völkern, die auf der Erde leben, das Volk wirst,

das ihm persönlich gehört"
(Dtn 7,6).

Man beachte aber, vor welchem Hintergrund Israels Erwählung erfolgt. Denn auch der ist vom deklaratorischen Wort geprägt, und zwar vom göttlichen *Schöpfungswort*. Gen 1: Gott „sprach" — und die Dinge „sind". Kongenial repliziert der Prolog des Johannesevangeliums: „Am Anfang war das Wort, und das Wort war bei Gott und das Wort war Gott [...] Alles ist durch das Wort geworden und ohne das Wort wurde nichts" (Joh 1,1.3).

Abb. 40 | ▶
Vermählung Mariä,
Fresko von Giotto di
Bondone in der
Cappella degli
Scrovegni in Padua,
1304-1306

Mit Jean Austin lässt sich das deklaratorische Wort als ein *performativer* Sprachvorgang verstehen, der jede menschliche Kommunität durchherrscht, die kirchliche zumal. Durch eine Sprachgeste werden Fakten geschaffen, die Ernennung eines Bischofs etwa oder eine Kanonisation, die Heilig*sprechung*.

Zu systembildender Kraft hat sich das performative Wort in der kirchlichen Sakramentenlehre entfaltet. Taufe und Eucharistie: Die heilige Handlung, vom Gebet getragen, versetzt die Glaubenden in ein Naheverhältnis zu Gott und übermittelt deren Dynamik. Das Erstaunliche, Unfassbare geschieht, indem es *ausgesprochen* wird: „Ich taufe dich im Namen des Vaters, des Sohnes und des Heiligen Geistes". Und am Altar: „Nehmt und esst, das ist mein Leib, das ist mein Blut". Hier wird nicht informiert, sondern *verkündet*. Damit geht etwas vor sich — eine Transformation kraft Performation, die das heilige Wort bewirkt und anzeigt.

Genuin theologische Rede | 11.4

Mit der Besinnung auf die Vielschichtigkeit menschlicher Sprechsituationen und ihrer Sprachformen ist ein wichtiger Schritt getan, um die Theologie in ihrer epistemologischen Eigenart zu verstehen. Die Glaubenswissenschaft bedenkt das Wort und untersucht die Komponenten und Konstanten seiner Verlautbarung. Doch sie will mehr. Mit Hilfe von Wort und Sprache fahndet sie nach jener letzten, umfassenden Wirklichkeit, an der das Heil der Welt hängt. Welche Möglichkeiten dafür hat sie?

Da man von Gott nicht so reden kann, als hätte man ein Haus, einen Baum oder einen Menschen mit seiner Ideenwelt vor Augen, ist eine Sprache *sui generis* erforderlich. Diese muss den Dimensionen *Immanenz* und *Transzendenz* gleichermaßen gerecht werden; sie muss rational sein, ohne die Emotion auszuschließen. Nach christlicher Überzeugung wird Gott über die *Vernunft* und über die *Liebe* erreicht. Also muss die Rede von Gott an Vernunft und Liebe appellieren und selbst daran Maß nehmen. Sie muss freilich so einen Weg ins absolute Geheimnis finden.

11.4.1 | Kataphatisches Sprechen

Natürlich: Gott kommt in der Welt nicht vor wie alles andere, was sie ausmacht. Aber Gott hat einen Bezug zur Welt: als Schöpfer und Erlöser. Und der Mensch, der sich dessen bewusst werden soll, kann nur und ausschließlich als „Erdenbürger" sprechen. Es gibt keinen anderen Anhalt für ihn als gleichsam den Boden unter seinen Füßen. Und wenn er — in Vernunft und Liebe — Gottes Wort vernimmt, dann macht er es im Horizont seines angestammten Lebensraums *kataphatisch* (von gr. *katáphemi*, zustimmen; gewissermaßen „entlang reden") verständlich.

Positive Affirmation

Auf diesem Zusammenhang beruht die Sprachform der *positiven Affirmation* respektive der *überbietenden Steigerung*. Sie besagt, um sogleich ein anschauliches Beispiel zu geben: Gott ist gut. Oder: Er ist groß. Er ist weise, er ist wunderbar — wie vieles in der Welt gut, groß, weise und wunderbar sein kann. Dann freilich wird dieses Urteil in den Superlativ versetzt: Gott ist der Beste, der Größte, der Weiseste, der Wunderbarste. In Gott, so folgt daraus, zeigt sich jeweils das Ur- und Idealbild kreatürlich erfahrbarer Eigenschaften.

Hier ist, wenn man so will, ein kulturübergreifender, intuitiver Platonismus am Werk: Irdische Qualitäten verfügen jenseits des Sagbaren über eine Vollkommenheit, von denen sie sich ableiten und von denen sie ein schwacher Abglanz sind. Man schließt von der Andeutung auf die Fülle, von der beredten Ahnung auf die überwältigende Wirklichkeit, vom Unvollkommenen auf das Vollkommene. Irdisches wird zum Indiz für das

Überirdische, wobei die Überzeugung herrscht, das sich dort das Beste dieser Welt in unvergleichlicher, ursprünglicher Reinheit konzentriert.

Die lateinische Fachterminologie spricht von der *via affirmationis* und der *via supereminentiae*: Von Gott kommt alles, Gott übersteigt alles. Der Sinn des menschlichen Daseins erfüllt sich zunächst einmal darin, dies zu erkennen und dementsprechend Gottes hohes Lob zu singen. Mächte und Gewalten *dieser* Welt sind nicht von göttlicher Art, aber geeignet und berufen, das Göttliche in Erinnerung zu bringen. Psalm 104, Vers 2: „Du, Gott, hüllst dich in Licht wie in ein Kleid. Du spannst den Himmel aus wie ein Zelt. Du verankerst die Balken deiner Wohnung im Wasser. Du nimmst dir die Wolken zum Wagen, du fährst einher auf den Flügeln des Sturmes. Du machst dir die Winde zu Boten und lodernde Feuer zu deinen Dienern".

Man betritt die *via supereminentiae* vermutlich sehr intuitiv, wenn man den nächtlichen Sternenhimmel betrachtet. Die Faszination treibt das Denken buchstäblich nach oben, und wieder lässt Platon grüßen, der überzeugt war, dass jede Philosophie aus dem Staunen kommt. Staunend lässt sich denn auch auf das Prinzip der *Gradualität* schließen, woraus sich eine Hierarchie der Werte ergibt. So beginnt das Denken gleichsam zwischen Himmel und Erde — zwischen Ideal und Ist-Stand — zu oszillieren. Platonisches Staunen

Im Zusammenspiel des „relativ Guten" mit dem „absolut Besten" hat der englische Zisterzienser-Abt Aelred von Rievaulx, der 1167 starb, einen Gottesbeweis gesehen und sich folgender Argumentation bedient: „Glaubst du denn, die Weisheit selber gehe zugrunde, wenn Du zum Toren geworden bist? Außerdem kannst Du wieder weise werden. Und woher soll das kommen, wenn nicht von der Weisheit *an sich*? Es gibt nämlich die Weisheit, auch wenn Du töricht bist. Ja, es gibt sie, antwortest Du, aber bei einem weisen *Menschen*. Gibt es jedoch einen Menschen, der sie nicht verlieren kann? Wenn auch alle Menschen zu Toren würden, wird es dennoch die Weisheit geben, wie sollten sie sonst von neuem weise werden?"[14] Gradualität als Gottesbeweis

Die Welt als Gleichnis. Die Welt als Wegweiser. Die Welt als Gottesindiz — die Antike dachte so, das Mittelalter dachte so, Humanismus und Barock ebenfalls. Kann man auch heute noch auf diesem Weg zu Gott finden?

Nein, sagt der Atheist Richard Dawkins. Irdische Schönheit verweist nicht auf überirdische Schönheit, und irdische Unvollkom- Pure Immanenz?

menheit braucht den Himmel nicht zu fürchten. „Beethovens späte Streichquartette" oder „Sonette von Shakespeare", meint er, „sind erhaben, wenn es einen Gott gibt, und sie sind erhaben, wenn es Gott nicht gibt. Sie beweisen nicht die Existenz Gottes, sondern die Existenz Beethovens oder Shakespeares".[15] Dawkins begnügt sich mit einer Ontologie des einsamen Faktums. Der Gedanke von Gottfried Wilhelm Leibniz († 1716), diese Welt sei die beste aller Welten, hat bei ihm zu einer *Splendid Isolation* des Ist-Standes geführt. Das Faktische verfestigt sich. Es hört auf zu federn, weil es sich selbst genügt und deshalb nicht mehr als Zeichen oder Gleichnis taugt. Bei Dawkins ist die Schöpfung nur *sie selbst* — nichts anderes. Aber sind wir, geistbegabt und auf ein Gegenüber aus, tatsächlich nur „wir selbst"? Wer nur sich sieht, sieht zu wenig. So jemand wird arm und egomanisch. Beethoven beweist als Genie angeblich nur sich selbst: Wieso berührt er dann andere? Wieso weist seine Musik über ihn hinaus?

Dialogische Philosophie   Es gibt kein plattes „Diesseits"; es würde dem Menschen, dessen Leben in viele Dimensionen ausgreift, nicht gerecht. Jedes Ich braucht ein Du, und da der Mensch trotz aller Erwartungen auch in der Zweisamkeit nicht glücklich wird, eröffnet ihm der Dialog mit seinesgleichen die Beziehung zu Gott. In diese Richtung haben der jüdische Philosoph Martin Buber und der katholische Theologe Romano Guardini gedacht: Wenn ich zu einem Menschen „Du" sage, setze ich ihn von der endlichen Ding-Welt ab. Er wird mir zu einem unergründlichen Gegenüber, mit dem ich niemals an ein Ende komme. Im Geheimnis der mitmenschlichen Persönlichkeit aber bezeugt sich das Geheimnis des ewigen Gottes. Von einer *dialogischen Unsterblichkeit* spricht die christliche Eschatologie (Lehre über die Vollendung von Mensch und Welt) sinnigerweise.

Zitat

Romano Guardini, Welt und Person, Würzburg ²1940, 114
„Gott ist das schlechthinige Du des Menschen. Darin, dass es so ist, besteht die geschaffene Personalität. Wenn es dem Menschen möglich wäre, aus dem Du-Verhältnis zu Gott herauszutreten [...], dann würde er aufhören, Person zu sein. Er würde – der Gedanke ist unsinnig, zeigt aber auf den gemeinten Punkt – zum Menschen-Ding, zum Geist-Tier werden".

Mit der *via affirmationis* und der *via supereminentiae* wird die dialogische Struktur des menschlichen Daseins deutlich, das sich gleichsam am Rand eines Ozeans abspielt. Die kataphatische Gottesrede ist wie die antike Küstenschifffahrt: Man ist zwar schon auf dem Meer unterwegs, bleibt aber in Sichtweite zum Festland.

Kurzer Zwischenhalt | 11.4.2

Ohne die Denk- und Sprachhilfe des Kataphatischen gäbe es die Theologie nicht. Denn auf diese Weise wird das absolute Geheimnis namhaft und kommunikabel gemacht, und zwar auf dem Level allgemeinverständlicher Kommunikation. Auf ihr beruht die Diskutierbarkeit theologischer Aussagen, das intellektuell anspruchsvolle Erörtern ihres Für und Wider. Entscheidend aber ist: Die Kataphatik erfasst und erschließt das *geschichtliche* Moment der Offenbarungswirklichkeit, die, wie sich inzwischen hinreichend gezeigt hat, für das Juden- und Christentum grundlegend bleibt.

Das Auftreten Jesu von Nazaret muss für seine Umgebung eine Erfahrung der gelebten *via supereminentiae* gewesen sein, ein Inkarnationserlebnis im wahrsten Sinn des Wortes: Man weiß, was Wahrhaftigkeit ist — in Jesus begegnet die Wahrhaftigkeit in Person. Man weiß, wie Menschenfreundlichkeit aussieht — in Jesus begegnet ein buchstäblich „eingefleischter" Philanthrop. Werden solche Erfahrungen als *Gotteserfahrungen* qualifiziert, wie die Evangelien es tun, dann fallen Ideal und Wirklichkeit in eins. Die Sehnsucht nach dem im Höchstmaß Denkbaren nimmt Gestalt an. Utopie wird Realität.

Im Fall Jesu haben staunenerregende Phänomene gläubigen Menschen ein Maximum an begrifflicher Dehnbarkeit abverlangt. Und doch war es „Geschichte", die sich in ihrer Mitte vollzog. Man denke an den wohl bedeutendsten christologischen Titel im Neuen Testament: Jesus ist „der Sohn". Er ist „Sohn" in Relation zu Gott, zum „Vater". Jüdinnen und Juden, die Jesus aus der Nähe kannten, wurden zu Zeugen einer Lebensgeschichte, die alles bislang Gewohnte weit übertraf, und sie *sprachen* darüber. Das Wort „Sohn" gehört zum Wortschatz jeder Kultur und ist intuitiv problemlos verstehbar. Anschaulich gemacht durch die *Jesus*-Erfahrung, die sich als Gottes-Erfahrung erwies, bezeugt

Kataphatik und Christologie

dieses Wort die staunenerregende Korrelation von geschöpfli-
cher Ehrfurcht und göttlicher Heiligkeit: Ein Mensch hat derart
unbeirrt und liebevoll das Unsagbare gelebt, dass sein Persongeheimnis und seine Biografie als inkarniertes Wort Gottes gelesen
werden konnten. Die Kataphatik der Evangelien fängt den historischen Charakter des Christusereignisses ein und bringt zugleich
dessen transzendente Tiefendimension zur Sprache. Göttliche
Sohnschaft – die Übereinstimmung dessen, „der am Herzen des
Vaters" ruht mit Gott und „bei Gott" (Joh 1,1.18) – hat sich geschichtlich bewährt.

Zitat

Das „Abschiedsgebet" Jesu (Joh 17,8-11)
„Vater, [...] Sie haben wahrhaftig erkannt, dass ich von dir ausgegan-
gen bin, und sie sind zu dem Glauben gekommen, dass du mich gesandt hast. Für sie bitte ich; nicht für die Welt bitte ich, sondern für
alle, die du mir gegeben hast; denn sie gehören dir. Alles, was mein
ist, ist dein, und was dein ist, ist mein; in ihnen bin ich verherrlicht. Ich
bin nicht mehr in der Welt, aber sie sind in der Welt und ich komme zu
dir. Heiliger Vater, bewahre sie in deinem Namen, den du mir gegeben
hast, damit sie eins sind wie wir!"

Analogielehre

Sachgemäß erfasst wird die kataphatische Gottesrede indes nur
im Zusammenhang mit der *Analogielehre*. Sie besagt: Die ins göttliche Geheimnis ragende Dimension einer theologischen Aussage
bleibt im Vergleich zu ihrer irdischen Anschaulichkeit ungleich
erhabener. Schon das Vierte Laterankonzil des Jahres 1215 hat
sich dazu amtlich geäußert: „Zwischen dem Schöpfer und dem
Geschöpf kann man keine so große Ähnlichkeit feststellen, dass
zwischen ihnen keine noch größere Unähnlichkeit anzuerken-
nen wäre.[16]

Hier ist sehr genau hinzusehen: Mit Hilfe der *via affirmationis*
wird über Gott auf der Basis der Schöpfungswirklichkeit gesprochen. Man darf aber nicht unterstellen, dass es im Blick auf Gott
und Welt etwas beiden Seiten Gemeinsames gäbe, worauf sie
gegründet sind und wovon sie umschlossen wären. Zum Beispiel
der Satz „Gott ist gut": Hat „die Güte" eine göttliche, vollkommene und eine menschliche, unvollkommene Seite? Wenn Gott und
Welt problemlos unter ein- und dieselbe Kategorie subsumiert
werden könnten, müsste man konsequenterweise die Kategorie

selbst — die Güte — zum Absoluten erklären. Das ist nicht der christliche Weg.

Die Analogielehre wäre indes auch dann missverstanden, wenn unterstellt würde, Gott sei in Wirklichkeit *völlig* anders als der Vergleich es nahe legt. Ist er womöglich übelwollend, alles andere als „gut"? Natürlich nicht. Die Analogie bestätigt die Verlässlichkeit des Irdischen als Basis für den Aufstieg zu Gott; andernfalls könnte auch das Christusereignis — Jesu Leben, Jesu Lehre — unmöglich glaubensbegründend sein.

Apophatisches Sprechen

11.4.3

Kataphatisch denken heißt *biblisch* denken — und dementsprechend zu reden. Doch damit ist es nicht getan. „Das Wort ist Fleisch geworden" (Joh 1,14) — dieses Bekenntnis bleibt für das Christentum fundamental. Aber genauso schwer wiegt eine andere biblische Auskunft: Gott ist nicht Welt; sein „Wesen" bedeutet Transzendenz.

So betrachtet hat er keine „Eigenschaften". Denn Eigenschaften sind Kategorien, in diesem Fall Charakterbestimmungen, denen Gott nicht unterliegt. Damit sind sowohl der theologischen *ratio* als auch dem theologischen *sermo* Grenzen gesetzt. Wie geht man mit ihnen um? Eine Möglichkeit ist die expressive Rede: andeutend, emotional, fasziniert, betend.

Zum Beispiel der Seher Ezechiel. Seine Versuche, einen Eindruck von der göttlichen Herrlichkeit zu geben, fallen so wirr, so phantastisch, ja so grotesk aus, dass man schnell einsehen muss: Schon der Ansatz, das Mysterium mit irdischen Maßstäben beschreiben zu wollen, schlägt fehl. Der Prophet stammelt nur, er spricht wie im Delirium, wiederholt ständig, er habe etwas gesehen, das so aussah „wie": etwas

Abb. 41 | ▶
Vision des Propheten Ezechiel von der Auferweckung Israels, Quentin Massys der Jüngere, um 1589

wie Räder, etwas *wie* Blitze, etwas *wie* Saphir — und doch sind es weder Räder noch Blitze noch leuchtende Edelsteine, nicht das, nicht dies, sondern ... (vgl. Ez 1 u.ö.).

Negative Theologie   Hier setzt die so genannte *apophatische Theologie* (von gr. *apóphemi*, verneinen), die *Negative Theologie* auf dem Boden des antiken Neuplatonismus an, die lange nach Ezechiel zu einer wichtigen Sprechlehrerin des Christentums wurde. Ist mit dem Prädikat „negativ" die einfache Verneinung, die Abwehr, die Privation gemeint? In der Regel kommt sie mit dem Präfix „un-" oder „nicht-" zum Ausdruck: Gott ist *un*ermesslich, er ist *un*ergründlich, *un*zeitlich oder *nicht* zeitlich, *un*sichtbar, *un*begreiflich, *nicht* fassbar. Alles Begrenzende, Einschränkende wird aus der positiven Affirmation entfernt. Jedoch: Die einfache Negation gehört der kataphatischen Denkweise zu. Auch sie ist, um im Bild zu bleiben, immer noch Küstenschifffahrt.

Ps.-Dionysius Areopagita   Hingegen holt die genuin apophatische Theologie sehr viel weiter aus. Sie tritt theologiegeschichtlich mit dem geheimnisumwobenen Namen Ps.-Dionysius Areopagita in Erscheinung, der auf einen Autor aus dem sechsten Jahrhundert (Palästina oder Syrien) weist und ein der Bibel entlehntes Pseudonym ist. Nach einer Rede des Apostels Paulus auf dem berühmten Athener Stadtfelsen, dem Areopag, fällt die Bemerkung: „Einige Männer schlossen sich ihm an und wurden gläubig, unter ihnen auch Dionysius, der Areopagit" (Apg 17,34). Das so genannte *Corpus Dionysiacum* hat einen unschätzbaren Einfluss auf das theologische Denken in Ost und West ausgeübt (Titel: Über die mystische Theologie — Über die Namen Gottes — Über die himmlische Hierarchie — Über die kirchliche Hierarchie). Wie gestaltet sich die Methode der *apophatischen* Gottesrede im Sinn der „Negativen Theologie"?

Negation der Negation   Zunächst: Es geht weniger darum, von Gott zu sagen, wie er sei, sondern anzudeuten, wie er *nicht* sei. Gottes Göttlichkeit kann erst dann erahnt werden, wenn alles menschlich Denkbare überschritten, ja verworfen, buchstäblich durchkreuzt ist. Die einfache Verneinung greift dabei zu kurz. Denn sie muss selbst noch einmal verneint werden. Die „Negation der Negation" — das ist der Weg, den die mystische Theologie des Dionysius eingeschlagen hat und der zur Negativen Theologie führt.

Wer von „Eigenschaften" Gottes spricht, verfehlt also das Göttliche. Gott hat keine Eigenschaften. Er hat — in letzter Konsequenz — nicht einmal das Sein. Erst die Verneinung aller denkba-

Quelle

Pseudo-Dionysius Areopagita, Über mystische Theologie II,1
„Denn das ist wirkliches Sehen und Erkennen und überwirkliches Lob-
preisen des Überwirklichen und durch Abstraktion von allen Wirklich-
keiten. So etwa wie ein Bildhauer, um zu einer Wesensgestalt zu ge-
langen, mit Hammer und Händen den Marmor von aller Materie
reinigen muss, die dem reinen Anschauen der in ihm noch gänzlich
verborgenen Form im Wege stünde. Unsere einzige ausführbare Tat
ist das Entfernen solcher materieller Hindernisse. Nur die Abstraktion
kann uns erlauben, die verhüllte Schönheit des unbekannten Bildes zu
offenbaren. Es ist aber notwendig, wie ich meine, die absprechenden
Verneinungen zu preisen auf einem Weg, der dem der Zusprechungen
gerade entgegengesetzt ist".

ren und durch Übersteigerung und Negation gebildeten Begriffe
für Gott eröffnet die Möglichkeit, *Transzendenz* überhaupt zu kennzeichnen. Transzendenz hat, strikt gedacht, mit „Welt" nichts zu
tun. Aber da es die Schöpfung gibt und da es Christus gibt, muss
Transzendenz so gedacht werden, dass Gott als *unsagbares Geheimnis* mit der Welt in Beziehung steht. Für den Ps.-Areopagiten heißt
das: Es gilt zu unterscheiden, ob von seinem *Wesen* oder von seinen
Wirkungen die Rede sein soll.

Grundsätzlich gilt, dass Gott namenlos sei: *theós anónymos*. Wer
ihn dennoch zu benennen wagt, braucht Fingerspitzengefühl, erstens für die Negation der Negation, zweitens aber für Symbole und
Bilder, wie sie die Bibel bietet. Hier zeigt freilich der Prophet Ezechiel wieder auf: Bilder drücken nur eine Ähnlichkeit aus und
sagen, dass etwas „so wie" beschaffen sei; Vorsicht bleibt geboten.

Nach einer göttlichen *Natur* zu fahnden, widerspricht der apophatischen Gottesannäherung. Der Grund liegt auf der Hand: Natur ist Beschaffenheit, Natur ist Vorgabe und wird gewissermaßen
auferlegt. So gibt es eine Natur der Fische, die darin liegt, zu
schwimmen, oder eine Natur der Vögel, die sie zum Fliegen befähigt. Aufgrund seiner Natur vermag der Mensch zu denken und zu
sprechen. Aber gibt es eine Natur Gottes, die ihn unendlich, weise,
heilig macht? Nein. Gott unterliegt keiner Natur. Er hat deshalb
auch kein „Wesen", auch kein „höheres Wesen", wie immer wieder
sehr unbedarft gesagt wird. Die apophatische Verneinung kann
sogar so weit gehen, dass formuliert werden muss, „Gott ist nicht

Namenloser Gott

Keine Natur Gottes

Gott". Auch der Gottesname suggeriert ein Bündel von Beschaffenheiten und verleitet zur Verdinglichung des Unsagbaren.

Der Areopagit sprach folgerichtig und dennoch unbestimmt von Gott als der „übergöttlichen Gottheit". Er redete vom „überseienden Sein", vom „überlichten Licht", vom „überguten Gut". Die *via supereminentiae* überschlägt sich offensichtlich und verbietet der vorschnellen theologischen Kartographierung den Mund. Wie strahlt „überlichtes Licht"? Was bewirkt „überseiendes Sein"?

Gott als Nichts?

Selbst das Wort *Nichts* greift bei Gott zu kurz: „Nichts" kann bei ihm keinesfalls „Nicht-Existenz" bedeuten; aber auch nicht Leere, Abwesenheit, Wirkungslosigkeit. Gott „lebt" jenseits dieser Kategorien im transzendenten Verstummen aller Rede. Er übersteigt Sprache, Erkennen, Eigenschaften und Qualitäten. Ist es besser, ganz von ihm zu schweigen? Immerhin hat Thomas von Aquin einmal bemerkt, man gebe ihm gerade so die Ehre: *Deus honoratur silentio.*[17]

Bilder sind Wege

Aber die Bibel *redet* — vorzugsweise in Bildern. Diese sind insofern apophatisch, als sie, woran Jürgen Werbick erinnert, Gott nicht einfach *ab*bilden, ihn sehr wohl aber *ein*bilden — nämlich in die Imaginationskraft des nach ihm suchenden Geistes.[18] Zum Beispiel die berühmte Licht-Metapher: „Gott ist Licht". Jedes Lebewesen braucht Licht, und der Mensch weiß um dessen Unersetzlichkeit. Ohne Analogiebewusstsein zu behaupten, Gott sei Licht, wäre blasphemisch. Doch gibt das Bildwort „Licht" zu erkennen, was Gott für den Menschen bedeuten kann: Orientierung, Wärme, Geborgenheit.

Für die Anwendung von Bildern hat der Areopagit eine strenge Regel aufgestellt: Man darf, meint er, nichts sagen und nichts verkünden, was nicht in der Heiligen Schrift steht. Die Bibel bleibt die „Richtschnur" der theologischen Überlegung. Sie offenbart, wie der unfassbare Gott auf die Welt einwirkt. Eine Allerweltsreligiosität ist dem Areopagiten fremd.

11.4.4 | Negative Theologie und Mystik

Das Wort „Mystik" deckt ein breites Bedeutungsfeld ab, das an dieser Stelle nicht eigens vermessen werden muss. Grundsätzlich aber sei vermerkt: Es gibt — in allen Religionen — Gottbegegnungen jenseits aller Sagbarkeit. Der mystische Weg zu Gott wird nach Dionysius —

Methodische Apophatik

der natürlich weiß, dass sich nichts erzwingen lässt — durch eine methodisch geübte Apophatik gekennzeichnet: Zunächst ist jede sinnliche Wahrnehmung und jede sinnliche Erwartung aufzugeben. Aber das ist erst der Anfang. Auch die geistigen Tätigkeiten müssen eingestellt werden: das Denken, das Schlussfolgern, die Logik, die Ideen. „Alles wegnehmend", notiert Dionysius, „und von allem losgelöst", gehen die Gottsucher „in das wahrhaft mystische Dunkel der Erkenntnis ein", und zwar in die „vollkommene Wortlosigkeit und vollkommene Vernunftlosigkeit". So wird das Unsagbare in „besonnenem Schweigen verehrt".[19] Vernunftlosigkeit? Ein Plädoyer für Irrationalität?

Mystisches Loslassen

„Nicht erkennen" bedeutet für Dionysius, „über die Vernunft hinaus erkennen". Dieser Prozess führt zu einer Art *Ekstase*. Es ist ein Heraustreten aus sich selbst, ein Neben-sich-Stehen. Und dann passiert das Entscheidende: Der Mensch wird „zu dem überseienden Strahl der göttlichen Dunkelheit hinaufgeführt" und mit Gott vereinigt, ohne beschreiben oder begreifen zu können, wie ihm geschieht.

Die Zitate demonstrieren sehr deutlich die Negation der Negation. Sie zeigen das Ungenügen gewohnter Kategorien, die Überschreitung auch des höchst Denkbaren ins Unfassbare und doch zuinnerst Wirksame. Aus der Negativen Theologie als Denk*haltung* wird Mystische Theologie als Denk*erfahrung*, die in einer Weise über sich hinauswächst, dass sogar die (scheinbare) Kontradiktion das göttliche Geheimnis bestätigt: Gottes gleißende Überhelle ist blendende Finsternis für Empfinden und Verstand und gerade so der Anlauf zur Gnade. Der kataphatische Denkweg, der die Wirklichkeit „Gott in Welt" ausleuchtet, bedarf der apophatischen Sensibilität, um die Wirklichkeit Gottes „jenseits von Welt" zu erspüren. In der Tuchfühlung mit ihr eröffnet sich der mystische Weg, der sich rational nicht mehr einholen lässt. Aus Küstenschifffahrt wird Hochseeschifffahrt; die am Rand des Ozeans wohnen und von ihm leben, stechen in die offene See.

Mystische Kontradiktion

Die Nachwirkung des Ps.-Areopagiten ist nachhaltig. Er fand Akzeptanz bei Koryphäen wie Thomas von Aquin oder Meister Eckhart, aber auch bei einem früheren Gottesgelehrten, der ein vergleichbares Ansehen genießt, nämlich Johannes von Damaskus († 754). Dieser Mann war vielleicht kein eigenständiger Theologe im strengen Sinn, aber er gilt als scharfsinniger Kompilator und Interpret der großen Tradition vor ihm. Aus seiner Feder stammt ein hermeneutischer Schlüsselsatz zum Thema Apophatik und

Johannes von Damaskus

Kataphatik. Er schreibt: „Was von Gott verneinend ausgesagt wird, das zeigt an, dass er über alles überschwänglich *erhaben* bleibt, wie zum Beispiel wesenlos, zeitlos, anfanglos, unsichtbar. Was bejahend ausgesagt wird, das zeigt an, dass er die *Ursache* von allem ist, z.B. vernünftig, weise, lebendig, mächtig".[20]

Merksatz

Schon die einfache Verneinung bringt zum Ausdruck, dass Gott unbegreiflich bleibt. Die Negation der Negation aber zeigt, dass es auch keine Kategorien für ihn gibt. Dennoch sind positive Aussagen erlaubt, ja geboten. Aber sie qualifizieren nicht Gottes Charakter, sondern seine Schöpfermacht und sein Offenbarungswirken.

Wer mit Ps.-Dionysius und Johannes von Damaskus Gott *weise* nennt, bestätigt erstens: Gott hat Weisheit erschaffen und in der Welt zum Vorschein gebracht. Zweitens: Die Weisheit führt zu Gott und veredelt den Menschen, soweit er sich von ihr prägen lässt. Und drittens: Weisheit wird die Krönung der neuen Schöpfung in Gott sein – und doch bleibt Gott bei alledem „überschwänglich erhaben". Theologie hantiert mit dem Sagbaren und setzt auf das Unsagbare. Darin liegen ihre Eigenart und ihr Auftrag im Konzert der Wissenschaften.

Zusammenfassung

Die Eigenart menschlicher Sprachformen, welche je nach Situation und Absicht auf sehr spezifische Weise „Information" und „Wahrheit" transportieren, zeigt sehr anschaulich die Möglichkeiten auch der theologischen Rede zur adäquaten, nuancierten Verlautbarung. Repräsentatives, direktives, kommissives, expressives und deklaratives Reden ist immer auch angemessen theologisches Reden. Gegen den sprachlichen Sinnlosigkeitsverdacht der theologischen Aussage gilt es die transempirische Rolle existenzieller und epistemologischer Vorentscheidungen zur Geltung zu bringen. Die genuin theologische Rede vom „Gott in Welt" ist *kataphatisch* und zugleich *apophatisch* angelegt; ersteres, um göttliches Handeln in der Geschichte, letzteres um dessen transzendente Tiefendimension anzuzeigen. Mit Hilfe der Negativen Theologie, die auf ihrer Erfahrungsebene Mystische Theologie ist, werden menschliche Denk- und Sprachformen überschritten, um der Versuchung zu entgehen, von Gott und Welt in denselben Kategorien zu reden. Trotzdem bleibt das Wort verlässliches Medium des begrifflich stets zu entgrenzenden Gottgeheimnisses.

Literatur

Richard Schaeffler, Das Gebet und das Argument. Zwei Weisen des Sprechens von Gott. Eine Einführung in die Theorie der religiösen Sprache (Beiträge zur Theologie und Religionswissenschaft), Düsseldorf 1989.

Albrecht Grözinger, Die Sprache der Menschen. Ein Handbuch. Grundwissen für Theologinnen und Theologen, München 1991.

Josef Sudbrack, Mystik. Sinnsuche und die Erfahrung des Absoluten, Darmstadt 2002.

Martin Leiner, Methodischer Leitfaden Systematische Theologie und Religionsphilosophie (UTB; 3150), Göttingen 2008.

Hubertus Halbfas, Religiöse Sprachlehre. Theorie und Praxis, Ostfildern 2012.

Testfragen

1. *Was bedeutet kataphatisches theologisches Sprechen?*
2. *Wie vollzieht sich die apophatische Gottesrede?*
3. *Wie lassen sich beide Aspekte für eine angemessene Gottesrede in der Analogie fruchtbar machen?*
4. *Inwiefern kann man kognitiv zulässig sagen, Gott sei dreifaltig-einer?*
5. *Was bezeichnet, theologisch korrekt, das Wort „Mystik"?*

Theologische Textinterpretation

Herausforderung

| 12.1

Eine Wissenschaft, die erklärtermaßen vom „Wort" ausgeht — das „Fleisch geworden" ist (Joh 1,14) — und die dieses Wort interpretierend weiterträgt, muss angemessen mit Texten umgehen. Darüber wurde in diesem Buch bereits einiges gesagt. Nun zur konkreten Frage: Wie interpretiert man theologische Texte? Welche Hermeneutik erfordern sie?

Beispieltext

| 12.2

Im Jahr 1950, fünf Jahre nach dem Ende des Zweiten Weltkriegs, hat Papst Pius XII. ein neues Dogma verkündet. Es betrifft die Verehrung der Mutter Jesu und lautet seinem Kernstück nach so:

Zitat

Papst Pius XII.
„Es ist von Gott geoffenbarte Glaubenslehre, dass die Unbefleckte Gottesgebärerin und immerwährende Jungfrau Maria nach Vollendung des irdischen Lebenslaufes mit Leib und Seele in die himmlische Herrlichkeit aufgenommen wurde" (DH 3903).

Aus Platzgründen werden im Folgenden nur Andeutungen gemacht. Aber sie sind exemplarisch konzipiert und als Impuls für die eigene Recherche sowie den analogen Übertrag gedacht.[1]

12.2.1 | Regelkatalog

Textsicherung
Wo ist ein theologischer Text authentisch greifbar? Wie lautet er in der Ursprache? Was sind zuverlässige Übersetzungen? Wann, wo und wie hat man ihn veröffentlicht? — Im vorliegenden Fall gibt der „Denzinger-Hünermann" Auskunft. Der Text ist in Latein verfasst, im genannten Handbuch aber auch auf Deutsch wiedergegeben.

Textgestalt und unmittelbarer Kontext
Es geht um den Anfang und das Ende eines Textabschnitts: Worauf soll sich die Interpretation genau beziehen? Worauf nicht? Entsprechende Kriterien sind aufzuspüren und zu kennzeichnen. — Hier liegt die maßgebliche Passage aus der Apostolischen Konstitution „Munificentissimus Deus" vom November 1950 vor. Bei ihrer Interpretation ist ihre kontextuelle Platzierung als zentrale Definition zu beachten.

Rezeptionssignale
Wie ist ein Text grundsätzlich aufzufassen? Welche Redeform repräsentiert er? Mit welcher Autorität, mit welcher Absicht, mit welcher Verbindlichkeit wird gesprochen? Welche Wirkung ist angezielt? Geht es um Fakten, Appelle, Berichte, Rechtsnormen, Poesie? — Im Beispieltext spricht ein Papst *ex cathedra* (kraft unfehlbarer Lehrautorität). Der Text ist also autoritativ hoch bewehrt und für Gläubige verbindlich. Kein Diskussionsbeitrag, sondern eine Richtlinie!

Textgattung
Wie präsentiert sich ein Text? Als Urteil, Bericht, Abhandlung, Bittschrift, Aufruf? Was will ein Text? Informieren, aufrütteln, nachdenklich machen, angreifen, trösten, festlegen, antreiben, bremsen, erbauen? Je nachdem ist er zu interpretieren. — Pius XII. wählt die Höchstform päpstlicher Lehräußerungen; er verkündet ein Dogma. Er will festlegen, aber auch trösten. Er will abgrenzen, aber auch Brücken bauen. Der angeschlagene Ton gehört zum Arsenal kirchlicher Verkündigungssprache und ist entsprechend weihevoll. Auch davon leitet sich der Verbindlichkeitsgrad des Textes ab.

Textaufbau und Textcharakter
Wer spricht und wer ist angesprochen? Wo beginnt, wo endet ein
ins Auge gefasster Abschnitt? Wie ist er gegliedert? Worin liegt
seine Stringenz? Was wird gesagt? Was wird nicht gesagt? Wie
verläuft die Argumentation? – Der Beispieltext richtet sich an
eine Glaubensgemeinschaft und er versteht sich als eine Deklaration. Diese macht sich durch eine signifikante Wortwahl kenntlich: „Wir verkünden, erklären und definieren …" Und dann: „Es
ist von Gott geoffenbarte Wahrheit …"

Textstruktur
Ist der Text einheitlich, innerlich gebrochen, erkennbar geschichtet, homogen, inhomogen? Gibt es Doppelungen? Textimmanente
Bezugnahmen? Eine Klimax, eine Peripetie? – Der Papst redet
geschliffen und gezielt, der Abschnitt ist aus einem Guss. Er hat
eine klare Thematik und ist in sich stringent.

Textkörper und Textintention
Es geht um die Quellen eines Textes, soweit sie erkennbar sind.
Worauf gründet er? Was verrät seine Sprache über die Herkunft
des präsentierten Inhalts? Welches Geistesgut wurde verarbeitet
und wie stellt es sich dar? Wurden übernommene Gedanken dem
Inhalt, der Form und der Funktion nach verändert? – Der Papst
redet im Jargon der mariologischen Diskussionen vieler Jahrhunderte und gibt ihnen ein feierliches Gepräge. Damit steigert er ihr
Gewicht: Diskussionsbeiträge sind zum Schibboleth, zum Erken-
nungszeichen einer Bekenntnisgemeinschaft geworden.

Geistesgeschichtlicher Kontext
In welcher Tradition steht ein Text? Welche Tradition kritisiert
oder bricht er auf? Welche Ideen sind vorder- und hintergründig
erkennbar? Wogegen wird angeschrieben? Wer soll widerlegt, wer
überzeugt werden? Was verrät die Terminologie? – Die päpstliche
Erklärung vervollständigt das Bild der Gottesmutter im Blick auf
ihr endgültiges Schicksal und bemüht die katechetisch gefärbte
Sprache der traditionellen theologischen Anthropologie (Leib-
Seele; Erde-Himmel). Das Dogma, bald nach den Kriegsgräueln
verkündet, widerstreitet der Leib- und Menschenverachtung der
Nazis und ihrem Rassismus.

Historischer Kontext

Wann und unter welchen historischen Umständen ist ein Text verfasst worden? Wie spiegelt sich der geschichtliche Augenblick darin? Besitzt er zeitpolitische Brisanz? Lässt er gesellschaftliche Hintergründe erkennen und das Soziogramm seiner Sympathisantenschaft? – Nach dem Krieg war ein Wort der Menschenfreundlichkeit höchst angebracht. Neu aufkommender Optimismus sollte beflügelt, lähmender Trauer begegnet werden. Die Blickrichtung der Zeit wies allgemein nach vorn.

Motiv- und Begriffsanalyse

Welche Wortwahl zeigt sich in einem Text? Welche Ideen kommen zum Vorschein und wie werden sie namhaft gemacht? Wie steht der Verfasser oder die Verfasserin zu ihnen? Wird offen oder verdeckt gesprochen? Hat man überkommene Terminologien belassen oder modifiziert? Wie kritisch ist ein Text, wie versöhnlich, wie integrativ, wie anschlussfähig? – Das 1950 verkündete Dogma wäre ohne das Wissen um die katholische Dogmengeschichte und ihre Sprachwelt unverständlich. Es zeigt an der Gestalt der Mutter Jesu exemplarisch, wie die Kirche über den Erlöser, die Erlösung und die Erlösten denkt.

Textkleid und Weltanschauung

Welche Bilderwelt begegnet in einem Text? Welche Emotionen zeigt er? Welches Weltbild? Wie ist sein intellektuelles Niveau? Auf welchen Zeitgeist nimmt er Bezug? Wird Modisches transportiert oder eher Museales? – Der Papst nimmt vereinfachend das Weltbild biblischer Metaphorik auf: Es gibt die Erde und über ihr den Himmel. Diesseits und Jenseits. Gegenwart und Zukunft. Und der Mensch ist als Person eins, doch unterteilt in Leib und Seele. So lässt sich auf seine Vollendung bei Gott hoffen.

Erwartungshorizont

Was wollte oder was will ein Text erreichen? Worauf ist er konzentriert? Was liegt außerhalb seines Interesses? Was setzt er voraus, damit er verstanden werden kann? Wie geht er vor? Auf welchen Effekt kommt es ihm an? Wie stark ist er hinsichtlich Originalität, Wortwahl, Realitätsnähe, Informiertheit, Argumentation? – Das verkündete Dogma erheischt weltweite Aufmerksamkeit und fordert Gehorsam ein. Es will nicht informieren, sondern zur Entscheidung rufen. Es setzt eine breite Palette dogmatischer Einsichten voraus: Gottes Existenz, das Heilswerk Jesu, die Vollendbarkeit des Menschen.

Rezeptionsgeschichte
Wie hat man einen Text aufgenommen – damals? Wie ist er rezipiert worden? Was bewirkt er – heute? Wie lässt sich zwischen damals und heute vermitteln? Was hat ein Text angestoßen, was hat er verbaut; inwiefern, mit welcher Nachhaltigkeit? Bedeutet er etwas für die geistige Physiognomie der Gesellschaft? – Die Erklärung, Maria sei mit Leib und Seele in den Himmel erhoben, gehört zum Kernbestand der römisch-katholischen Glaubenslehre. Sie wurde damals begeistert aufgenommen und in die wissenschaftlichen Handbücher integriert. Ohne sie wäre die Wahrnehmung der katholischen Glaubenswelt unvollständig.

Eigenes Erkenntnisinteresse
Warum wurde ein bestimmter Text ausgewählt? Und unter welcher Perspektive soll er interpretiert werden? Was erwartet man von ihm? Was überrascht? Was spornt an? Was kann er argumentativ leisten? – Theologiestudierende müssen über den Lehrbestand des Christentums informiert sein. Doch der vorgelegte Text kann aus verschiedenen Gründen interessieren: um Mariologie zu studieren, um der Dogmenentwicklung nachzuspüren, um die theologische Zeitgeschichte zu erforschen, um den päpstlichen Lehrprimat auszuloten – je nach Interesse verändert sich der Wahrnehmungshorizont.

Zusammenfassung

Für Textinterpretationen ist wichtig: Autor, Quellenlage, historischer Kontext, Adressatenschaft, Genus literarium, Aufbau, Inhalt, Ursprung der Gedanken, Wirkungsgeschichte, Sekundärliteratur, eröffneter Horizont, denkerischer Impuls.

Literatur

Hans-Georg Gadamer, Wahrheit und Methode, Tübingen 1960.

David Tracy, Theologie als Gespräch. Eine postmoderne Hermeneutik (Welt der Theologie), Mainz 1993.

Wolfgang Iser, Die Appellstruktur der Texte, in: Rainer Warning (Hg.), Rezeptionsästhetik. Theorie und Praxis, München ⁴1994.

Mirja Kutzer, In Wahrheit erfunden. Dichtung als Ort theologischer Erkenntnis (ratio fidei; 30), Regensburg 2006.

Ulrich H.J. Körtner, Einführung in die theologische Hermeneutik (Einführung Theologie), Darmstadt 2006.

Alo Allkemper, Norbert Otto Eke, Literaturwissenschaft (UTB basics), Paderborn ⁴2014.

Testfragen

1. *Was sind Rezeptionssignale?*
2. *Was versteht man unter einer Textintention?*
3. *Warum ist die Kenntnis einer Textgattung entscheidend?*
4. *Was zeigt die Rezeptionsgeschichte über einen Text?*
5. *Warum müssen Texte überhaupt interpretiert werden?*

Theologie als Fächerverbund | 13.

Der Sinn von Differenzierungen | 13.1

Wer das Theologiestudium beginnt, mag zunächst über die breite, innere Differenzierung dieses Faches überrascht sein. Theologie – das heißt immer auch: Philosophie, Kirchengeschichte, Bibelauslegung, Rechtsfragen, Pastoralpsychologie, Gesellschaftslehre und vieles mehr. Woher rührt diese Auffächerung?

Sie ist einer gewissen Not geschuldet. Denn das eigentliche Interesse des Theologiestudiums zielt auf „Gott" – und Gott ist das Allgemeinste schlechthin. Wie zeigt es sich? Nicht anders denn im Blick auf den Menschen und auf die Welt, in der er lebt. Darüber wurde in diesem Buch bereits einiges gesagt: Die Theologie fragt nach Gott in seinem Bezug zur Kreatur. Darum erforscht sie kleinschrittig, worüber sie gleichwohl ein generelles Urteil sucht. Gottes Zuwendung als Schöpfer und Erlöser gilt der *einen Menschheit*. Was diese bewegt und ängstigt, was sie leistet und verbaut, wonach sie fragt und worauf sie hofft, betrifft die Theologie substanziell. Man kann sagen: Im Fragment schaut die Theologie das Ganze, und das Ganze bricht sich prismatisch im Fragment. Damit die Zuordnung dieser beiden Dimensionen nicht abstrakt, sondern lebensnah und bodenständig bleibt, hat sich ein theologischer Fächerkanon ausgebildet, der sich in der akademischen Organisation spiegelt.

Das Ganze im Fragment

Aber kann es eine Wissenschaft vom „Ganzen" heute noch geben? Sind Begriffe wie Gott, Mensch, Welt, Seele, Sünde, Heilsgeschichte – Allgemeinbegriffe also – von Realitäten gedeckt? Mit der so genannten Postmoderne kamen diesbezüglich Zweifel auf: Wo ist denn *der* Mensch? Wie bestimmt sich *das* Gute? Was heißt *Welt*? Real und damit allein maßgebend scheint nicht *der* Mensch, sondern *ein bestimmter* Mensch, nicht die Mensch*heit*, sondern das soziale Netzwerk, nicht das Gute an sich, sondern die je persönliche, subjektive Wertvorstellung zu sein.

Allgemeinbegriffe

Die Theologie hält dagegen, und der gesunde Menschenverstand gibt ihr Recht: In Ideen und globalen Visionen steckt nach wie vor sehr viel Kraft. Schon das Faktum, dass es Religionen gibt, ist ein Beleg dafür. Ihre Botschaft verbindet und inspiriert weltweit. Und dann das politische Leben; zu meinen, die „Parole" habe ausgedient, ist naiv. Das Beispiel des amerikanischen Wahlkampfs im Umfeld des amtierenden Präsidenten und seines Vorgängers spricht Bände: „Yes, we can" und „America first". Warum zünden solche Schlagworte immer wieder?

Ihr Bürge ist und bleibt das Geistwesen „Mensch". Denn niemand lebt unabhängig von anderen. Geist zu haben bedeutet, sich mitzuteilen. Geist will *verstehen* — deshalb kann ihn bloßes Wissen ebenso wenig zufrieden stellen wie das exakt vermessene Detail. Ein intelligenter Mensch will nicht nur Bäume, sondern den Wald sehen, und der Auftrag der Theologie besteht gerade darin, über den Wald zu reden, obwohl sich nur Bäume zeigen: Gott im Spiegel altorientalischer Kulturen; Gott im Paris des 13. Jahrhunderts; Gott im Horizont der Evolutionstheorie; Gott „nach Auschwitz".

Theologie nach Auschwitz

Letzteres Thema zeigt sich im Übrigen hoch vermint. Darf man angesichts eines Schwerstverbrechens an Millionen Frauen, Männern und Kindern noch auf einen „allgemeinen Heilswillen Gottes" pochen, wie es die katholische Dogmatik tut? „Der Gefolterte hört nicht wieder auf, sich zu wundern, dass alles, was man je nach Neigung seine Seele oder seinen Geist oder sein Bewusstsein oder seine Identität nennen mag, zunichte wird, wenn es in den Schultergelenken kracht und splittert", schreibt der österreichische Schriftsteller Jean Améry.[1] Der Gebrauch hoher Worte wirkt angesichts des Grauens zynisch. Doch es ist notwendig und möglich, *mit* den Opfern von Auschwitz und aus *ihrer* Perspektive über Gott und die Menschheit zu reden. So hat es der katholische Theologe Johann Baptist Metz gefordert. Ihn ermutigt eine „Mystik des Leidens an Gott" zu diesem Schritt, der angesichts der nie mehr verstummenden Frage gemacht werden muss, wo Gott „bleibt".[2]

Leiden an Gott

Der brutale Sonderfall des Faktischen aber ist die Bewährungsprobe eines Denkens, worin sich der Allgemeinbegriff behauptet, weil anders der Protest gegen das Unrecht keine Breitenwirkung hätte.

Grundschema der Teildisziplinen | 13.2

Dem Anliegen der Theologie, das Ganze im Fragment zu sichten, entspricht auf akademischer Ebene ein Raster von vier Schwerpunktzonen, die zwar ineinandergreifen, aber jeweils deutlich charakterisierbar sind. Daraus ergibt sich folgendes Bild:

- **Historische Theologie**: Es geht um den „Blick zurück" mit den Mitteln der historisch-kritischen Geschichtsforschung. Das Christentum bietet, wie in diesem Buch mehrfach dargelegt, keine Philosophie mit zeitunabhängigen Leitsätzen, sondern eine *fides historica*. Sein Ursprung liegt in bestimmten Augenblicken der Geschichte begründet und trägt auch deren Kolorit; es ist vom Lauf der Jahrhunderte geprägt. Dementsprechend wird zurückgeblickt: in die ferne und nähere Vergangenheit. An Stoff mangelt es dabei nicht. Geschichte beschreibt das Leben und das Leben schillert in allen Farben. So ist es heute, so war es damals. Wer nichts von der Geschichte weiß oder sie ignoriert, sperrt sich selbst in ein geistiges Gefängnis.
- **Biblische Theologie**: Hier steht natürlich die Auslegung der Heiligen Schrift im Mittelpunkt. Sie ist multiperspektivisch angelegt und wird auf weite Strecken ebenfalls mit historisch-kritischer Verve vorangebracht. Zentral bleibt der Textbestand in den Ur-Sprachen, wie er sich in den kanonischen (nach bestimmten Kriterien anerkannten) Schriften der offiziellen Bibel präsentiert (nach christlicher Lesart Altes und Neues Testament). Die Exegese arbeitet formal und inhaltsbezogen: Textgestalt, Textentwicklung, zentrale Botschaft, Bezüge im Kontext anderer biblischer Bücher. Die Schriftauslegung bringt das Bibelwort gewissermaßen neu zum Sprechen. Doch das exegetische Interesse berührt nicht nur die biblische Überlieferung. Denn diese ist eingebettet in den Kosmos der antiken Literaturgeschichte religiöser wie profaner Art, den es zu sichten und mit dem biblischen Befund ins Gespräch zu bringen gilt.
- **Systematische Theologie**: Sie ist nicht unabhängig von den Ergebnissen der Kirchengeschichtsforschung und der Bibelauslegung zu verantworten, arbeitet selbst aber nicht primär historisch-kritisch, also empirisch, sondern spekulativ. Spekulation? Mitunter scheint dieser Begriff eher abschätzig konnotiert — ein Spiel mit Theorien und Wünschen ohne überprüfbaren Anhalt. Aber darum geht es nicht. Spekulation bedeutet

verstehende Wahrnehmung und meint, theologisch gewendet, die Erkenntnis dessen, was *ist* und deshalb den Menschen in seinem Verhältnis zu Gott nachhaltig bestimmt. Die Spekulation strebt die Synthese theologischer Daten an. Sie zeichnet nach, wie sich das christliche Kerygma in seiner Kohärenz erschließt, um auf diese Weise existenziell belangvoll zu sein. Zum Beispiel die Leitfrage Karl Rahners: Wie berührt ein historisches Individuum – Jesus von Nazareth – den Menschen von heute? Systematische Theologie bedenkt das *concretum universale*. Sie belebt, was sonst nur Datensammlung bliebe. Sie errichtet ein theologisches Sinngebäude, in dem der kritische Geist wohnen kann.

- **Praktische Theologie**: Man könnte vom *gelebten Glauben* sprechen, der in den praktischen Fächern auf dem Prüfstand steht, oder so formuliert: Der gelebte Glaube wird im Bezugsfeld kirchlicher und gesellschaftlicher Institutionen und deren Prägekraft eruiert. Dass die Praktische Theologie lediglich umzusetzen habe, was durch die Bibelwissenschaft oder die Systematische Theologie vorgegeben wird, ist eine Fehleinschätzung. Ihr kommt ein epistemologischer Eigenstand hinsichtlich der Frage zu, wie sich die Menschenfreundlichkeit Gottes sozial auswirkt. Deshalb steht das christliche Menschen- und Gesellschaftsbild im Fokus des Interesses: Wie versteht sich die geistbegabte Kreatur als denkendes und fragendes, aber auch als angefochtenes Wesen selbst? Welchen Anstoß empfängt die biblische, historische und systematische Forschung durch die gesellschaftliche Realität und wie wird die kirchliche Verkündigung profanwissenschaftlichen Standards gerecht? Man äußert immer wieder die Sorge, die Kirche könne sich dem „Zeitgeist" beugen; das wäre gewiss fatal. Doch sie muss auf der „Höhe der Zeit" sein, wenn sie auftragsgemäß wirken will. Auch darüber zerbricht sich die Praktische Theologie den Kopf.

Das theologische Fächertableau | 14.

Inhalt

Die genannten vier Fächergruppen gehören notwendig zum Theologiestudium. Doch die Freiheit, Akzente zu setzen und Vorlieben auszubilden, sei den Theologiestudierenden gerne gewährt, ja sogar empfohlen, aber bitte: Man vergesse nie den Blick über den Tellerrand. Das Zauberwort heißt Interesse und Neugier: Was tut sich bei den Anderen? Und natürlich: Wer sind die „Anderen"? Wie arbeiten sie, worauf kommt es ihnen an, wie sieht ihre Methodik aus, ihr wissenschaftlicher Eros, ihre Mentalität?

Schwerpunktbildung

14.1 | Historische Theologie

14.1.1 | Alte Kirchengeschichte mit Patrologie und Patristik

Patrologie und Patristik

Im Mittelpunkt steht das kirchliche Leben in der antiken Welt. Das Fach *Patrologie*, so kann man sagen, beschreibt den christlichen Glauben im Blick auf seine kirchenväterliche und damit auch „kirchenoffizielle" Prägung (vgl. dazu im Buch S. 81-86). Die *Patristik* greift etwas weiter aus. Sie untersucht das religiöse Schrifttum im Umkreis des frühen Christentums unabhängig von der Rechtgläubigkeitsfrage. Da die frühchristliche Literatur wie jedes schriftliche Zeugnis historische Bedingtheiten aufweist und diese spiegelt, erfordert das Patrologie- und Patristikstudium grundlegende kirchengeschichtliche Kenntnisse. In der Regel deckt das Fach *Alte Kirchengeschichte* den Zeitraum von der Entstehung des Christentums etwa bis zum siebten oder achten Jahrhundert nChr ab. So entsteht ein recht umfassendes Bild von der Genese der christlichen Glaubenswelt. Man erfährt, wie sich Glaubensformen und Glaubensformeln etabliert haben, wie es zur Ausgestaltung der kirchlichen Organisation kam, worüber wann, wo und warum gestritten wurde und welche bleibenden Vereinbarungen — oder Proteste — es gab.

Empirische Ekklesiologie

Historische Theologie präsentiert sich als theologische Disziplin nicht um ihrer selbst willen. Sie betreibt Ekklesiologie im Licht konkreter Lebenswelten und zeigt, wie Vergangenheit und Gegenwart ineinanderspielen. Probleme und Problemlösungen von damals können heute noch hoch bedeutsam, zumindest lehrreich sein. Der Zeitgeist in der Antike bzw. in der ausgehenden Antike „ist dem unseren gar nicht so unähnlich. Die damalige Welt war stark globalisiert, die Sprachen und Völker mischten sich, und religiöse Angebote standen in Fülle zu Verfügung. Manche Menschen ließen sich von Theorien faszinieren, die modernen esoterischen Lehren eng verwandt sind, andere spotteten über Religion. Es gab Astrologieglaube und Magie, aber auch beachtliche Fortschritte in Medizin und Mathematik. Luxus und Armut stießen oft unmittelbar aufeinander".[1]

Glaubenserstantwort der Väter

Die christlichen Intellektuellen dieser Zeit haben das seit den Aposteln verkündete Evangelium der antiken Öffentlichkeit gleichsam auf den Leib geschrieben. Ihr Wort gab Antwort auf das Ur-Wort der Bibel, ihre Spiritualität atmete den Geist des Anfangs, ihr Denken nahm am Niveau der Elite Maß und ihre Pastoral ordnete das Gemeindeleben auf den wichtigsten Ebenen. Hohe Spekulation und demütige Glaubenstreue geben sich in vielen patristischen Schriften die Hand.

Bei alledem blieben die Väter streitbar, mitunter auffallend kantig, und es ging beileibe nicht nur um Kleinigkeiten, weder auf dogmatischer noch auf institutioneller Ebene: Wie zeigt sich der dreifaltige Gott? Was heißt Gnade? Welchen Auftrag und welche Vollmacht hat die Kirche? Wer steht ihr vor? Wie soll sie feiern, predigen, Alte und Kranke pflegen, ihr Geld verwalten? Das Lebenswerk von Persönlichkeiten wie Ambrosius von Mailand, Augustinus, Gregor dem Großen oder, im Osten, Athanasius von Alexandrien, Basilius von Cäsarea und Johannes Chrysostomus — um nur einige der markantesten zu nennen — zeigt ein breites Kaleidoskop der kirchlichen Frühzeit. Wer Patrologie, Patristik, Alte Kirchengeschichte mit intellektueller und geistlicher Empathie studiert, profitiert davon reichlich.

Dass zu diesem Zweck Griechisch und Latein fundamental sind, versteht sich, aber auch weitere, an den Hochschulen weniger geläufige Sprachen gehören in den patrologisch-patristischen Instrumentenkoffer: Syrisch, Armenisch, Koptisch. Natürlich darf und soll man auf Übersetzungen zurückgreifen; sie helfen bei der Erschließung des Originaltexte, die trotz aller sprachlichen Hilfen nie außer Acht bleiben dürfen. Zugänglich sind die meisten patristischen Texte in kritischen Ausgaben oder in Übersetzungen mit kritischen Hinweisen. Italienische und französische Gelehrte haben umfassende Reihen von Vätertexten vorgelegt, nicht zuletzt ist der deutschsprachige Beitrag in diesem Fach beachtlich.

Günstig für das Theologiestudium wirkt sich aus, wenn man sich die Zeit für eine Art *lectio continua* (analog zur Bibellektüre) angewöhnt: Jeden Tag ein Vätertext, und seien es nur wenige Zeilen. Mit der Kenntnis des historischen Fundaments im Christentum festigt sich das Fundament der eigenen theologischen Bildung. Man legt den Grundstein für ein theologisches Sinngebäude, in dem man wohnen wird, und schärft den persönlichen *sensus theologicus* — ein inneres „Gespür" gewissermaßen, das in jedem Fall und für alle theologischen Disziplinen unerlässlich bleibt.

Was ist den Schwerpunkten nach in Alter Kirchengeschichte mit Patrologie und Patristik zu studieren?

Randnotizen:

Pioniere der Dogmatik

Sprachenkenntnis

Tägliche Väterlektüre

- Entstehung und Ausbreitung der Kirche in den ersten Jahrhunderten
- Genese und Entfaltung des christologischen und trinitarischen Dogmas
- Sichtung und Wertung heterodoxer Strömungen: Gnosis, Arianismus, Donatismus, Pelagianismus
- Theologie der „Klassiker" in Grundlinien und Beispieltexten
- Geschichte und Theologie der altkirchlichen Konzile
- Ausbau und Motive christlicher Gemeinde- und Ämterstrukturen
- Geschichte der Spiritualität, des Mönchtums, der Liturgie
- Hintergründe sich abzeichnender Kirchenspaltung: West/Ost
- Antike Konfessionskunde: Arianer, Altorientalen, Kopten, Armenier
- Politische und kulturelle Charakteristika im römischen Imperium

Notwendige Bezugswissenschaften (vgl. S. 138-139) aus patristischer Perspektive sind die griechische und römische Profangeschichte, antike Topographie und Kulturgeschichte, Sprachwissenschaften, Literaturwissenschaften, Kunstgeschichte und, natürlich, Archäologie, denn viele bedeutende Zentren der frühchristlichen Zeit sind inzwischen im Sand versunken.

14.1.2 | Mittlere und neue Kirchengeschichte

Auch wer für die Väter große Begeisterung aufbringt, das kirchliche Leben ist nicht bei ihnen stehengeblieben. Auf die Zeit der Patristik folgt das (frühe) Mittelalter, wobei die Übergänge fließend — und umso schwerer fassbar — sind. Theologisch gesehen, hat sich in der nachfolgenden Epoche der schwere Pulverdampf im Streit um die angemessene christlich-kirchliche Selbstartikulation, das heißt um den Kern der Glaubenslehre, verzogen. Die Fundamente sind gelegt, die in der Großkirche als maßgeblich anerkannten Leitgedanken sind dokumentiert.

Aber das theologische Ringen geht weiter, und vor allem: Das kirchliche *Leben* geht weiter. Es vollzieht sich weiterhin *in* der Geschichte und es *gestaltet* Geschichte. Das Christentum, das unter dem römischen Kaiser Konstantin († 337) zunächst nur offiziell geduldet,

Kirche als Geschichtsmacht

mit Kaiser Theodosius († 395) dann
Staatsreligion für das Imperium
geworden war, entfaltet eine flä-
chendeckende Gestaltungskraft.
Und es weist schon eine ansehnli-
che Vergangenheit auf, woraus
sich Argumente und Gegenargu-
mente in diese oder jene Richtung
ziehen lassen. Man weiß um Autoritäten — wie etwa einen Augustinus — und schreibt deren Impulse
in einer kulturell und politisch
veränderten Welt weiter. Dabei
etablieren sich neue Wortführer,

Abb. 42 | ▶
Kaiser Theodosius I.,
Illustration in
Romanorum
imperatorum
effigies, 1583

vor allem neue Institutionen, wie die Klöster, die Domschulen und
die Universitäten, und es kommt zu epochalen Umwälzungen Hand
in Hand mit dem Wechsel von Herrschaftsverhältnissen und ihrer
geistigen wie materiellen Ansprüche. Während sich in der lateinischen Kirche das Papsttum auftürmt und mit der Konkurrenz zu
Kaiser- und Bürgertum zur Ausdifferenzierung der Bereiche „geist-
lich" und „weltlich" beiträgt, hält der byzantinische Osten an der
Einheit der Gewalten fest. Dann wird dem „christlichen Mittelalter"   Ende des Mittelalters
das Ende gesetzt: der Fall Konstantinopels (1453), die Entdeckung
der „Neuen Welt" (1492), die Reformation (1517). Mit der so genannten Neuzeit weiten sich die Perspektiven und möglichen Fragestellungen noch einmal enorm, sodass der Schwerpunkt Europa und
Vorderer Orient, der im akademischen Lehrbetrieb den Vorzug hat,
relativiert werden muss: Geschichte des außereuropäischen Christentums etwa in Amerika, dazu der ferne Osten (Philippinen, Korea)
und Ozeanien.

Man kann ohne Übertreibung sagen: Das Fach mittlere und neue   Kirchen- und
Kirchengeschichte zu studieren heißt immer auch, Weltgeschichte   Weltgeschichte
zu studieren. Natürlich geschieht dies perspektivisch gefiltert; das
leitende Interesse der Kirchengeschichte ist das Geschick der christlichen Glaubensgemeinschaft, die mit sich selbst genug zu tun hat,
aber unlösbar in die Profangeschichte eingelassen bleibt.

Kirchengeschichte? Profangeschichte? Diese Unterscheidung   Geschichte profan
scheint einigermaßen konstruiert; tatsächlich sind die Begebnisse   oder kirchlich?
und Ideen über die Jahrhunderte hinweg derart ineinander ver-
fugt, dass der fachspezifische Zugang deplatziert erscheint. Aber

die Fragestellung bleibt und hat ihr Recht: Wie sieht das Leben der *Kirche*, theologisch gesagt: der Kirche *Jesu Christi* aus? So fragen Profanhistorikerinnen und Profanhistoriker dezidiert nicht. Im Kontext der Theologie aber darf und muss so gefragt werden, denn von daher empfängt ihre historische Arbeit Auftrag und Profil. Die ekklesiologische Komponente dieser Fachausrichtung bringt es mit sich, dass Phänomene und Ideen unter die Lupe kommen, worauf sich das profanhistorische Interesse zwar auch, aber nicht in erster Linie konzentriert: innerkirchliche Rechtsfragen, Ordensregeln, theologische Programmschriften, Verlautbarungen von Päpsten, Konzilen und Bischöfen, Motive spiritueller Bewegungen, dogmatische Krontexte etc.

Identität der Methoden

Was die wissenschaftlichen Methoden angeht, so sind Unterschiede zur Profangeschichte unzulässig: Man arbeitet streng empirisch, historisch-kritisch, auf Verifikation oder Falsifikation verwiesen, auf der Basis dessen, was in Quellen (Urkunden oder Berichten) an Material bereitsteht.

Das kritische Auge

Welche Funktion kommt der akademischen Kirchengeschichtsforschung zu? Oder so gefragt: Welche Mission hat sie im Sinngebäude „Theologie"? Maßgeblich bleibt ihr „kritisches Auge" (Dominik Burkard), konkret ihr „historisches Auge" im Gegenüber zur zeitübergreifenden theologischen Spekulation. Kirchengeschichts*schreibung* gab es schon bei den Vätern und im Mittelalter; die Kirchengeschichts*forschung* betrat als theologische Disziplin erst im frühen 18. Jahrhundert die akademische Bühne. Diese Neuerung hatte mit Impulsen der Aufklärung zu tun, als man historische Nüchternheit einforderte und mehr an Fakten als an Thesen interessiert war.[2] Von daher also das „kritische Auge": Wie ging es tatsächlich zu, als sich das Papsttum schrittweise zur kirchlichen Großmacht erhob? Welchen Hintergrund haben Überzeugungen, die später als selbstverständlich und unantastbar galten? Inwiefern haben Kunst und Mode auf das Wir-Bewusstsein Getaufter eingewirkt? Und dann die vielen und vielfältigen Anfänge im Lauf der Jahrhunderte: neue Ideen, neue Orden, neue Diözesen, neue Machtverhältnisse — und was aus alledem geworden ist. Das kritische Auge der Kirchengeschichte kennt kein Tabu.

Wer nichts von Geschichte weiß, lebt in einem geistigen Gefängnis, so hieß es vorhin. Genau so ist es; also öffnet die Kirchengeschichte Gefängnistüren. Und noch einmal: Sie gehört zur Theologie. Sie *ist* Theologie. Sie ist Theologie in historischer Hinsicht. Sie zeigt, was in der Kirche tatsächlich war oder möglich war und deshalb auch heute wieder möglich sein könnte – positiv wie negativ. Sie demonstriert, was „Katholizität" bedeutet: das weltweite Engagement Glaubender und Getaufter auf allen Ebenen des gesellschaftlichen Lebens im Gang der Zeiten.

Merksatz

Ohne Kirchen-Geschichte gibt es kein Kirchen-Verstehen.

Und was wird den Schwerpunkten nach in diesem Fach studiert?
* Folgen der Völkerwanderung und die Kulturpolitik Kaiser Karls des Großen
* Geschichte von Byzanz und der ostkirchlichen Konfessionalisierung
* Das Zu- und Gegeneinander von Papst und Kaiser
* Gründung, Entwicklung und Niedergang von Institutionen: Orden, Römische Kurie, Hochschulen, Universitäten, Inquisition
* Verlauf, Theologie und Rezeption der päpstlichen Konzile im zweiten Jahrtausend bis zum Vatikanum II
* Ursprung, Verlauf und Theologie häretischer Bewegungen: Waldenser, Katharer
* Theologie- und Dogmengeschichte: Scholastik, Nominalismus, Reformation, Neuscholastik, Renouveau Catholique, Zwischenkonzilszeit
* Spiritualitätsgeschichte und geistliche Bewegungen: Mönchtum, Mystik, Formen asketischen Lebens, Biografie und Schrifttum von Heiligen, Rolle der karitativen kirchlichen Arbeit, Kunst- und Musikgeschichte
* Kriminalgeschichte des Christentums, vorurteilsfrei ins Auge gefasst: Urkundenfälschung, Kreuzzüge, Ketzerverfolgung, Hexenwahn, Nationalismus, Fanatismus, „Heilige Kriege"
* Missionsgeschichte weltweiten Zuschnitts
* Zeitgeschichte: 20. Jahrhundert, Kirche und Diktaturen, Kirche und der Holocaust, Reformen des II. Vatikanums und ihre Rezeption, Geschichte der Ökumene

Materialfülle

Die Fülle an Fragen und Stoff hat kein Ende in diesem Fach. Breites Quellenmaterial hat man inzwischen kritisch ediert, vieles lagert noch unbearbeitet in Archiven weltweit, nicht zuletzt in Rom.

Das weite Dach der „Allgemeinen Kirchengeschichte" überspannt einen wahren Kosmos an unzählbaren Einzelfällen, aus denen das Leben nun einmal besteht: Geschichte von Klöstern, Pfarrgemeinden und Stiftungen, von Bischofssitzen und Diözesen, von herausragenden Persönlichkeiten oder Kirchendenkmälern. Die Bezeichnung „Spezielle Kirchengeschichte" drängt sich auf.

Neueste
Kirchengeschichte?

Mit gutem Grund wird neuerdings gefordert, man solle die Disziplin „Kirchengeschichte des Mittelalters und der Neuzeit", also Mittlere und Neue Kirchengeschichte, zusätzlich unterteilen: „Neueste Kirchengeschichte und kirchliche Zeitgeschichte". Die Entscheidung sei dem Fachverstand anheimgegeben; sie hängt hochschulpolitisch natürlich auch vom Geldbeutel ab. Wichtig ist, dass über Kategorienfragen hinaus die *theologische* Motivation für Forschung und Lehre erkennbar bleibt.

14.2 | Biblische Theologie

Über die Rolle der Heiligen Schrift für das Selbstverständnis und die Theologie des Christentums wurde in diesem Buch schon einiges gesagt (vgl. S. 68-69, 79-81). Für die Auslegung der Bibel gilt

Analytischer Ansatz

im Blick auf das akademische Fach *Exegese*: Der primäre Zugang verläuft, vergleichbar mit dem Fach *Kirchengeschichte*, über die historisch-kritische Methode, das heißt, man geht *analytisch* vor: Ein ausgewähltes Textstück wird präzise umgrenzt, vom Kontext abgehoben und gerade so mit ihm in Beziehung gesetzt. Zur Frage steht seine Herkunft, seine Überlieferungsgeschichte und sein syntaktisch-semantischer Gehalt (Satzbau, Wortgebrauch, Stilmittel). Zugleich interessiert die ursprüngliche Intention des Textes, seine historische Einordnung und Eigenart, auf alledem basierend seine theologische Botschaft.

Man überlegt also in mehreren Gängen: Was steht wirklich im Text? Was nicht? Was gehört zu einem Text, was nicht? Wie alt ist er? Worum geht es ihm? Wer hat am Text gefeilt, ihn redigiert, ihn geformt, ihn verortet? Welches literarische Genre repräsentiert er? Wie ist er eventuell verändert worden — indem man ihn neu platziert, neu gelesen, erweitert oder gekürzt hat? Und wie korrespondiert er mit anderen Texten der Schrift oder mit Literatur außerhalb von ihr?

„Eine Spezialität der Bibel ist der Umstand, dass ihre Texte oft geschichtet sind wie eine Torte. Das heißt, sie sind aus Stücken ganz verschiedener Autoren und Epochen aufgequollen. Wer etwas zu sagen hatte, verfasste eben häufig kein neues Buch, sondern schrieb in ein altehrwürdiges hinein". Die historisch-kritische Exegese versucht, „das Rührei wieder in ein rohes Ei zurückzuquirlen".[3]

Die Bibelexegese auf analytischer Basis ist eines der Mittel, mit dem die Theologie auf die inkarnatorische Qualität der göttlichen Selbstkundgabe reagiert. Geradezu gnostisch, nämlich leibfeindlich und weltverachtend wäre es, wenn man die historisch verwinkelte Genese von Bibeltexten leugnen wollte und so täte, als sei die Bibel nicht auch ein durchweg von Menschen gestaltetes Werk. Dass *Gott* in ihr spricht, ist damit keineswegs in Abrede gestellt, im Gegenteil: Die Bibel ist Gotteswort in Menschenmund. Sie zeigt verlässlich, was Gott für sein Geschöpf bedeuten will, aber eben auch, wie Menschen über Gott gedacht haben. Aufgabe der Exegese als theologische Disziplin ist es, zu zeigen, inwiefern Menschenwort Gotteswort zum Aufschein bringt, aber auch von ihm inspiriert und korrigiert wird. *(Randnotiz: Exegese und Inkarnation)*

Alttestamentliche Exegese

14.2.1

Gegen Mutmaßungen schon in der Antike und ähnliche Vorschläge in jüngster Zeit steht fest: Das Alte Testament bildet mit dem Neuen Testament das Fundament der christlichen Theologie. Warum? Weil — wie besprochen — weder die Jesusgestalt noch die Kirche einschließlich ihrer Lehre ohne die Geschichte Israels, ohne den Glauben Israels und ohne die Erwählung Israels denkbar wären. Zugegeben: Diese Begründung ist von der Bedeutung *Jesu* motiviert. Aber sie nimmt den *Glauben* Jesu ernst und würdigt damit alles, was in Israel heilig war und was das Judentum nach wie vor hochschätzt und lebt. Im Mittelpunkt des alttestamentlichen Zeugnisses steht die Entdeckung Gottes — des Gottes *aller* Menschen. *(Randnotiz: AT als christliches Glaubensfundament)*

Abb. 43 | ▶
Mose und der brennende Dornbusch, Dierick Bouts, ca. 1450

Das in sich höchst unterschiedliche Schrifttum Israels fördert zutage, womit der gläubige Mensch rechnen muss, wenn ihm Gott zur Gewissheit wird. Zentral ist zunächst seine Ansprechbarkeit. JHWH zeigt sich als ein lebendiges Gegenüber, das jeder unpersönlich, unberechenbar, numinos gedachten Zwingmacht — wie oft in der Antike — weit überlegen ist. Dabei wird sichtbar: Gott kennt den Menschen und er will, dass er aufblüht und lebt, und zwar in der Geborgenheit eines Volkes, „das ihm persönlich gehört" (Dtn 7,6). Deshalb ergreift der „Heilige Israels" (Jes 30,15) Partei gegen Menschenverachtung, Ungerechtigkeit, Ausbeutung und Betrug, was, über kurz oder lang, zur Erkenntnis seiner Sorge für alle Völker der Erde führt. Von Gott kommt die Verurteilung von Unglaube und Selbstherrlichkeit, aber auch die unerschütterliche Verheißung. Kurz gefasst: Gott ist Schöpfer, Erlöser und Vollender für das auserwählte Volk und mit ihm für die eine Menschheit.

Dieses hochtheologische Programm — christlich gesprochen: die alttestamentliche Offenbarung — liegt mit den Schriften der hebräischen Bibel ausgebreitet vor dem Auge des forschenden Geistes und hält die Exegese auf Trab. Diese nimmt gleichsam eine Spurensicherung vor: Wann und wo werden die Leitgedanken greifbar? Wie entstehen sie und wie entwickeln sie sich? Was stoßen sie an?

Synkretismus?

Mitunter kommt der Einwand, maßgebliche Ideen in der Gottesbeschreibung Israels seien Anleihen aus der damaligen Umwelt gewesen, feindliche Übernahmen sozusagen aus Kanaan, Ägypten, Mesopotamien, Syrien: die Ein-Gott-Verehrung selbst, der Gedanke, Gott handle gerecht, die Rede von Engeln, der in Israel nur langsam aufdämmernde Gedanke, es gebe ein Weiterleben über den Tod hinaus. Natürlich weist die historisch-kritische Exegese genetische Zusammenhänge nach, aber dadurch belegt sie auch die Assimilationsfähigkeit des JHWH-Glaubens: Fremdes Gedankengut dient zur Bestätigung und Illustration dessen, was Israel entdeckt hat und weitergeben will.

Nicht Eklektizismus war am Werk, der aus vielen Religionen eine weitere macht, sondern geschmeidige und korrigierende Kreativität: Ja, Gott ist einzig, und doch auch nein, denn Gott übersteigt die Welt. Er herrscht nicht wie der Großkönig zu Babylon oder die Sonne am Himmel. Da JHWH, Israels Hoffnung, Gott ist und nicht Geschöpf, fasst ihn kein Zahlenwerk, weder Singular noch Plural. Aber er zeigt Leidenschaft für seine Verheißungen und Liebe für sein Volk. Israel übernimmt theologisch, was seiner Gottesauffassung entspricht, und verwirft, was ihr widerstreitet. Dass dieser Prozess immer geradlinig und hoch reflektiert verlaufen wäre, behauptet niemand, und dass er sehr viel Menschliches, ja allzu Menschliches mit sich brachte, liegt auf der Hand. Man denke nur einmal an das Gewaltproblem, woran sich die Theologie bis heute zu erproben hat.

Theologische Kreativität

Womit bekommt es zu tun, wer alttestamentliche Exegese studiert?
- mit antiken Sprachen, vorab Althebräisch (einschließlich der Handelssprache Aramäisch) und dem Griechischen
- mit höchst verschiedenen biblischen Textsorten unterschiedlichen Umfangs aus mindestens acht Jahrhunderten
- mit ausgewählten „Büchern" des AT, die nach den Regeln der Kunst unter die Lupe genommen werden
- mit Texten aus dem Umkreis Israels, ebenfalls höchst unterschiedlicher Art: aus Mesopotamien, Syrien, Kleinasien, Ägypten
- mit Methoden und Erkenntnissen der Archäologie und Altorientalistik, konzentriert auf Palästina
- mit den oben genannten Arbeitsweisen der modernen Textwissenschaften

Welche Themen stehen im Blickfeld?
- Geschichte Israels und Gesetz Israels
- Gottesbild Israels: Monotheismus, Transzendenz und „Personalität" Gottes, Wirken Gottes in der Welt (als Schöpfer, Gesetzgeber und Erlöser), Differenz zur Götter- und Göttinnenwelt der antiken Völker

- Theologie der geschichtlichen, gesetzlichen, liturgischen, prophetischen und weisheitlichen Traditionen Israels
- Alttestamentliches Menschenbild
- Erlösungsvorstellungen und Endzeiterwartungen

Natürlich deckt der Lehrplan nicht alle genannten Themenfelder ab, schon der knappen Zeit wegen. In der Regel ist es so, dass man exemplarisch vorgeht und sowohl die eine oder andere „Tiefenbohrung" vornimmt als auch am konzentrierten Überblick feilt.

Bibeltheologie?   Was ist von einer „Biblischen Theologie" zu halten, die gleichsam freischwebend formuliert, was jenseits der Einzeltexte als biblische „Lehre" zu gelten hat? Gewiss bliebe die Schriftauslegung ohne theologischen Kompass und ohne den Mut zur Synthese bedauerlich dürr. Doch der empirische, interdisziplinäre Charakter des Faches *Exegese* muss unter allen Umständen bewahrt bleiben. Bibelwissenschaft wächst „aus der Textwissenschaft; eine vertieft betriebene Textwissenschaft stößt per se in ‚theologische Bereiche' vor und erzielt auf vielen Ebenen wichtige Einsichten und Bereicherungen für die Gesamttheologie".[4]

14.2.2 | Exegese des Neuen Testaments

Vieles von dem, was die Auslegung der Bibel Israels an den akademischen theologischen Instituten des europäisch-angelsächsischen Kulturraums angeht, gilt gleichermaßen oder zumindest *Auch hier: Textkritik* ähnlich für die Exegese des Neuen Testaments. Textkritik und interdisziplinäres Forschen sichern dem Fach ein hohes Niveau. Denn auch im Blick auf das biblische Christuszeugnis gilt es zu klären, was sich auf der Basis eines gesicherten, wissenschaftlich ausgewiesenen Wortlauts literarkritisch (Textbeschaffenheit), formkritisch (Textgestalt), gattungskritisch (Textart), traditionskritisch (Textüberlieferung), redaktionskritisch (Textbearbeitung) und kompositionskritisch (Textverortung) ausmachen lässt.

Jesus als Zentralthema   Anders als im Alten Testament steht im Neuen eine singuläre historische Persönlichkeit im Mittelpunkt des Interesses. Jede Aussage dreht sich um Jesus, den Galiläer, und will auf ihn bezogen oder von ihm her verstanden sein. Hierin liegt die Eigenart des Neuen Testaments wie auch die Eigenart seiner Auslegung. Es geht um die historische Wahrnehmung Jesu und um die frühen Urteile über ihn aus der Perspektive des Glaubens. Trotzdem ist das

Neue Testament keine Programmschrift, mit der interessierte Kreise ebenso planmäßig wie gekonnt den einfachen, wenn auch charismatischen Wanderprediger zum „Gottessohn" und „Gott" hochstilisiert hätten. Wer wäre im Umfeld der frühen Kirche derart genial und zugleich derart durchtrieben gewesen, eine solche Aktion zu steuern? Und warum sollte ausgerechnet ein Gekreuzigter — im Judentum auch theologisch eine vollendete Reizfigur — erfolgversprechend gewesen sein?

Es bleibt trotzdem die Frage, warum das Auftreten Jesu ein neues „Buch" hervorgebracht

Abb. 44 | ▶
Die Anbetung der Heiligen Drei Könige, Giotto di Bondone, Cappella degli Scrovegni in Padua, 1304-1306; oben links der Stern von Bethlehem mit deutlichem Schweif gilt heute als eine der frühesten Darstellungen des Halleyschen Kometen

hat. Immerhin war seine engste Gefolgschaft durchweg jüdisch gewesen, und das Judentum besaß ja die Heilige Schrift. Der neue literarische Ansatz muss auf einen grundstürzenden Impuls hin erfolgt sein, wenn auch ganz im Rahmen jüdischer Hoffnungen.

War es wie ein Meteoriteneinschlag? Dieses Bild ist gewagt und kippt sofort, wenn es schiefe Assoziationen weckt. Aber trifft Ähnliches nicht auch auf den Beginn der Glaubensgeschichte Israels zu? Es gab die für antikes Empfinden solitäre Erfahrung, dass der lebendige Gott mehr als das tägliche Brot verheißt. Am Anfang steht das Große (Romano Guardini) — und man hat alle Hände voll zu tun, ihm vertrauend, bekennend und dann auch literarisch gerecht zu werden. Ein Meteoriteneinschlag also? Das Bild sei denn gewagt und man kann sagen: Im Neuen Testament wird die Erstvermessung des mit dem Christusereignis geschlagenen Kraterbeckens aus der Sicht jener Jüdinnen und Juden dokumentiert, die sich zu einem unerhörten Bekenntnis durchrangen: „Jesus Christus ist der Herr" (Phil 2,11), der gottgleiche „Sohn" (vgl. Mt 11,27), der fleischgewordene „Logos" (Joh 1,14).

Damit weiß sich die Exegese des Neuen Testaments an eine theologische Steilvorlage verwiesen, und ihr wissenschaftlicher Apparat hat allen Grund, sein Bestes zu geben. Erstens: Was ist

Warum ein Neues Testament?

wirklich geschehen? Zweitens: Wie schlug das Geschehene zu Buche? Drittens: Welcher Zusammenhang besteht zwischen den einzelnen Textzeugnissen? Viertens: Wie artikuliert sich im Blick auf die Jesusgestalt jüdische Theologie, hellenistischer Idealismus und römische Religiosität? Fünftens: Was hat Jesus von Nazareth tatsächlich gelehrt? Wie sah er sich selbst? Lassen sich ureigene Worte oder zumindest ureigene Intentionen ausmachen und sind sie zu unterscheiden von dem, was die Urgemeinde vertreten hat? Sechstens: Wir kam es zur Transformation der *Reich*-Gottes-Predigt Jesu in die *Sohn*-Gottes-Predigt der frühen Kirche? Siebtens: Wie hat sich das Christentum ursprünglich formiert und dargestellt?

Trotz, ja gerade wegen des neutestamentlich bezeugten Bekenntnisses zu Jesus von Nazareth als Erlöser und Gottessohn muss die einschlägige Auslegung nüchtern und kritisch bleiben. Je kritischer, umso besser — freilich vorausgesetzt, dass aus der exegetischen Methodik keine eigenständige Weltanschauung jenseits der examinierten Texte abgeleitet wird. Wer grundsätzlich bestreitet, dass Gott existiert oder behauptet, dass mit seinem Handeln in dieser Welt unmöglich zu rechnen sei, eignet sich vielleicht für die Religionswissenschaft, doch schwerlich für neutestamentliche Exegese. Hier zeigt sich im Übrigen einmal mehr, dass es eine epistemologisch voraussetzungslose Wissenschaft nicht gibt. Auf der Basis von Vorentscheidungen, die empirisch unbeweisbar sind, wird gleichwohl empirisch geforscht. Diese Spannung treibt die Bibelauslegung voran.

Schwerpunkte in der Exegese des Neuen Testaments sind:
*   Einleitungsfragen mit fünf W-Fragen: „Wer hat wann, wo, an wen und warum geschrieben?" (Gerd Häfner)
*   Etappen der christologischen Bekenntnisbildung
*   Religiöse Umwelt Jesu und dessen Verankerung im Judentum (ntl. Zeitgeschichte)
*   Gleichnisse und Machttaten Jesu. Der „historische Jesus"
*   Geschichte und Selbstverständnis der Urkirche, Paulinisches Schrifttum, Pastoralbriefe, Katholische Briefe
*   Auslegung ausgewählter Bücher des Neuen Testaments, vorab der Evangelien, Vers für Vers
*   Wirkungsgeschichte des Neuen Testaments und trinitarische Theoriebildung

- Kanongeschichte: Was gehört in die Bibel, was nicht? Und warum?

- Die ethische Botschaft des Neuen Testaments

Angesichts der christlichen Basistexte versteht sich die neutestamentliche Exegese — nicht anders als ihre alttestamentlich orientierte Schwester — grundsätzlich *hermeneutisch*, das heißt: Über die Art und Weise der Auslegung wird genaue Rechenschaft gegeben. Mit jeder Textinterpretation entsteht ein Beziehungsverhältnis zwischen Wort und Antwort. Dazwischen liegt eine große zeitliche und kulturelle Distanz: Wie ist über eine Ideenwelt zu reden, die aus der Antike stammt, aber heute, nach vielen Jahrhunderten, noch belangvoll sein soll? Hilfe bietet die *Rezeptionsästhetik*, die ins Auge fasst, wie das fortwährende Gespräch von Christinnen und Christen über die Jahrhunderte hinweg verlaufen ist.

   Zu beachten bleibt, dass jeder Text, nicht nur der religiöse, *polysem* ist; es gibt Vieldeutigkeiten und Uneindeutigkeiten, die sich nur im Rahmen einer Auslegungsgemeinschaft und — im Fall des Neuen Testaments — nur vom biblischen Gesamtbild her beurteilen lassen (so genannte Kanonische Exegese). Eine Verpflichtung zur ausschließlich wissenschaftlichen Schriftwahrnehmung gibt es nicht. Sonst könnte die Bibel nicht ungezählte Menschen unterschiedlichster Prägung ansprechen. Deshalb wurde sie immer auch — in einem weiten Sinn — *allegorisch* (zu deutsch: anders) ausgelegt und danach befragt, was sie über ihren Wortlaut hinaus für die kirchliche Lehre, die christliche Moral, die persönliche Hoffnung und das persönliche Gebet bedeutet (vgl. im Buch S. 85-86). Jede gute Predigt singt ein Lied von der Imaginationskraft des „Buches der Bücher". Maßstab bleibt trotzdem der historisch-kritische Ansatz. Sonst läuft man Gefahr, alles Mögliche zu sagen, nur nicht das, was geschrieben steht.

Rezeptionsästhetik

Polysemie

14.3 | Systematische Theologie

Kernfächer?

Sind die „systematischen" Fächer Philosophie, Fundamentaltheologie, Dogmatik, Moraltheologie und Christliche Soziallehre das Kernstück der Theologie? Nein. Denn nur im Zusammenspiel aller Disziplinen kommt zum Vorschein, worauf das Christentum gründet. Die verschiedenen Zugänge sind miteinander verbunden, und wie weit deren Unterteilung trägt, hängt von der Situation ab. In jedem Fall bildet die Theologie eine Einheit, denn aus einem Grundbescheid — Gott in Christus: das Heil der Welt (Johann Michael Sailer) — fließt alles andere.

Einheit der Disziplinen

Vernetzter
Fachverstand

So gesehen ist beispielsweise Dogmatik immer auch Fundamentaltheologie, da sie nach ihren eigenen epistemologischen Voraussetzungen fragt. Und sie ist Moraltheologie und Gesellschaftslehre, da sie sich auf das Ethos einer Kommunität auswirkt. Die Exegese, so hat sich gezeigt, lebt nicht von der Textanalyse allein. Auch sie urteilt theologisch und damit auf ihre Weise kirchen- und dogmenbezogen. Umgekehrt wäre eine unbiblische, unhistorische Systematik widersinnig. Mit mehr Akribie und mehr Fachverstand kommt auch mehr zum Vorschein und der akademische Austausch — die Fachfamilien bilden im deutschsprachigen Raum „Arbeitsgemeinschaften" — intensiviert sich, je stärker man ihn fokussiert.

14.3.1 | Philosophie/Philosophische Grundfragen der Theologie

Vernunft und Glaube

An die theologische Bedeutung philosophischen Denkens wurde an vielen Stellen dieses Buches bereits erinnert. Eine kurze Rückblende: Das Christentum ist selbst keine Philosophie. Aber es lässt sich bis zu einem bestimmten Grad philosophisch untermauern und es kommt nicht ohne ein philosophisches Korrektiv aus. Die menschliche Vernunft — theoretische wie auch praktische Rationalität — verankert den Glauben in der Welt und macht ihn kommunizierbar. Denkend wird geglaubt und glaubend wird gedacht. Viele Inhalte der christlichen Lehre sind zwar überrational, aber niemals irrational. Unsinn kann nicht Glaubensgegenstand sein.

Geschultes Denken

So lässt sich sagen: Das Theologiestudium braucht geschultes Denken. Es braucht das geschärfte Auge des Geistes sowohl für die Wahrnehmung als auch für Bewältigung denkerischer Herausforderungen im Gefüge der Offenbarungswirklichkeit. Aber auch völlig unabhängig von ihm sollte ein wacher Geist wissen, wozu er in der Lage ist, wohin er reicht und was ihm verwehrt bleibt. Erforderlich ist die Reflexion über die Vernunft selbst. Es geht um das Denken des Denkens und damit immer auch um die Frage, ob und wie das Denken Wirklichkeit erreicht. *Grenzen des Denkens*

Überhaupt, die *Frage*. Sie ist der Urantrieb der geistigen Anstrengung und ihr inneres Feuer, sodass man sagen konnte, es gehe in der Philosophie niemals um Lösungen, sondern *nur* um Fragen und darum, sie zu korrigieren (Slavoj Žižek). Auch Theologiestudierende sollten auf Fragen setzen und den Mut aufbringen, sie immer wieder neu und anders zu stellen. Denn das geschulte, qualifizierte Nachhaken schärft mit dem geistigen Auge auch das persönliche Profil. Es macht sensibel und wendig, es hält wach und fördert die sprachliche Ausdruckskraft. Davon profitiert jedes akademische Studium, nicht zuletzt die Theologie. *Die Kunst zu fragen*

Ihre Geschichte weist eine stattliche Reihe von Äußerungen auf, die ohne den philosophischen Diskurs sehr linkisch geblieben wären. Zum Beispiel geht die Bibel wie selbstverständlich davon aus, dass Gott zum Menschen *spricht*. Ist Gott Person? Dazu äußert sie sich nicht, sie macht auch kein Problem daraus. Aber wer ihren Genius erfassen will — die schönste Aufgabe der Theologie —, geht eine intellektuelle Verantwortung ein, zu der ein leistungsstarker Partner gehört. Tatsächlich hat der biblische Impuls im Verein mit verschiedenen Strömungen der antiken und modernen Philosophie bezüglich des Phänomens *Personalität* einen Spannungsbogen errichtet, der vom antiken Theaterwesen (Person als Rolle) bis zur zeitgenössischen Subjektphilosophie (Person als Selbstbewusstsein) reicht. *Erfolgs-Tandem Theologie und Philosophie*

Reichen Nutzen empfing die Theologie aus philosophischer Quelle, als im hohen Mittelalter Aristoteles zu Wort kam. Der Philosoph hatte von *Entelechien* gesprochen und damit angedeutet, dass „jedes Seiende auf ein ihm inhärierendes Ziel hin existiert".[5] Für Thomas von Aquin, den großen Scholastiker, bot sich der willkommene Anlass, die christliche Zukunftshoffnung auf ein im Hier und Jetzt bereits wirksames Movens zu gründen: „... *omnes conveniunt in appetitu finis ultimi: quia omnes appetunt suam perfectionem adimpleri*" (frei übersetzt: Die Menschen sind darin gleich, dass sie nach ihrer Vervollkommnung als einem letzten

Ziel ausgerichtet sind).[6] Aristoteles hatte als Philosoph offengelassen, worin dieses letzte Ziel liegen werde, Thomas hingegen weiß, es ist Gott. Er vertraut in dieser Angelegenheit der Schrift und der kirchlichen Tradition, aber er flankiert seine Überzeugung philosophisch.

Philosophische Gotteslehre

Im Übrigen haben Denker wie er — auf den Schultern großer Vorläufer wie Origenes von Alexandrien oder Augustinus — eine Art „christliche Philosophie" etabliert, die „philosophische Gotteslehre". Das Studium dieser Gedankenwelt trägt gewiss zum Reiz des Philosophierens im Rahmen der akademisch zu erschließenden Theologie bei. Doch Philosophie wird angemessen und fruchtbringend zuerst um der Philosophie willen studiert. Denn nur so tritt der auch theologie*kritische* Zug dieser Disziplin zutage, dem sich die christliche Lehre nicht entziehen darf. Sonst wird sie fundamentalistisch und damit sektiererisch.

Philosophie, im Rahmen des Theologiestudiums gelehrt und studiert, konfrontiert mit:

- der Geschichte der Philosophie in Grundzügen
- der philosophischen Erkenntnistheorie
- ausgewählten Denkern und Denkerinnen im Spiegel ihrer Hauptwerke
- Logik und Sprachphilosophie
- Grundlagen und Geschichte der Metaphysik
- Philosophischen Gegenwartsströmungen
- Ethik und Moralphilosophie
- Philosophischer Anthropologie
- Philosophischer Gotteslehre
- Religionsphilosophie — alles jeweils in Grundzügen und anhand ausgewählter Textbeispiele

14.3.2 | Fundamentaltheologie

Geschichte des Fachs

Dieses Fach hat sich als Universitätsdisziplin in Sachen Gottesfrage mit dem Beginn des 19. Jahrhunderts herausgebildet, wurzelt aber der Idee nach tief im Erdreich der Theologiegeschichte bis hinab zu den Vätern. Nach Max Seckler reagiert die Fundamentaltheologie auf die „Komplexitätserfahrungen" der Neuzeit; überkommene Plausibilitäten aus dem antik-mittelalterlichen Erbe — der Gedanke etwa, dass die Schöpfung einer von Gott gesetzten

Ordnung unterliegt, der von Seiten des Menschen zu gehorchen sei (Ordo-Prinzip) — hatten sich aufgelöst und das Bedürfnis geweckt, die neue Unübersichtlichkeit zu bewältigen.[7] Anders gesagt: Angesichts von Erschütterungen des traditionellen christlichen Glaubensverständnisses im Inneren (Reformation) wie von Außen her (Aufklärung) ergab sich die Suche nach neuen Gewissheitsmomenten als bare Notwendigkeit.

Die Fundamentaltheologie stellt sich der allgemeinen akademischen und nicht-akademischen Öffentlichkeit. Von ihr wird eine dialogisch gewiegte Argumentation und interdisziplinäre Verfugung auf Augenhöhe erwartet.[8] Natürlich: Argumentiert hat man in der Theologie immer schon und es geschah, besonders in der Väterzeit, auch weitgehend öffentlich. Doch mit den Umwälzungen der Neuzeit und der Moderne, die sich inzwischen mit rasendem Tempo fortsetzen, ist eine andere Situation entstanden: Das Christentum kann sich nicht mehr ohne Weiteres von Gleich zu Gleich, das heißt vor einem Pro und Contra integrierenden Denkhintergrund verantworten. Denn es haben sich gewaltige Gräben bezüglich intuitiv erfasster Denkformen geöffnet. Man versteht sich buchstäblich kaum noch und stellt sich gegenseitig schon im Grundsatz in Frage. Mentalitäten und Unverträglichkeiten von bislang ungewohnter Sprachlosigkeit prallen aufeinander, bedingt durch die Veränderung der Lebenswelten: Digitalisierung, Ökonomisierung, Genderdebatte, Skandalmechanismen, Wissenschaftsgläubigkeit, Dezisionismus, Absolutsetzung des Privaten und des Gefühls, radikalisierter Nihilismus, überhebliche Esoterik.

Vor diesem Hintergrund klingt die Bezeichnung „Fundamentaltheologie" einigermaßen anspruchsvoll: Fundamente müssen neu gelegt oder wirksamer verteidigt werden. Und wieder leisten Fragen gute Dienste: Wie artikuliert sich christlicher Glaube, wenn nicht nur bestimmte Inhalte, sondern seine Relevanz an sich bestritten wird? Oder wenn die Transzendenz als regulative Idee in Abrede steht? Und welche intellektuelle Zurüstung kann für Christen und Christinnen im Umgang mit der „Brave New World" (Aldous Huxley) hilfreich sein, zumal diese ja auch ihre Welt ist und bleibt?

Natürlich wirkt die Fundamentaltheologie als Glaubensdisziplin nach wie vor auf den christlichen Binnenbereich ein. Im neuscholastischen Kontext oblag ihr die apologetische Aufgabe der dreifachen *demonstratio* (Darlegung); es ging um den Nachweis der Existenz Gottes angesichts ihrer atheistischen Bestreitung, die

Theologie und Öffentlichkeit

Verstehensrisse

Dreifache demonstratio

Überlegenheit des Christentums angesichts der vielen Religionen und die Rechtmäßigkeit der katholischen Kirche angesichts des konfessionellen Zwiespalts. Inzwischen arbeitet man weitaus versöhnlicher zugunsten der Ökumene oder der Geltung aufschlussreicher Paradigmen.

Walter Kern sieht in der deutschsprachigen Fundamentaltheologie der Nachkonzilszeit drei Typen argumentativer Praxis wirksam:

Transzendentale Theologie

Da ist zum einen der transzendentale Ansatz Karl Rahners, der nach dem anthropologischen „Voraus" der Gotteserkenntnis fahndet und damit nach der Art und Weise, wie der Mensch als „Geist in Welt" vom „Gott in Welt" – der singulären Jesusgestalt – berührt sein kann. Die Fundamentaltheologie erörtert die Plausibilität der Gotteshoffnung im Horizont der menschlichen Selbsterfahrung.

Hermeneutische Theologie

Da ist zum anderen der hermeneutisch angelegte Zugriff Eugen Bisers, aus dem sich ein therapeutischer Impetus ergibt: Gläubiges Verstehen führt zu befreiender Glaubensgewissheit. Auf das biblische Fundament des Christentums bezogen, bedeutet dies: „Das Ganze eines literarischen Textes oder einer geschichtlichen Gestalt wird verständlich von einzelnen Zügen, Aussagen usw. her; aber alles Einzelne wird seinerseits nur zugänglich im Horizont eines mitgebrachten Vorverständnisses, gleichsam des Notenschlüssels vor den einzelnen Notenzeichen".[9]

Politische Theologie

Da ist schließlich die gesellschaftskritisch-praktische Fundamentaltheologie im Sinne von Johann Baptist Metz. Sie würdigt die soziale Einbettung des Individuums, wodurch die Theologie gleichsam eine Entprivatisierung und Politisierung erfährt. Das Christentum hofft nicht auf das Jenseits, sondern auf die Zukunft, auf den „Gott *vor* – nicht *über* – uns".[10] Es befeuert durch eine Mystik des Konkreten die Aktionsbereitschaft der Wahrheit und durch die Erinnerung des Unrechts die Bereitschaft zu seiner Überwindung.

In der Beschäftigung mit der Fundamentaltheologie stößt man auf:
* Fragen der Wissenschaftstheorie
* Fragen zum Verhältnis von Glaube, Vernunft und Naturwissenschaft
* das Phänomen und Problem der Offenbarung und die Religionskritik

- das Problem der Hermeneutik – die Frage nach Verstehen und Auslegung
- die Geschichte von Denkformen und deren Gestalt
- das „Wesen" von Christentum und Kirche – nicht zuletzt interreligionell bedacht
- Ansätze und Möglichkeiten des interdisziplinären Dialogs
- eine „Theologie nach Auschwitz" – jüdisch und christlich überlegt
- die Theodizee-Frage (Gott und das Leid)
- aktuelle Debatten über Kosmologie, Anthropologie, Digitalisierung
- Freiheits-, Transzendental- und Subjektphilosophien

Zitat

Guido Bausenhart, Übersichtlichkeit der Theologie
Die Fundamentaltheologie hat zu zeigen, „dass ‚Gott' ein vernünftiger, kein in sich selbst widersprüchlicher Gedanke ist" und „dass in gleicher Weise vernünftig gedacht werden kann, dass dieser Gott den Menschen in Jesus von Nazaret begegnet und sich erfahrbar macht und dass dieses Denken taugt für den interreligiösen Dialog".[11]

Dogmatik und Dogmengeschichte   14.3.3

Als grobe Faustregel mag gelten: Während die Fundamentaltheologie das Christentum gewissermaßen im Spiegel seiner Außenwirkung wahrnimmt, erschließt es die Dogmatik von innen her. Dogmatik ist genuin Glaubenslehre. Im Zentrum dieses Faches steht das Kerygma des Christentums – systematisch aufbereitet und als göttliche Heilszusage in ihrem Wahrheitsanspruch dargeboten. Bedacht wird das *Dogma catholicum*: Was verkündet die Kirche, wie begründet sie das Verkündete und inwiefern fügt sich die Verkündigung zu organischer Einheit?

   An anderer Stelle dieses Buches war zutage getreten, dass in einem weiten Sinn schon die Heilige Schrift Dogmatik bietet. Denn sie dokumentiert Ereignisse und Überzeugungen, die zu Glaubenssätzen geronnen waren, um ihrerseits neue Glaubenserfahrungen und deren Reflexion anzustoßen (vgl. S. 68-74). Nun

Dogma catholicum

Dogmatische Synthese

sei hinzugefügt: Die Dogmatik errichtet aus der Zusammenschau historisch gewachsener Gottesbeschreibungen ein kohärentes Lehrgebäude. Sie sucht nach der Synthese, ohne die das weite Feld theologischer Ansätze und Aspekte schwer begehbar wäre. Dogmatik ermöglicht den Durchblick und legt dabei durchaus einen gewissen Ehrgeiz an den Tag: Was ist christlich, was nicht? Was gehört zur Identität der Christenheit, was nicht? Inwiefern ist das *dogma catholicum* unveränderlich, inwiefern nicht?

Dogmatik gleich
Sturheit?

Doch der Leumund des Wortes „Dogmatik" leitet in die Irre. Führen Starrköpfigkeit und Denkverbote das Zepter? Ganz bestimmt nicht: Wer etwas von Dogmatik versteht, denkt kritisch — wie jede angemessen vertretene theologische Disziplin. Das Christentum hat ein Recht darauf, authentisch präsentiert zu werden, und wenn Zerrbilder entstehen, bedarf es der nüchternen Widerrede im Licht von Schrift und Überlieferung. Wird indes der lebendige Strom der kirchlichen Glaubensweitergabe punktuell eingefroren, im Blick auf das Konzil von Trient etwa oder die Aura der Pius-Päpste, dann wächst ein ungesunder Dogmatismus heran, der in der Tat einige Sturheit zeigt. Zur Kunst dogmatischen Denkens gehört der Mut zum weiten Horizont.

Was die Gliederung des Faches Dogmatik betrifft, so gibt der Blick auf die so genannten *Traktate* hinreichend Auskunft. Diese bilden relativ geschlossene thematische Einheiten, hängen aber eng zusammen. Die Aufteilung hat eine lange Geschichte; sie erleichtert die akademische Präsentation des Stoffes, doch verbindlich ist sie nicht.

Theologische
Erkenntnislehre

Den Reigen der Traktate eröffnet die *Theologische Erkenntnislehre*. Ihre Frage lautet: Woher weiß die Dogmatik, was sie weiß? Knapp geantwortet: Ihr Wissen ruht auf einem Netz von Bezeugungsinstanzen, der Hl. Schrift, der Tradition, dem Glaubenspürsinn Getaufter und ihren Übereinstimmung darin, die wissenschaftliche Theologie, das kirchliche Lehramt (vgl. S. 92-96). Man beachte: Offenbarungsquellen sind die Zeugnisinstanzen *nicht*. Offenbarungsträger ist Gott allein, auf den sie verweisen.

Schöpfungslehre und
Theologische
Anthropologie

In der *Schöpfungslehre* hat sich inzwischen ein Wandel vollzogen, weil mit der modernen Kosmologie die Maßstäbe gesprengt wurden. Das „Baukastenprinzip" hat ausgedient: Gott oben, die Welt unten, Zeit und Raum als Vorgabe, alles in schönster Ordnung. Neue Ansprüche fordern das menschliche Kreaturgefühl heraus: Urknall, Evolution, schwarze Löcher, dunkle Energie, bril-

lante Technik, biologische Revolution, alles faszinierend und für
sich staunenswert. Was aus alledem — und natürlich von Schrift
und Tradition her — für das christliche Menschenbild folgt, steht
der *Theologischen Anthropologie* ins Auftragsbuch geschrieben: der
Mensch als Mann und Frau (vor der Gender-Debatte), das Leib-
Seele-Verhältnis (im Digitalisierungsschub), der Ursprung des Bösen und die Erbsünde, die Freiheit und Würde des Menschen als
Ausdruck seiner Gottebenbildlichkeit.

Zentrales Thema der Dogmatik bleibt das *Gottgeheimnis*, denn: So   Gotteslehre
einfach ist es nicht damit. Gott — eine Person? Transzendent? Heilig? Erkennbar? Wohlgesonnen? Handlungsfähig? Gerecht? Ewig?
Liebe und Leben? Und dann die Trinität, das unterscheidend Christliche: Gott als Vater, Sohn und Heiliger Geist — zugleich einer und
einzig. Hier trifft der menschliche Intellekt seinen Meister und
dogmengeschichtlich gesehen wird ihm so manches zugemutet:
Terminologien, Parteiungen, Konzilsbescheide, Rezeptionsverläufe,
Neuaufbrüche, Holzwege ...

Genauso sperrig, aber auch genauso anregend und unerschöpf-   Christologie und
lich wie die Gotteslehre präsentiert sich die *Christologie* mit der   Soteriologie
Soteriologie: Wer war und wer ist Jesus von Nazareth? Warum hat
sein Lebenswerk erlösende Wirkung? Was heißt *Erlösung*? Mit der
Sichtung zentraler Hoheitstitel ist es nicht getan: Messias, Men-
schensohn, Gottessohn, „Sohn" schlechthin. Es gilt vielmehr zu
zeigen, wie ein einzelner Mensch — jedem Menschen dieser Welt
in allem gleich — die Herrschaft *Gottes* ankündigen und dabei *sich
selbst* zum Maßstab machen konnte. Und mit dieser Grundfrage
arbeitet die Dogmatik eine stattliche Reihe von Folgefragen ab: die
Historizität Jesu, Formen seiner Lehre, die Rede von Kreuz, Ostern
und Pfingsten, das frühe Christentum im Bezug darauf — um nur
die wichtigsten zu nennen.

Ohne die Kirche hätte es kein systembildendes Christusbekennt-   Ekklesiologie
nis gegeben, von dessen sozialer Einbettung die *Ekklesiologie* handelt, die Lehre von der Kirche als dem erneuerten Gottesvolk. Zum
Gottesvolk gehören die Getauften nicht ohne Israel und ihre Ge-
schwister jüdischen Glaubens, deren Erwählung für immer Bestand
hat — der nie gekündigte Bund! Seit dem Zweiten Vatikanum ist
man diesbezüglich sensibler geworden. Im Licht dieses Konzils und
seiner Quellen fragt der Ekklesiogietraktat nach der Kirche in ihrer
ursprünglichen Einheit, Heiligkeit, Katholizität und Apostolizität.
Dazu gehören auch Strukturprobleme: Gemeindebildung, Hierar-

Regina in templo sedens
significat ecclesiam que
dicitur Virgo Mater
et typum gerit
omnium prelatorum

Abb. 45 | ▶
Mittelalterliche
Darstellung der
Kirche mit den
Gläubigen, Herrad
von Landsberg,
Hortus Deliciarum,
um 1180

chie, Ordensleben, Mitbestimmung, Weltbezug. Die Wahrnehmung des mystischen Charakters der Kirche widerstreitet nicht ihrer soziologischen Betrachtung; er setzt diese vielmehr „voraus" und bringt sie „zur Vollendung".[12]

Die *Gnadenlehre* erörtert Gottes „Selbstmitteilung", wie sich Karl Rahner ausgedrückt hat.[13] Ansatzpunkt: der Mensch vor Gott — und was aus ihm wird, wenn er sich Gott in Freiheit und Liebe öffnet. Gnade ist kein Ding, kein Besitz, sondern Beziehung und Verheißung. Die Theologie der Scholastik und der Barockzeit hatte ihre Freude an der haarkleinen Differenzierung einschlägiger Aspekte: zuvorkommende Gnade, wirksame Gnade, mitwirkende Gnade, heiligmachende

Gnadenlehre

Gnade, nachfolgende Gnade. Doch es ist immer die eine göttliche Liebe, die auf das geistbegabte Geschöpf einwirkt. Spürt man sie? Jedenfalls wirkt sie nicht losgelöst von Kontexten, weshalb schon die Scholastik das viel beachtete Axiom prägte: *Gratia praesupponit naturam et perficit eam*, frei übersetzt: Wenn die natürlichen Ressourcen des Menschseins stimmig bleiben, werden sie von der Gnade nicht ignoriert, sondern veredelt und über sich hinausgeführt.[14] Gnade und Natur — prinzipiell erfasst — sind keine Konkurrenten.

Pneumatologie und
Mariologie

Vor diesem Bescheid gewinnen die Traktate *Pneumatologie* und *Mariologie* ihre Kontur. Die Pneumatologie — die Lehre vom Heiligen Geist — gehört eigentlich zur Gotteslehre und erklärt sich nur von ihr her. Aber im Heiligen Geist setzt sich Jesu Erlösungswerk fort und verortet sich in den Herzen der Getauften. Der Heilige Geist belebt Mensch und Natur, befeuert religiöses Empfinden und verleiht Weisheit. Er ist der „verschenkte Gott". Darum lohnt sich die theologische Überlegung im Blick auf sein Verhältnis zum Vater und zum Sohn, zur Schöpfung im Ganzen, zum Gottesvolk, zur gelebten Spiritualität — und auch zur Gnade, die sich, nach römisch-katholischer Überzeugung, exemplarisch in Maria, der Mutter Jesu, ausgeprägt hat. Es gibt im Blick auf sie vier dogmatisierte Grunddaten: Maria, Gottesmutter und deshalb ersterlöst; Maria, von der Erbsünde ausgenommen und deshalb sündenlos; Maria, Inbild des erlösenden Neuanfangs und deshalb Jungfrau; Maria, mit Leib und Seele bei Gott vollendet und deshalb „selig". Diese Bestimmungen haben es in sich und sind nicht nur zwischen den Konfessionen umstritten. Aber wenn man bedenkt, dass Gottes Weltengagement höchste Konkretion bedeutet, ist eine Verständigung möglich.

Mit gutem Grund gehört die *Sakramentenlehre* zum Ressort der Dogmatik, und zwar im Blick auf die Idee des Sakramentalen an sich (Allgemeine Sakramentenlehre) wie auch hinsichtlich der verschiedenen Einzelsakramente (Spezielle Sakramentenlehre). Allerdings macht es durchaus Sinn, dass sich die Dogmatik mit den Fächern Liturgiewissenschaft und Kirchenrecht abstimmt. Denn Sakramente werden gottesdienstlich *gefeiert*, und sie begründen kirchliche *Rechte* und *Pflichten*. Strikte Zuweisungen sind fehl am Platz. *Sakramentenlehre*

Zu einem eigenen dogmatischen Traktat hat sich die *Eschatologie* entwickelt. Auch hier wird unterschieden: Allgemeine Eschatologie, bezogen auf die Vollendung von Welt (Kosmos) und Geschichte. Spezielle Eschatologie, bezogen auf das persönliche Schicksal des Menschen im Tod und dem, was „danach" kommt. Weil das Christentum schöpfungstheologisch denkt, bleibt ihm die Zukunft der Dinge nicht gleichgültig; es gibt kein sozusagen unverwertbares Restmaterial. Und weil das Christentum soteriologisch denkt, hofft es auf die Erneuerung von Himmel und Erde. Daraus erklären sich die eschatologischen Themen im Einzelnen: Auferstehung der Toten kraft der Auferstehung Jesu von Nazareth, persönliches und allgemeines Gericht, endgültige Versöhnung angesichts einer historischen Wirklichkeit mit verheerenden moralischen Katastrophen, umfassendes Glück für „allen Geist", der sich der göttlichen Zuwendung öffnet. *Eschatologie*

Allen dogmatischen Überlegungen liegt ausgesprochen oder unausgesprochen das Phänomen der *Dogmengeschichte* zu Grunde. Kein Dogma fällt einfach vom Himmel. Um jedes einzelne wurde schmerzlich gerungen. Es gab Diskussionen über sie im kleinen Kreis, Briefwechsel und Debatten in aller Öffentlichkeit, Schulbildungen mit den entsprechenden Rivalitäten, politische Einflussnahmen, kulturelle Zwänge, schließlich Synoden oder Konzile, *Dogmengeschichte* die Dogmen definierten und für verbindlich erklärten. Wichtig zu sehen ist die Rezeption dogmatisierter Aussagen: Wie wurden Dogmen verkündet, erlebt, zur Blüte gebracht, abgeschwächt, neu interpretiert, vergessen, wiederentdeckt? Die Dogmengeschichte fordert historische Recherchen in reichem Maße ein; man muss Quellen kennen und sie aus ihrer Zeit heraus lesen lernen.

Auf Überraschungen sollte man dabei gefasst bleiben, denn nicht immer deckt sich der dogmenhistorische Tatbestand mit der offiziellen Lehre. Zum Beispiel wird sichtbar, dass sich die Kirche erst ab dem fünften Jahrhundert für die Sakramentalität der Ehe interessiert hat, oder dass die Krankensalbung von einer Selbstsalbung herrührt, um die sich später vor allem pflegende Angehörige zu kümmern hatten.

Bedauerlich ist, dass die Dogmengeschichte im akademischen Raum zunehmend an Unterbelichtung leidet und das entsprechende Detailwissen abnimmt. Denn die Theologie beginnt nicht erst bei Kant ...

14.3.4 | Moraltheologie/Theologische Ethik

Primat der Gnade

Wäre ein Christentum denkbar, das sich nicht am Verhalten der Christinnen und Christen ablesen lässt? Wer glaubt, benimmt sich auch entsprechend. Dabei ist das Christentum keine Moralanstalt, in der Normen und Vorschriften alles wären. Das Heil der Welt beruht auf dem Primat der Gnade; es wird empfangen, nicht erarbeitet. Aber Moral und Ethik *zeigen* dies.

Moral und Ethik? Wo liegt der Unterschied? Moral bewährt sich in der Praxis: Ich entscheide in einer bestimmten Situation so und nicht anders, und ich handle so und nicht anders. Ethik ist die Voraussetzung der Moral, nämlich deren theoretische Basis, die freilich in Fleisch und Blut übergehen soll, damit aus ihr eine Haltung wird. So kann man sagen: „Die Ethik ist [...] die Theorie von der Moral; die Moral ist ihr Gegenstand. Ethik leistet hinsichtlich der Moral ein Dreifaches: Systematisierung, Begründung und Verallgemeinerung".[15] Dazu, in aller Kürze:

• Systematisierung: Als systematisches Fach sucht die theologische Ethik nach der inneren Kohärenz des moralischen Handelns, sozusagen nach der Gesetzmäßigkeit, die sich in Entscheidungen und Taten zeigt. Die reflektierte Ethik macht deutlich, aus welchen Quellen sich moralisches Handeln speist und welchem Ideal es folgt. So gesehen ist Moraltheologie eine handlungsorientierte Erscheinungsform der *Dogmatik*. Denn die Quellen und Ideale der christlichen Lebensführung ergeben sich aus der Glaubenslehre, speziell aus dem biblischen Gottes- und Menschenbild. Zum strikten Einerlei führt diese Voraussetzung aber nicht; denn wie es viele dogmatische Ansätze im Rahmen des einen *Dogma catholicum* gibt, so gibt es unter demselben Dach auch viele verschiedene Ethikdiskurse mit unterschiedlichen Akzenten im Ansatz und im Ergebnis. Doch muss darauf geachtet werden, dass die Terminologien klar bleiben und die Kompatibilität der Ansätze erhalten bleibt.

Handlungsorientierung

- Begründung: Ein ethischer Theorieansatz ist nur argumentativ kommunizierbar. Denn er trifft in einer säkularisierten Gesellschaft zum großen Teil auf nichtreligiöse Wirklichkeitsverständnisse. Ein lehrreiches Beispiel ist die Euthanasiedebatte: Im Prinzip sind alle von ihren Ergebnissen betroffen, aber wie kommen sie zustande? Es bleibt kein anderer Weg als die eingehende Diskussion unter möglichst vielen Gruppierungen und unter Einbeziehung möglichst vieler rational ausweisbarer Gesichtspunkte. Ideal wäre der (weitgehende) Konsens, womöglich auf der Basis eines rein formalen Begründungsverfahrens, etwa: *Respice finem*, achte auf das Ende! Nur einmal als Gedankenexperiment: Wenn man die (aktive) Euthanasie legalisiert, wird sie zum Geschäft; in der Geschäftswelt zählt der Stärkere – bestimmt also demnächst der Konzern über Leben und Tod?

Argumentationspflicht

- Verallgemeinerung: Die christliche Ethik sucht den gesellschaftlichen Anschluss auf der Basis der Vernunft. Grundlegende Normen müssen für alle gelten, weil sie alle schützen sollen. Maßstab für eine allgemein akzeptierte Ethik ist der Mensch in seiner Würde. Wer sie bedenkt oder zumindest anerkennt, dürfte für ein verbindendes und verbindliches Ethos motivierbar sein. Innerchristlich stellt sich mithin die Frage nach der konfessionellen Dimension von Ethik und Moral: Spricht wenigstens das Christentum mit einer Stimme? Die faktische Vielfalt der Ansätze auch im kirchlichen Bereich ist ein Indiz für die Möglichkeit, dass ein Konsens auch angesichts bleibender Differenzen sinnvoll sein kann. Da für sittliche Entscheidungen zwar das unvertretbare Subjekt Verant-

Grundlegende Normen

wortung trägt, Subjektivität aber „nur in der Offenheit für andere Subjekte"[16] authentisch bleibt, gebührt dem moralischen *Gesetz* überindividuelle Geltung. Der ethische Diskurs, von der Moraltheologie unterstützt, macht die Norm intersubjektiv sprachfähig.

Naturrecht
Die Art und Weise, wie Moral begründet wurde, hing immer auch vom historischen Kontext ab. Eine große Rolle spielte etwa ab dem 15./16. Jahrhundert der *naturrechtliche* Ansatz: Es gibt objektive, für den klar denkenden Verstand erkennbare Verhaltensnormen, die dem göttlichen Willen im Bauplan der Schöpfung entsprechen. Experten lesen ihn und legen ihn für die Allgemeinheit aus – sie taten dies aber dann zunehmend im Blick auf den Einzelfall. So entstand die *Kasuistik*, die sich in die verschiedensten Arten sittlicher Herausforderungen hineindachte, um zu erkunden, was erlaubt und verboten sei. Konkreter Anhalt war die Individualseelsorge gewesen, verankert in der Beichtpraxis. Über kurz oder lang schob sich die Norm vor die Person, obwohl es gerade um sie und ihr Verhältnis zu Gott ging. Hohe ethische Standards wurden formuliert, aber sie förderten eine reine Gesetzesmoral.

Im 19. und 20. Jahrhundert bricht dieser juridische Zugang zur Ethik auf. Das Gesetz sekundiert der Verantwortung. „Es geht um den Menschen als freies Gegenüber Gottes in seiner Selbstbestimmung sowie in der Bindung an die sachlichen und natürlichen Grundlagen seiner personalen Selbstentfaltung in der Beziehung zum Gott der Heilsgeschichte".[17] Das Individuum soll als freiheitsbegabtes Subjekt in einer immer komplexeren Welt verstehen und entscheiden lernen, wie sich der göttliche Anspruch umsetzen lässt. Moraltheologie bietet Hilfen zur Lebensbewältigung an, indem sie auch auf die modernen Humanwissenschaften, vor allem die Psychologie und die Soziologie zurückgreift. Die personale Reifung des Menschen, die seiner sittlichen Reifung zugrunde liegt, wird im Kontext der kulturellen und politischen Bedingungen seiner Umwelt bewertet. Damit steigt die theologische Ethik zur kritischen Instanz gegenüber der säkularen Gesellschaft, aber auch zu ihrer Gesprächspartnerin auf.

Autonome Moral
Mit dem Namen Alfons Auer artikuliert sich die Forderung nach *autonomer Moral*.[18] Das Ethische soll nicht als Verlängerung der religiös begründeten sittlichen Botschaft mit (auch) profanen Mitteln erscheinen, sondern als eine den säkularen Umbrüchen innewohnende Kraft, die nachgerade der Glaube anstößt und freisetzt.

Damit war für die Diskussion erneut ein umgreifender Horizont
eröffnet, freilich jetzt nicht mehr unter der Ägide des Naturrecht-
gedankens; vielmehr gilt die Aufmerksamkeit dem großen Pool
des Humanen im Diskurs der Disziplinen und ihrer epistemologischen Errungenschaften.

Wo und wie sich einzelne Lehrende der Moraltheologie konkret
positionieren, macht ihre Tätigkeit in der Regel sehr schnell deutlich. Wer Moraltheologie und Theologische Ethik studiert, wagt
sich in jedem Fall an:

- Probleme der Fundamentalmoral (Allgemeine Moraltheologie): Wie sind Normen, Gesinnungen und Tugenden des
  ethisch sensiblen Individuums und seiner sozialen Einbettung
  in Kirche und Welt zu begründen? Wie hat sich dieses Bestre-
  ben gewandelt?
- die Lebensethik (Spezielle Moraltheologie): der Mensch vor
  den Fragen von Zeugung und Geburt, als Wesen medizinischer Sorge und medizinischer Forschung, als Individuum im
  Alter und im Sterben, umfassender Lebensschutz
- die Beziehungsethik: Personalität und Sexualität des Menschen, seine Prägung durch die Gesellschaft und seine Haltung
  zum Krieg, die Option für die Armen und der Umgang mit
  Geld, Menschenwürde und Menschenrechte
- die Kommunikationsethik: Verwerflichkeit von Lüge und Betrug, Verpflichtung zur Wahrheit, Segen und Fluch moderner
  Kommunikationsmittel, das neue Menschenbild im *homo digitalis*
- die Bildung, Weiterbildung und Verfeinerung der eigenen Spiritualität im Blick auf persönliche Entscheidungen
- den reflektierten Umgang mit Schuld und Versagen
- die Erlösungsbotschaft des Christentums als Bezugspunkt
  ethischer Argumentationsfelder angesichts zeitgenössischer
  Lebenswelten

Christliche Gesellschaftslehre/Sozialethik

14.3.5

Niemand lebt ohne gesellschaftliche Bezüge, niemand ohne gesellschaftliche Voraussetzungen. Die biblische Offenbarung zielt
auf Gemeinschaft, ist also ihrerseits grundlegend sozial ausgerichtet. Der Alttestamentler Norbert Lohfink spricht im Blick auf das
symbolreiche, biblische Jerusalem vom „Experiment einer ‚Stadt

Stadt Gottes

Gottes'" und führt dazu aus: „In den Mauern dieser Stadt sollte
‚Friede wohnen', in ihren Häusern ‚Geborgenheit' (Ps 122,7). ‚Zi-
ons Nahrung' sollte ‚reichlich gesegnet' sein, alle ‚Armen' dort
sollten sich ‚an Brot satt essen können' (Ps 132,15). Die Dynastie
Davids würde dort für Gerechtigkeit sorgen (vgl. Ps 122,5). ‚Morgen
für morgen' spricht dort der König ‚das Urteil über die Frevler im
Land, um aus der Stadt Jahwes alle zu beseitigen, die Unrecht tun'
(Ps 101,8)."[19]

Erlösung heißt, biblisch bedacht, Volkswerdung — nachhaltige
Gerechtigkeit, sozialer Friede. Man achtet einander, stützt einander, steht füreinander ein, freut sich aneinander. Es geht um
„mich" genauso wie um „dich". Ich und Du finden sich im Wir,
ohne vereinnahmt zu werden.

Allerdings hat sich das Schwergewicht der biblischen Erlösungsbotschaft im Lauf der Zeit — es gab immer Ausnahmen — verlagert. Das „Jenseits" stieg zum großen Hoffnungsmuster auf, wozu
im Vergleich das Leben hier und jetzt unter der Last sozialer Herausforderungen lediglich als Vorspiel erschien. Vor diesem Hintergrund mag das Fach *Christliche Sozialethik* jener Arm einer neu
überdachten Theologie sein, die ihr Interesse auf das Diesseits
zurückverlegt.

In diese Richtung hat auch das Zweite Vatikanische Konzil (1962-
1965) gedeutet. Die vornehme Weltdistanz in weiten Kreisen der
Kirche wurde von ihm korrigiert. Man erkannte (neu?) die (relative)
Eigenständigkeit der Weltwirklichkeit und gestand ein, dass die
Kirche — Anwältin der Erlösung — von ihr lernen könne. Darin
liegt das Herausfordernde des konziliaren Dokuments „Gaudium et
spes", das sicher wegweisend bleibt, obwohl sein euphorischer Ton
kaum noch Anklang findet. Christen mögen anerkennen, heißt es
in diesem Schreiben, „was an Gutem in der heutigen gesellschaftlichen Dynamik vorhanden ist, besonders die Entwicklung hin zur
Einheit, den Prozess einer gesunden Sozialisation und Vergesell-
schaftung im bürgerlichen und wirtschaftlichen Bereich".[20] Die
Kirche soll der „menschlichen Gesellschaft" und dem „menschlichen Schaffen" unter die Arme greifen, wie sie umgekehrt Hilfe
„von der heutigen Welt" erfährt.[21]

Hat sich der Katholizismus mit diesem Schwenk gleichsam „zur
Welt" bekehrt, wie gelegentlich unterstellt wird? Sicher nicht.
Aber die Verhältnisbestimmung von Kirche und Welt erhielt ihre
soteriologische Spannkraft zurück; es gibt den Himmel nicht ohne

Eigenständige
Weltwirklichkeit

die Erde: „Der Herr ist das Ziel der menschlichen Geschichte, der Punkt, auf den alle Bestrebungen der Geschichte und der Kultur konvergieren, der Mittelpunkt der Menschheit, die Freude aller Herzen und die Erfüllung ihrer Sehnsüchte".[22]

Damit ist der theologische Ort des Faches *Christliche Soziallehre* gekennzeichnet: Man studiert das gesellschaftliche und politische Leben in Kirche und Welt hinsichtlich der Frage, wie sich darin das Evangelium abzeichnet oder mit welchen Folgen man es ablehnt. Die christliche Soziallehre interessiert sich für die Schicksalsgemeinschaft der Spezies „Mensch" samt ihrer geistigen und materiellen Ressourcen. Sie schärft die christliche Weltverantwortung, redet aber auch all denen ins Gewissen, die religiös ungebunden sind. Ein mahnendes Wort ist nie verkehrt. Es gibt Großartiges in der Welt, aber auch sehr viel Bedrohung, dessen Nährboden ein falsches Denken in verhängnisvollen Strukturen ist: voranschreitende Plutokratie, die Übermacht der ökonomischen Doktrin (Profit um jeden Preis), der Verfall des Weltfriedens, Umweltzerstörung, Totalüberwachung. Die christliche Soziallehre sorgt dafür, dass der vom Glauben kommende Appell umzudenken wissenschaftlich fundiert und anschlussfähig bleibt.

Schärfung des öffentlichen Gewissens

Es gab nicht immer das ausgewiesene Fach *Christliche Soziallehre*, aber es gab von früh an die gläubige Sorge um den Mitmenschen in dessen konkreter Not; der Kirchenvater Augustinus unterschied Wohltaten „den Körper betreffend" und Wohltaten „für die Seele".[23] Beträchtliche Kraft floss in so genannte „Werke der Barmherzigkeit", die dann auch planmäßig organisiert wurden, etwa durch die Krankenpflege seit dem hohen Mittelalter. Der aus dieser Zeit stammende Spitalbau *Santo Spirito in Sassia* zu Rom, zwischen Vatikan und Engelsburg gelegen, ist ein schönes Beispiel dafür.

Werke der Barmherzigkeit

Aus der *Haltung*, barmherzig zu sein, entwickelte sich, als die Zeit gekommen war, die entsprechende *Lehre*, und zwar höchst amtlich und im globalen Horizont. Dafür steht im 19. Jahrhundert der Name des Papstes Leo XIII. mit der Enzyklika *Rerum novarum* von 1891, die zur Arbeiterfrage Stellung nimmt und kapitalistische Auswüchse ebenso verurteilt wie ihre marxistische Instrumentalisierung. Das kirchliche Engagement für das „Diesseits" hatte dadurch Aktualität und Brisanz gewonnen und ist von Seiten Roms seitdem mehrfach befeuert worden. Man denke an die Enzykliken

Kirchliche Soziallehre

Abb. 46 | ▶
Krankensaal des
Santo Spirito in
Sassia in Rom

Basics christlicher
Sozialllehre

Pacem in terris von Papst Johannes XXIII. (1963) oder *Populorum progressio* aus der Feder Pauls VI. (1967).

In den Grundanliegen der kirchlichen Soziallehre spiegeln sich gut erkennbar die Grundanliegen des Christentums selbst.

Den Anfang macht das *Personprinzip*: Menschen sind keine Sache, kein Produktionsmittel, keine Verfügungsmasse für Staaten und Konzerne. Sie sind Individuen mit einer unantastbaren Würde. Am Persönlichkeitsrecht bricht sich jedes andere Interesse, nichts darf die Würde der Einzelnen gefährden.

Aus dem Personprinzip ergibt sich das *Solidaritätsideal*. Gemeint ist das Recht von freien Bürgerinnen und Bürgern, sich zusammenzuschließen, um gemeinsam, in konzertierter Aktion, Ziele sozialer oder politischer Art zu verfolgen. Die Solidarität zügelt den Egoismus und kämpft gegen die Gleichgültigkeit. Denn der Mensch findet zu sich im Gegenüber zu anderen, und er ist kein Rädchen im Getriebe, sondern − soweit wie irgend möglich − freier Gestalter seiner Beziehungswelt.

Deshalb pocht die Kirche auf *Subsidiarität*. Das heißt: Was sich an gemeinschaftlichen Aufgaben in einer Gesellschaft vor Ort organisieren lässt, gehört nicht auf eine übergeordnete oder gar die höchste Ebene. So bleibt das persönliche Engagement in nächster Umgebung wie auch der Sinn für das Naheliegende, unmittelbar Belangvolle bewahrt. Mit dem *Gemeinwohlprinzip* ist noch einmal unterstrichen, dass die Sorge um das Individuum und dessen Recht zum Zusammenschluss auf unterschiedlichen Ebenen nicht den Sinn für das Große und Ganze der sozialen Korporation − der Kommune, des Landes, der Nation, des Erdteils, der einen Menschheit − verdunkeln darf. Mit der inzwischen eklatant brennenden Umweltfrage steht ein Problem im Raum, das sich beim besten Willen nicht mehr anders denn global lösen lässt. Hier kann die Kirche unmöglich abseits stehen.

Themen der christlichen Soziallehre sind:
- Geschichte und Spiritualität der kirchlichen Diakonie
- Geschichte des Verhältnisses von Kirche und Staat
- Prinzipien der christlichen Soziallehre und ihre Anwendung
- Philosophische und theologische Konzepte bezüglich Frieden, Gerechtigkeit und Bewahrung der Schöpfung
- Geschichte und Selbstverständnis kirchlicher Sozialbewegungen und Sozialverbünde
- die Auseinandersetzung mit Brennpunkten der sozialen Diskussion und der Zielsetzung sozialpolitischer Einrichtungen: Gesundheitswesen, Behinderung, Schwangerschaftsabbruch, Euthanasie, Armut und Reichtum, Klimawandel
- Wirtschaftsethik, Rechtsphilosophie, Wertphilosophie

„Sozialpolitik ist verantwortete Zeitgenossenschaft".[24] Dieser Satz trifft den Geist des Faches *Christliche Sozialethik*. Entscheidendes Motiv für seine Reflexion und Praxis bleibt das Liebesgebot Jesu, gegründet auf Glaube und Hoffnung. „Wenn die Kirche für diese Werte einsteht und dieses Ethos entfaltet, dann ist sie in der ihr angemessenen Weise politisch und ermöglicht lebendige Demokratie".[25]

Praktische Theologie

14.4

Pastoraltheologie

14.4.1

Die praktischen Fächer im akademischen Kanon sind nicht die Anwendungswissenschaften der systematischen Theologie. Ihnen kommt eine spezifische Eigenständigkeit vor allem in der Fragestellung zu. Die Pastoraltheologie, die es seit dem späten 18. Jahrhundert im universitären Leben auch auf Anregungen der österreichischen Kaiserin Maria Theresia hin gibt, konzentriert sich gewissermaßen auf den christlichen Alltag — und auf vieles, was ihn gefährdet. Aber natürlich geschieht dies hochreflexiv: Wovon zehrt eine Pfarrgemeinde? Wie präsentiert sich eine Weltkirche, die zugleich Kirche vor Ort bleiben muss? Wie versteht der Mensch von heute die Botschaft von damals? Wo missversteht er sie?

Glaube im Alltag

    Traditionell weist der Begriff *Pastoral*-Theologie eine Nähe zu den *pastores* auf, zu den Hirten, den „Seelsorgern", in der Regel

Sorge der „Hirten"

den Pfarrern. Diese nehmen jedenfalls in der katholischen Kirche die Erstverantwortung in den Pfarrgemeinden wahr. Mit ihrem Amt ist — nach traditioneller Dogmatik — die Repräsentation des eigentlichen „Pastors", jene Jesu Christi selbst gegeben, entsprechend wuchs das Bedürfnis nach Bildung und Weiterbildung für diesen Dienst.

Oikodomik und Poimenik

Im protestantischen Sprachgebrauch umschreibt der Begriff *Pastoraltheologie* nach wie vor die amtliche Sendung der Pfarrer und Pfarrerinnen, wobei bestehen bleibt, dass „Pastoral" Seelsorge in ihrer ganzen Bandbreite bedeutet. „Darum ist von ‚Oikodomik' (Gemeindeaufbau bzw. Gemeindepastoral) und ‚Poimenik' (Einzelseelsorge) die Rede".[26] Im katholischen Bereich wurde der Pastoralbegriff von seinem strikten Bezug auf die Amtsträger gelöst und auf diese Weise zur globalen Bezeichnung für die Seelsorge an sich.

Plurale Lebenswelten

So lässt sich zunächst einmal sagen: Pastoraltheologie ist die Wissenschaft von den Umständen der kirchlichen Heilsverkündigung. Sie erschließt mit den ihr eigenen Methoden das Evangelium im Horizont seiner Adressatinnen und Adressaten. Sie unterstützt die Verankerung des Glaubens in einer inzwischen unumkehrbar pluralistischen Gesellschaft, in der die Berührung mit der Botschaft Jesu nur als allmählicher Einsickerungsprozess denkbar ist. Pastoraltheologie versteht sich als praktischer Heilsdienst im Modus der Verkündigung, wie sich analog dazu die organisierte Diakonie als praktischer Heilsdienst im Modus der Nächstenliebe darstellt. Da sich das Christentum weder auf eine bloß mystische noch bloß karitative Dimension reduzieren lässt, erinnert dieses Fach an die integrale Sendung der Kirche zum Wohl des Menschen in seiner konkreten Lebenswelt.

Theologischer Quellort Mensch

Pastoraltheologie tut ihre Arbeit umso besser, je mehr und je gründlicher sie den Menschen kennt. Darin liegt ihre Stärke, ihre Unterscheidbarkeit, ihr wissenschaftliches und theologisches Charisma. Über den Menschen — wie er leibt und lebt, wie er leidet und hofft, wie er sündigt und sich bessert — führt sie zum *Mit*-Menschen Jesus von Nazareth und zu dessen Heilsbedeutung. Aber auch umgekehrt gilt: Im Menschen, wie er konkret leibt und lebt, zeigt sich etwas von der Realität der Erlösungsgeschichte. Mit der Aufmerksamkeit auf ihn „lässt die Pastoraltheologie etwas über die Gestalt Jesu Christi, über dessen Wesen erkennen; die Wahrnehmung der Menschen und ihrer Lebenswirklichkeiten führt die Pastoraltheologie nicht vom Kern des christlichen Glaubens weg, sondern ermöglicht ihr theologische Erkenntnisse, die anders nicht generiert werden können. So wie andere theologische Disziplinen sich auf bestimmte Quellen beziehen, so findet die Pastoraltheologie in den Menschen und deren Lebenswirklichkeiten eine Quelle theologischer Erkenntnis".[27]

Was die Methoden betrifft, mit deren Hilfe die Pastoraltheologie den Fundus „Lebenswirklichkeit" erschließt, so herrscht naturgemäß eine große Bandbreite vor. Im Grunde bietet sich alles zur Sichtung an, was im Kreis der Humanwissenschaften erörtert wird, von der Tiefenpsychologie über die Wissenssoziologie bis hin zu den neuesten Diskussionen über den *homo digitalis*. Interdisziplinarität und Dialog sind einmal mehr die großen Stichworte.

Interdisziplinarität

Theologisch gesehen ist klar, dass die christliche Heilsbotschaft den Maßstab für die pastoraltheologische Forschung und Lehre bildet. An erster Stelle ist die Bibel selbst zu nennen, die ja kein Lehrbuch ist, sondern — recht verstanden — ein Lesebuch, das auf faszinierende Weise Paradigmen existenzieller Grundsituationen bietet. Und natürlich stellt die Kirchengeschichte ein schier unerschöpfliches Arsenal in gleicher Hinsicht dar. Man denke an die Pastoral des Papstes Gregor des Großen in der Spätantike, an den psychologischen Feinsinn mönchischer Seelenführungskunst im 12. Jahrhundert, wofür der Abt Wilhelm von St. Thierry stehen mag, an die ebenso tiefgründigen wie pfiffigen Ratschläge der Teresa von Ávila oder das abgewogene Urteil eines Franz von Sales. Gewiss, das sind Zeugnisse einer fernen Vergangenheit. Doch ändert sich der Mensch so radikal? Die Angst vor angeblich zu viel Theologie, wie sie sich mitunter in der heutigen Pfarrseelsorge (und leider nicht nur da) greifen lässt, ist unbegründet und kurzsichtig.

Bibel und Kirchengeschichte

Fachliche Verwandtschaften mit der Pastoraltheologie gibt es im disziplinarischen Reigen theologischer Fakultäten natürlich auch: die Homiletik (Predigtlehre und Predigtausbildung), die Missionswissenschaft, die Caritaswissenschaft. In der Regel pflegt man diese Fächer je nach Bedarf, was nicht heißen soll, dass sie subaltern seien; aber als Rasterungsprinzip für den Studienaufbau haben sich grobmaschigere Bezeichnungen durchgesetzt.

Fachverwandtschaften

Das Zweite Vatikanum brachte mit der bereits erwähnten Konstitution über die Kirche und ihr Verhältnis zur Welt — Gaudium et spes — auch der Pastoraltheologie einen kräftigen Impuls. Den

Kairologie

„Zeichen der Zeit" solle man Rechnung tragen, mahnt das Konzil.[28] Damit ist anerkannt, die Seelsorge kairologisch aufzufassen: Es gibt den „rechten Augenblick"; es gibt unterschiedliche Empfänglichkeiten für religiöse Anliegen je nach Situation, je nach den konkreten Umständen. Die Pastoraltheologie sichtet sie und trägt damit zur Vertiefung der theologischen Erkenntnisquelle „Mensch" bei. Sie bietet:

- die Geschichte der kirchlichen Seelsorge in Textzeugnissen und Lebensbildern
- Theorien kommunikativen Handelns; Symboltheorien
- Anthropologische Daten und Entwürfe: aus der Bibel, aus der Geistesgeschichte, aus den zeitgenössischen Humanwissenschaften
- Erfahrungsberichte aus der angewandten Seelsorge, bedacht im Licht des Evangeliums
- Reflexionen und Handreichungen für die Pfarrseelsorge und die so genannte Kategorialseelsorge: Gemeindemodelle, Leitungsformen, Alten-, Kranken- und Behindertenpastoral, Sterbebegleitung, Trauerbegleitung, Jugendarbeit
- Schulen der pastoraltheologischen Theoriebildung und ihre Relevanz

Zitat

Der „Pastoraltheologe" und spätere Bischof *Johann Michael v. Sailer* († 1832) schreibt

„Das ist die reine Kraft des Christentums, dass es uns zu neuen, ganz guten, reinen, edlen, gottgefälligen, Christus ähnlichen, des vertrauten Umgangs mit Gott fähigen Menschen bildet, deren Leben nichts anderes ist als ein beständiger, lauterer Gottesdienst, und deren Sterben – ein Triumpf ihres Glaubens und ihrer Liebe".[29]

14.4.2 | Religionspädagogik und Didaktik des Religionsunterrichts

Schule und Pfarrgemeinde

Im deutschen Sprachraum wird Religionsunterricht an öffentlichen Schulen kirchlicher wie staatlicher Hand erteilt. Und wer Theologie studiert, ist prinzipiell zur Mitarbeit aufgerufen. Aber auch in den Pfarrgemeinden spielt die reflektierte Vermittlung des Glaubens eine große Rolle: aus katholischer Perspektive in der Vorbereitung auf Erstbeichte, Erstkommunion und Firmung. In

Abb. 47 | ▶
Erstkommunion in
St. Gallus in
Kirchzarten

der Regel sind es Kinder oder junge Erwachsene, denen die religionspädagogische Aufmerksamkeit gilt. Ihnen je nach Fassungsvermögen, Lebenssituation und Willenslage gerecht zu werden, ist eine Kunst – die beim Theologiestudium gelehrt und geschult wird.

Man gewinnt einen Eindruck von dem, was Religionspädagogik heute bedeutet, wenn man sich vor Augen hält, was das moderne Fach *nicht* mehr sein will: reine Katechese. Der negative Beigeschmack dieses urkirchlichen Grundworts hat mit Entwicklungen zu tun, die mehr einer verhängnisvollen Praxis als einem bestimmten Programm verdankt sind. Grundsätzlich kann es Kirche ohne Katechese nicht geben. Denn der Glaube kommt vom Hören. Frühchristliche Taufkatechesen erläuterten von Lehrer zu Schüler die Eckdaten der neuen Lehre, deren Anerkennung mit dem Taufakt besiegelt wurde. Von der „eisernen Ration" schritt dann der Unterricht zu ihrer systematischen Vertiefung weiter. Es kam einerseits auf den zu vermittelnden Glaubensinhalt, andererseits auf die Aufnahmefähigkeit der Neophyten (Neuchristen) an. Für sie schrieb der Bischof Augustinus einen berühmten Essay: *De catechizandis rudibus* – frei und milde übersetzt: *Wie erklärt man den Glauben für einfache Gemüter?* Der Kirchenvater bietet zwei Musterkatechesen, versehen mit pädagogischen Hinweisen, wie zum Beispiel dem, dass den Zöglingen *erzählt* werden müsse, und zwar

Katechese in der
frühen Kirche

entlang der großen biblischen Linien; nicht Thesen sind gefragt, sondern Geschichte, die in Begebnissen zum Ausdruck kommt.[30]

Lernorientierte Katechese

Ein Jahrtausend später findet sich das Anliegen, Inhalte streng lehrhaft, aber je nach Reifegrad zu vermitteln, in einem weiteren, theologiegeschichtlich einflussreichen Dokument, dem *Catechismus Romanus* aus dem Jahr 1566. Dort wird gesagt, es „komme sehr darauf an, ob man etwas so oder anders lehre. Daher müsse man Alter, Fassungskraft, Lebensgewohnheiten und soziale Situation der Hörer genau studieren, um wirklich allen alles zu werden. Der Katechet müsse wissen, wer Milch und wer feste Speise brauche, und seine Lehre auf die Aufnahmefähigkeit der Zuhörer einstellen".[31]

Im Zuge sehr geschliffener, durch die Konfessionsbildung der Zeit strikt formalisierter, später zum Schibboleth erklärter Lehrsätze kam es dann zu einer Verschiebung, die der modernen Religionspädagogik einen Dorn ins Auge trieb: zur Indoktrinierung „mit lebensfernen und kaum verstehbaren Dogmatiken".[32]

Wie weit dieses Urteil zutrifft, kann hier offenbleiben, jedenfalls weist das Anliegen der akademisch untermauerten Religionspädagogik seit der konziliaren Erneuerung in eine andere Richtung und sie hat, was erziehungswissenschaftliche oder entwicklungspsychologische Errungenschaften angeht, sehr viel Neues im Gepäck. Leitbild ist die *Korrelation* bzw. die *Korrelationsmethode*, das heißt: Lebenserfahrungen und Verständnishorizonte des Gegenübers sind Andockstelle und Impulsgeber einer dialogischen Anleitung zur epistemologischen Eigeninitiative. Aber nicht der Datentransfer zählt, sondern die subjektive Imaginationskraft. Der Glaube wird biografisch erschlossen, und zwar auf gleicher Augenhöhe zwischen Botschaft und kindlicher bzw. jugendlicher Selbsterfahrung.

Korrelationsdidaktik

Fachterminologien und Fachverständnis

Wie jede Wissenschaft hinterfragt auch die Religionspädagogik die überkommene Fachterminologie: Was ist Religion? Was ist Glaube? Was Erziehung? Was Bildung? Im Blick auf den Lernort „Schule" wird gefragt: Soll der Religionsunterricht Religiosität oder Religion vermitteln? Kann der Glaube an sich überhaupt gelehrt werden oder geht es nur um seine kulturelle Physiognomie? Zu solchen Überlegungen fordert nicht zuletzt die disparate Geisteslandschaft in Schule, Gemeinde und Gesellschaft heraus. Man hat sich Gedanken gemacht über die Glaubensweitergabe als Moment kollektiver Bildung und angeregt, „die Entfaltung der Religiosität von Menschen durch die Kommunikation des Evangeliums im Kontext einer pluralen Gesellschaft" zu ermöglichen, „die in ihrer Vielfalt z.B. von säkular bis multireligiös sowie von relativistisch bis fundamentalistisch zu berücksichtigen ist".[33]

Von der Religionspädagogik als Theorie und Praxis religiöser Bildung hebt sich die *Fachdidaktik des Religionsunterrichts* ab. Grundsatzfragen sind hier vorausgesetzt oder, soweit nötig, nachzuholen. Es geht um das Geschick, mit Kindern und Jugendlichen im Rahmen institutioneller Vorgaben wissenschaftlich verantwortbar umzugehen. Bedacht und gelehrt wird an der Hochschule „die Planung, Durchführung und Auswertung schulischer religiöser Bildungsprozesse"; die dafür angesetzte Didaktik (Methode der Vermittlung) „untersucht die bestimmenden Faktoren und die kontextuellen Bedingungen des Religionsunterrichts — etwa seine rechtliche Verankerung — und ist vergleichbar mit der Fachdidaktik Deutsch oder der Fachdidaktik Englisch".[34] Der Organisationskontext „Schule" bleibt konkret einbezogen: Ordnung von Klassen und Jahrgangsstufen, Lehrpläne, Lehrziele usw.

Beide Schwerpunkte — die Religionspädagogik und ihre Fachdidaktik — sind Partner von naheliegenden Bezugswissenschaften. Dazu gehören grundlegend die Allgemeine Didaktik, die Pädagogische Psychologie, die Entwicklungspsychologie und die Symboldidaktik, dazu ein Fundus an soziologischer und religionswissenschaftlicher Grundlagenforschung. Da jede seriöse Arbeit an der Religiosität und der Bildung von jungen Menschen die „Kommunikation des Evangeliums" zum Ziel hat, ist es unerlässlich, dass Lehrende in Sachen Glaube und Religion in einem theologisch stimmigen Sinngebäude wohnen, das sie als Persönlichkeiten authentisch macht. Die Meinung, der Religionsunterricht sei reine Praxissache und nur von methodischem Interesse, während die theologische Reflexion exegetischer und dogmatischer Art unterbleiben könne, wird nachgerade von der Praxis entlarvt: Wer nicht intellektuell korrekt Rede und Antwort steht, hat vor Schülerinnen und Schülern kaum eine Chance.

Die Religionspädagogik und die Fachdidaktik Religion konfrontieren beim Studium mit:

- der Gesamtgestalt des Evangeliums in dessen Korrelation mit Lernenden in Schule und Pfarrgemeinde
- der konfessionellen Eigenart christlicher Überlieferung und den Möglichkeiten und Erfordernissen ihrer ökumenischen und interreligiösen Erschließung

Religionsdidaktik

- Analysen zur gesellschaftlichen und lernpsychologischen Verfasstheit junger Menschen und deren anthropologischer Bedeutung
- Pädagogischen Konzepten einschließlich Lehr- und Lerntheorien
- Phasen kognitiver und emotionaler Reifungsprozesse bei Kindern, Jugendlichen und Erwachsenen
- Organisationsformen für die religiöse Bildungsarbeit im schulischen und gemeindlichen Bereich
- Übungen zur Vorbereitung, Durchführung und Evaluation schulischer Religionsstunden oder Gemeindekatechesen in Theorie und Praxis
- der Kenntnis von Recht, Geschichte, Situation und Organisation des Religionsunterrichts an Schulen
- den Debatten um die Zukunft des Religionsunterrichts in einem religiös vielfältigen, zugleich zunehmend säkularen, auch glaubensfeindlichen Umfeld

14.4.3 | Liturgiewissenschaft

Am Anfang stand — der Gottesdienst. Die Kirche ist betend ins Dasein getreten, Theologie im Kern Lobpreis Gottes in feiernder Gemeinschaft.

Wesen der Liturgie   Was ist *Liturgie* — und was ist *Ritus*? Die Liturgie offenbart nicht Menschenwerk, sondern göttliches Tun: Ohne Vorverdienste, ohne Not und Notwendigkeit, allein aus seiner Gnade und Freiheit heraus tritt Gott an den Menschen heran und gibt ihm die *Katabasis – Anabasis* Möglichkeit, dem Heiligen — ihm selbst — zu begegnen. Nach katholischer Überzeugung vollzieht sich primär in der Eucharistiefeier diese so genannte *katabatische* Dynamik; sie verleiht dem heiligen Geschehen Gewicht und Würde. Doch die feiernde Gemeinde antwortet darauf: durch Vertrauen, Gehorsam und Danksagung. Man spricht von der *anabatischen* Bewegung, vom Aufstieg der betenden Kreatur zu Gott. Liturgie umfasst, um Liturgie zu sein, beide Dimensionen: Gottes Zuwendung zum Menschen aus Gnade — und die Zuwendung des Menschen zu Gott aus Dankbarkeit.

Ritenstreit?   Aber da ist auch das Ritual, da ist der *Ritus*, der sich beobachten, ordnen oder auch verzerren lässt. Er gibt dem unsagbaren Geheim-

Abb. 48 | ▶
Liturgische Ausnahme: Domdekan Heinz Heckwolf spendet den Mainzer Segen mit der Monstranz schon zu Beginn der Vesper, eine einzigartige, einmal jährlich praktizierte Ausnahme, nachdem das Vatikanum II die Segensspendung nur für das Ende einer Feier vorsieht

nis Gesicht und Stimme. Mit seiner Hilfe wird die Liturgie zum Erlebnis, das sie freilich zugleich übersteigt. Darum gilt: Das Mysterium ist mächtiger als der Event, der Gnadenvorgang tiefer als seine rituelle Gestalt; mithin relativiert sich jeder vordergründige „Ritenstreit".

Mit diesem ersten Gedankenkreis verbindet sich ein zweiter: **Logos vor Ethos** Die Liturgie beruht auf dem „Primat des Logos über das Ethos", wie der Religionsphilosoph Romano Guardini einst schrieb (vgl. im Buch S. 127). Der offizielle kirchliche Gottesdienst dient also nicht der moralischen Zurüstung. Täte er das, würde ihn sofort das Reden (das Gerede?) dominieren. Nicht das Herz, sondern der Kopf drängte sich in den Vordergrund und die Stimmung wäre von Appellen und Programmen beherrscht. Evaluationen und Selbstanklagen wären die Folge, gepaart mit immer neuer, schwurbereiter Animation.

Vom *Logos* also lebt die Liturgie: Er ist Gottes Wort im Modus **Öffentliche oder** liebender Selbstmitteilung; er ist Sinnstiftung aus der Geltung des **exklusive Liturgie?** Unbedingten heraus; er ist nicht zuletzt gefeierte Heilsgeschichte in österlicher und pfingstlicher Zuversicht.

Christliche Liturgie versteht sich grundsätzlich als *kirchliche* Liturgie. Sie erinnert an ein Geschehen, das sich nur im Glauben ergreifen und nur unter Mitglaubenden würdigen lässt. Wie das

Christentum im Allgemeinen, so ist auch die Liturgie im Besonderen einem historischen Augenblick verdankt und ganz auf die Person und das Werk Jesu von Nazareth fokussiert. In der Eucharistiefeier steht die Christusgestalt erlösend und verheißend vor dem geistigen Auge der Gottesdienstgemeinde: der historische Jesus als Stifter, der erhöhte Christus als einziger und bleibender Kultherr. Bliebe das Bekenntnis zu ihm als Bedingung für die vollgültige Teilhabe ausgeklammert (was vordergründig gesehen generös erschiene), mutierte der christliche Gottesdienst zu einer vagen Allerweltsfeier, die mit ihrem Ursprung auch die Gewähr ihrer eigenen Sinnhaftigkeit und Wahrheit verleugnete.

Das Fach Liturgiewissenschaft

Wie präsentiert sich im Hochschulbetrieb das Fach *Liturgiewissenschaft*? Professuren dafür sind erst seit der zweiten Hälfte des 20. Jahrhunderts üblich geworden. Zuvor studierten angehende Priester die *Rubrizistik*; dieses Wort steht für die Fertigkeit, Rituale gemäß der liturgischen Ordnung der Kirche detailliert zu kennen und tadellos anzuwenden. Hingegen fasst die Liturgiewissenschaft neueren Zuschnitts sowohl das Ritual als Idee als auch die einzelnen Riten ins Auge. Die „Liturgie wird als Selbstaussage der Kirche gelesen und gedeutet und damit als Glaubenszeugnis, das neben anderen Glaubenszeugnissen der Kirche (Heilige Schrift, Tradition, Lehramt etc.) steht".[35] Der kognitive, theologiehistorische, analytische Blick auf das gottesdienstliche Profil des Christentums steht klar im Vordergrund. Liturgie wird weder eingeübt noch ausgestaltet, sondern erforscht. Auf diese Weise soll freilich auch ihr „Geist", ihr „Logos" zutage treten, sodass Studierende in Sachen Gottesdienst nicht bloß Informierte sind, sondern einen *sensus liturgicus* entwickeln.

Rubrizistik

Selbstaussage der Kirche

Geschichte, Theologie und Pastoral der Liturgie

Das Studium basiert auf drei Fragekreisen.[36] Erstens die *Liturgiegeschichte*: Wie sind amtlich geordnete Gottesdienste und ihre Agenden (Handlungs- und Gebetsanweisungen) entstanden? Warum haben sie sich in eine bestimmte Richtung entwickelt? Welche Traditionsschichten spielen ineinander und welche Reformen gab es? Zweitens die *Liturgietheologie*: Welcher Aspekt der biblischen Offenbarungsgeschichte spiegelt sich wo und wie im kirchlichen Ritual? Wie macht der Gottesdienst göttliches Wort und göttliches Handeln erfahrbar? Ist der Mensch überhaupt (noch) in der Lage, dies zu verstehen? Drittens die *Liturgiepastoral* (Pastoralliturgik): Was lässt sich tun, damit Liturgie Verstand und Gefühl anspricht zugunsten neuer Gestaltungsmöglichkeiten ohne Vernachlässigung ihrer gewachsenen Struktur? Was muss bewahrt, was kann verändert werden? Und hoch aktuell gefragt: Wie verhält sich der kirchliche Kult zur rituellen Kreativität privat-familiären Zuschnitts?

Bezugswissenschaften der Liturgiewissenschaft sind primär die Kulturgeschichte, die Kunstgeschichte, die Musikgeschichte, die Mentalitätsgeschichte, die Linguistik, dazu der interdisziplinäre Zweig der *Ritual Studies*. Er untersucht die „Beziehung zwischen dem Vollzug des Ritus und der sozialen Struktur der ihn vollziehenden Gesellschaft, die verschiedenen Bedeutungen, die einem Ritus beigemessen werden, und das Verhältnis von Performanz und Text".[37] *Bezugswissenschaften*

Texte – die gelebte Liturgie verfügt über einen gewaltigen Fundus, der erhoben und erforscht sein will: Gebete, Hymnen, Lieder, Litaneien, Agenden, Rubriken. Der Großteil ist dokumentiert in Messbüchern, Bußbüchern, Ritualien, Pontifikalien, Gesangbüchern, Andachtsblättern. Eine Fundgrube ist auch die auslegende, praktisch orientierte Literatur im Bezug auf diese Texte: Mystagogien, Allegorien, geistlich-theologische Einführungen, Predigthilfen, Mysterienspiele, Katechismen ... *Liturgische Textfülle*

Liturgiewissenschaft fördert den wissenschaftlichen Umgang mit:
- Grundelementen der christlichen Liturgietheologie
- der kirchlichen Sakramentenlehre und ihrer Geschichte
- der Theologie des Gebetes und dem Verhältnis von Gotteslob und liturgischer Inszenierung
- den Erscheinungsformen und der Vielfalt des liturgischen Lebens im Lauf der Kirchengeschichte und seiner Normen
- der Genetik und geografischen Verbreitung von Ritus-Familien in ihrer Vielfalt
- der Geschichte von Ritenkritik und Liturgiereformen mit den einschlägigen Konflikten
- der Phänomenologie konfessioneller Liturgien und ihrer ökumenischen Würdigung
- der kulturellen Einbettung gottesdienstlicher Frömmigkeit
- kulturanthropologischen Überlegungen: Mensch und Ritus, Mensch und Symbol
- pastorale Handreichungen im Blick auf Liturgie und Seelsorge

Dogmatik und Liturgie
Über die Verflochtenheit von Dogmatik und Liturgie klärt ein Grundsatz auf, den schon die Alte Kirche geprägt hat: lex orandi – lex credendi (Prosper von Aquitanien). Wie die Kirche betet, so glaubt sie auch. Oder abgrenzend formuliert: Nichts wird zum Glaubensgut der Kirche gezählt, was nicht der Gottesbeziehung des Menschen dient.

14.4.4 | Kirchenrecht bzw. Kanonisches Recht

Manche wundern sich, dass in kirchlichen, also religiösen, vor Glaube, Hoffnung und Liebe zu bewährenden Angelegenheiten geschriebenes Recht eine Rolle spielt. Dieser Tatsache wird nicht selten ein nonchalantes Achselzucken oder offene Missachtung entgegengebracht. Indes beruft sich das Bürgertum eines demokratischen Rechtsstaats ganz selbstverständlich auf die juridische Norm – ein eigenartiger Widerspruch.

Recht und Kirche   Das Kirchenrecht ficht eine solche Inkonsequenz nicht an – sofern es angemessen verstanden und demenentsprechend gewichtet wird. Dabei ist zunächst einmal festzuhalten: Das Kirchenrecht regelt *kirchliches Leben*, nicht mehr und nicht weniger. Dieses Fach ist eine *ekklesiologische* Disziplin und es hätte nur dann wenig Bedeutung, wenn auch die Kirche selbst wenig Bedeutung besäße. Aber so ist es in keiner christlichen Konfession.

Obwohl die Kirchenbilder differieren und man der Institution nicht überall dasselbe Gewicht beimisst, bleibt ein Christentum ohne Kirche undenkbar. *Unus christianus nullus christianus* (Tertullian) – ein Christ oder eine Christin allein wäre dieses Namens nicht wert. Christentum ist also Kirche, und weil die Kirche trotz ihrer Mysteriendimension eine Gemeinschaft aus sehr vielen Menschen mit Ecken und Kanten bildet, braucht und hat sie ein rechtlich geordnetes Fundament. Abwegig ist das sicher nicht. Ein Beispiel: Die Kirche feiert Sakramente. Sie muss sich fragen und fragen lassen, unter welchen Bedingungen die Sakramente „gültig" sind, das heißt, ob sich in ihnen authentisch spiegelt, wofür sie als Glaubensgemeinschaft steht. Es könnte ja Simulation (man tut so, als ob) oder Verballhornung im Spiel sein (man äfft Sakramente nach). Juridische Klarheit hilft auch im Blick auf die Leitungsfrage: Wer verkündet die Glaubensbotschaft im Namen Gottes? Schon der Apostel Paulus meinte: wer „gesandt" ist (vgl. 2 Kor 5,20). Für die Ausübung von Autorität braucht es Kriterien, sonst könnten alle alles sagen, die Verwirrung wäre perfekt. Anarchie ist unchristlich.

Durch und durch juridisch geht es zu, wenn kirchliche Eigentumsfragen oder Belange zur Führung und Ausstattung kirchlicher Institutionen wie Kindergärten, Schulen oder Krankenhäuser zur Debatte stehen. Hier muss klar erkennbar sein, was die Kirche intern denkt, etwa über den Rechtsstatus von Diözesen und Orden, aber auch, wie sie sich mit dem staatlichen Gesetz arrangiert, vor dem alle gleich sind. Es käme sträflicher Naivität gleich, wenn man kirchliches Leben im Kontext von Staat und Gesellschaft nicht-juridisch dächte. Deshalb gehört die Beschäftigung mit dem Fach Kirchenrecht zumindest für jene, die Theologie im vollen Umgang studieren, zum akademischen Curriculum.

Wie verhält sich der „Geist" des Kirchenrechts zum Geist profanen Rechts? Das Kirchenrecht wird von der *Kanonistik* erfasst, einer genuin kircheninternen Disziplin. Denn die Norm der Glaubensgemeinschaft kommt im *canon* (Richtschnur) zum Ausdruck — im Unterschied zur *lex* (Gesetz) des weltlichen Bereichs. Die Kanonistik aber weiß sich geprägt von der Theologie einerseits und von der profanen Rechtswissenschaft andererseits, wobei ihr „Gegenstand eine größere Affinität zur Theologie, die Methode eine größere Affinität zur Rechtswissenschaft aufweist".[38]

Kanonistik

Den eigentlichen Unterschied zwischen Recht in der Kirche und Recht im Staat markiert die Zielsetzung, aber auch hier ist zunächst auf die Gemeinsamkeiten zu achten. Beiden Seiten liegt das Zusammenleben und Zusammenwirken gleichberechtigter Personen am Herzen. Das Recht schützt alle, die einen Lebensraum miteinander teilen, und es fördert, so gut es kann, deren Wohl. Deshalb muss ein Rechtswesen schlicht und einfach „funktionieren". Es hat einen reinen Dienstcharakter und muss praktikabel, angemessen, verhältnismäßig, pragmatisch — und natürlich „gerecht" sein. Der Staat will Rechtsfrieden, die Kirche will Rechtsfrieden.

Doch die Kirche will mehr. Ihr Ziel ist, nach einer klassischen Formulierung, die *salus animarum*, das menschliche Heil.[39] In dieser Welt erfüllt es sich nicht, das weiß man, aber der Weg dorthin beginnt hier und jetzt. Nach christlicher Überzeugung hat Gott

Erlöste Existenz als Rechtsziel

selbst dafür gesorgt, dass er begehbar bleibt, darum ist er gleichsam oberster Gesetzgeber. Er ist es freilich auf der Basis der Schöpfungs- und Erlösungsordnung, die zu beachten und zu bewahren zum kirchlichen Auftrag gehört.

Göttliches Recht

Mit dem Begriff „göttliches Recht" wird diesem Anliegen ein besonderer Akzent verliehen. Ins Auge gefasst sind „Einrichtungen" und „Absichten", die unverfügbar sind, weil sie das Wesen des Christentums betreffen und es institutionell zum Ausdruck bringen. Es handelt sich um ein *positives*, von Gott eigens gesetztes Rechtsgut, das sich nur durch seinen *offenbarten* Willen erkennen lässt. Auf ihn beruft sich die Kirche kraft ihrer Sendung. Als Gottesvolk ist sie Zeichen für das heranwachsende Gottesreich; ihre Pflicht ist es, zu verkünden und Seelsorge zu ermöglichen. Zu diesem Zweck weiß sich die Kirche selbst, und zwar trotz, ja wegen ihres Weltbezugs, als eine Institution göttlichen Rechts. Auch dass sie tauft und Eucharistie feiert, ist nach dieser Logik göttlicher Auftrag, andernfalls wäre die Kirche nicht das, was sie sein soll. Nach römisch-katholischer und orthodoxer Auffassung gehört auch die hierarchische Verfasstheit zu ihrem unverfügbaren Profil.

„Göttliches Recht" also hält die Kirche auf der Linie ihrer Sendung und auf der Spur des Evangeliums. Damit ist nicht gesagt, Gott nehme als unmittelbarer Akteur an der kirchlichen Verwaltungsarbeit teil — ein unsinniger, blasphemischer Gedanke. Aber göttliches Recht wäre zum Beispiel eklatant verletzt, wenn in kirchlichen Handlungsfeldern nicht der Mensch, sondern das Geld im Mittelpunkt des Interesses stünde.

Disziplin- und Verwaltungsfragen

Dass freilich *auch* die Geldfrage und mit ihr tausend andere Dinge geregelt sein müssen, ist klar. Dieser Bereich fällt unter die Verantwortung jener *canones*, die nicht göttlichen, sondern „nur" kirchlichen, rein menschlichen Rechts sind. Der so genannte *Codex Iuris Canonici* (Katalog kanonischen Rechts; abgekürzt CIC) von 1983 repräsentiert mit seinen sieben Büchern und 1752 Paragraphen den für die katholische Westkirche momentan neuesten und verbindlichen Rechtsstand: Allgemeine Normen, Volk Gottes, Verkündigungsdienst, Heiligungsdienst, Vermögensrecht, Strafrecht und Prozessrecht.

Der CIC von 1983

Geschichte des Kirchenrechts

Dabei hat der Codex von 1983 natürlich eine Vorgeschichte. Rechtsordnungen haben in der Kirche von früh an eine Rolle gespielt, und man hat sich kanonistisch geschult. Schon die altkirchlichen Konzile sind ein Schaustück dafür: Ihren großen dogmatischen Verlautbarungen, in denen sich das Selbstverständnis des Christentums bekundet und die deshalb göttlichen Rechts sind, wurden *canones* angefügt mit jeweils für notwendig erachteten Abgrenzungen und Vorschriften im Einzelnen.[40] Kaiser Justinian regte im Jahr 528 eine systematische Gesetzessammlung mit enormer Nachwirkung an, worin sich das vorchristliche, altrömische Rechtswesen mit kirchlichem Heilsdenken verband. „Höhepunkt und Blütezeit der Kirchenrechtswissenschaft ist die so genannte klassische Kanonistik (etwa 1140 bis 1348), eingeleitet durch das Dekret *Gratians*, der oft als Vater der Kanonistik bezeichnet wird".[41]

Der CIC von 1983 versteht sich als eine Modernisierung des CIC aus dem Jahr 1917. Denn auch die Kanonistik hatte mit den Impulsen des Zweiten Vatikanischen Konzils eine Neuakzentuierung erfahren. Die Stoßrichtung verlagerte sich von der Norm zur Person, von einer gleichsam überzeitlich gedachten Rechtsdogmatik mit abstrakter Aura zur heilsgeschichtlichen Sicht, wonach die Kirche nicht mehr als eine *Societas perfecta* mit einem autarken Rechtswesen gilt, sondern als ein auf die Welt bezogenes Heilszeichen. Die Kanonistik spielt diesem offeneren Verständnis zu. Sie ist „eine mit theologischer und juristischer Methode arbeitende Disziplin" und beides ist „miteinander zu kombinieren".[42]

Zweites Vatikanum

Das Kanonistikstudium befähigt
*   zur Kenntnis des kirchlichen Normenwerks im Spiegel der Zeiten: Rechtsanfänge, Rechtsentwicklungen, Rechtssammlungen, Rechtsbücher, Rechtsreformen
*   zum Verständnis der Kirche als *communio* des Gottesvolkes und des kirchlichen Lehramts als Gesetzgeber
*   zur Darbietung des christlichen Heilsglaubens im Gewand kirchlicher Normen
*   zum Wissen um juridische Grundsätze und Methoden sowie ihrer ideellen Hintergründe
*   zur Auslegung von Gesetzen und *canones* gemäß geltender Richtlinien
*   zur praktischen Anwendung des Kirchenrechts im Alltag (Sakramentenpastoral, besonders Eherecht, Verwaltung, Gerichtsbarkeit)

- zur Sensibilität für die weitere Modernisierung kirchlicher Gesetzbücher
- zur Wahrnehmung konfessionell unterschiedlicher Rechtstraditionen und Auslegungsgewohnheiten

14.4.5 | Ökumenische Theologie

Ökumene als theologische Grunddimension

Mitunter wird das Thema Ökumene als ein eigenständiger Traktat betrachtet und neben die „klassischen" Fächer gereiht. Dies entspricht dem Hang der Zeit zur Professionalisierung aller Lebenswelten, tut der Sache aber nur bedingt einen guten Dienst. Denn die Ökumene ist eine Perspektive, die jeder theologischen Reflexion zugrunde liegt und infolge dessen jedes theologische Lehr- und Forschungsgebiet ausgesprochen wie unausgesprochen durchwirken muss.

In der Regel nimmt sich die Dogmatik oder die Fundamentaltheologie der expliziten ökumenischen Profilierung an. Spezielle Lehrveranstaltungen arbeiten die Geschichte der ökumenischen Bewegung, ihre Hauptthemen und führenden Köpfe, Möglichkeiten und Methoden der wissenschaftlichen Verständigung, nicht zuletzt so genannte Zielvorstellungen heraus.

Der sensus oecumenicus

Entscheidend aber bleibt, dass Studierende ökumenisch denken und über kurz oder lang ökumenisch empfinden. Wie der Überblick zu den Fachgruppen gezeigt hat, sind ökumenisch unsensible oder gar uninteressierte Lehr- oder Forschungsinitiativen inzwischen undenkbar geworden. Was ginge beispielsweise der Exegese verloren, wenn sie nicht im Blick auf das Heilige Buch *aller* Christinnen und Christen arbeiten könnte? Und wie könnte die Liturgiewissenschaft ignorieren, welchen Reichtum an Gebets- und Gottesdienstformen vor allem die Ostkirchen in ihrer regionalen und nationalen Auffächerung bieten? Ohne Ökumene gelingt keine Ekklesiologie, kein fundamentaltheologischer Diskurs, kein pastoraltheologischer Projektansatz. Es geht beim Theologiestudium um das *eine* Christentum, in dem zwar Meinungsverschiedenheiten zu Spaltungen geführt haben, aber das Bekenntnis zum *einen* Gott *aller* Menschen nie verstummt ist.

Abb. 49 | ▶
Ökumenischer
Taufgottesdienst zur
Wiedereröffnung
des Hildesheimer
Doms am
16. August 2014

Wie bildet sich ökumenisches Bewusstsein heran?

- durch die Treue zum Auftrag Jesu, dass alle, die an ihn glauben, „eins sein sollen" (Joh 17,21)
- durch den Respekt vor der eigenen wie genauso vor der „fremden" Glaubenstradition
- durch die konfessionsvergleichende Erschließung wesentlicher Glaubensinhalte
- durch die Aneignung der ökumenischen Wegweisung durch das Zweite Vatikanische Konzil
- durch die Kenntnisnahme ökumenischer Konvergenztexte
- durch den theologischen und geistlichen Austausch in persönlichen Begegnungen
- durch liturgische Gastfreundschaft ohne Ungeduld und Pragmatismus
- durch die Bereitschaft, zugunsten der kirchlichen Einheit umzudenken
- durch einen gelegentlichen Perspektiventransfer: sehen mit den Augen der anderen

Vatikanum II und Ökumene
Das Zweite Vatikanum schreibt: „Es gibt keinen echten Ökumenismus ohne innere Bekehrung. Denn aus dem Neuwerden des Geistes, aus der Selbstverleugnung und aus dem freien Strömen der Liebe erwächst und reift das Verlangen nach Einheit" (UR 7).

14.4.6 | Geistliche Theologie/Theologie der Spiritualität

Wie die Ökumene, so muss auch *geistliches Leben* die Theologie als Ganzes durchwirken. Man kann seine Erscheinungsformen mit akademischer Akribie glaubensunabhängig studieren, doch ohne Glauben kann niemand im vollen Sinn Theologin oder Theologe sein (vgl. S. 56-60). Die so genannte „Geistliche Theologie" zeigt das einmal mehr. Was ist geistliches Leben, was ist Spiritualität?

Spiritualität und Gottesgeist

Am besten, man geht von der Wortbedeutung aus: Spiritualität hat mit dem *Spiritus Dei*, mit dem Gottesgeist, dem *Heiligen Geist* zu tun, der, wie die Tradition es sieht, den Glauben individuell verinnerlicht und ihn zugleich in der kirchlichen Gemeinschaft etabliert. Geistliches Leben misst sich nicht an der persönlichen Leistung von Glaubenden, sondern es ist ein Geschenk; wer aus ihm schöpft, gibt sich für den Gottesgeist frei und verändert sein Leben.

Die Geschichte des geistlichen Lebens zieht in Betracht, aus welchen Quellen heraus, mit welcher Motivation und mit welcher Intensität der Glaube gepflegt worden ist und wie darüber geschrieben wurde — sei es von exemplarisch ins Auge gefassten Persönlichkeiten selbst, sei es im Blick auf sie. Biografien und Autobiografien, Briefwechsel und persönliche Erfahrungsberichte, historische Erinnerungen aller Art geben Auskunft über den Kosmos gelebter, oft auch bitter durchlittener Frömmigkeit. Wer den Funken, der aus geistlichen Texten schlägt, für die eigene Glaubenswelt nutzbar macht, geht gleichsam vom Vorhof des Tempels in das Allerheiligste und erfährt weit mehr als nur theologische Auskunft.

Theologietheoretische Fragen

Dennoch steht nach wie vor so manche theologie*theoretische* Frage zur Klärung an, zum Beispiel: Was trägt ein konkretes Glaubensleben zur Erkenntnis des Geglaubten und seiner Wirklichkeit bei? Wie spiegelt ein Mensch im Ruf der Heiligkeit den heiligen Gott? Was gibt die spirituelle Erfahrung über die Psyche des Menschen preis? Wie verhält sich ein Leben „vor Gott" zu den Erfordernissen und Erfahrungen des Lebens „im Normalfall", das Anfechtung, Krankheit, Schuld und Tod kennt?

Adäquat erfasste, geistliche Theologie macht deutlich, dass der Glaube keine Droge ist und auch kein wohlfeiles Konzept zur Alltagsbewältigung. Auch die Erfahrung von Zweifel, Niedergeschlagenheit, dumpfer Routine oder innerer Leere gehört zur religiösen Sinnsuche. Wie geht ein spiritueller Mensch mit der Anfechtung um? Geistliche Theologie ist von bleibender Aktualität.

Mag sein, dass jemand ganz ohne Glaube und ohne Religion auskommt; ohne Gott zu leben ist unmöglich. Die Suche nach dem Heiligen im Staub dieser Welt und im Herzen der geistbegabten Kreatur gehört zur vornehmsten Aufgabe der Theologie.

Literatur

Ulrich G. Leinsle, Einführung in die scholastische Theologie (UTB; 1865), Paderborn u.a. 1995.

Christian Möller, Geschichte der Seelsorge in Einzelportraits Bde. 1-3, Göttingen-Zürich 1994-1996.

Eve-Marie Becker, Neutestamentliche Wissenschaft. Autobiographische Essays aus der Evangelischen Theologie, Tübingen-Basel 2003.

Jörg Lauster, Religion als Lebensdeutung. Theologische Hermeneutik heute, Darmstadt 2005.

Albert Gerhards, Benedikt Kranemann, Einführung in die Liturgiewissenschaft, Darmstadt 2006.

Rainer Krockauer, Stephanie Bohlen, Markus Lehner (Hgg.), Theologie und soziale Arbeit. Handbuch für Studium, Weiterbildung und Beruf, München 2006.

Gottfried Bitter u.a., Neues Handbuch religionspädagogischer Grundbegriffe, München ²2006.

Peter Hofmann, Katholische Dogmatik (UTB basics; 3098), Paderborn u.a. 2008.

Manfred Eder, Kirchengeschichte. 2000 Jahre im Überblick, Düsseldorf 2008.

Stephan Ernst, Grundfragen Theologische Ethik. Eine Einführung, Münster 2009.

Corinna Dahlgrün, Christliche Spiritualität. Formen und Traditionen der Suche nach Gott, Berlin-New York 2009.

Wolfgang Beinert, Ulrich Kühn, Ökumenische Dogmatik, Leipzig-Regensburg 2013.

Josef Meyer zu Schlochtern, Roman A. Siebenrock (Hgg.), Wozu Fundamentaltheologie? Zur Grundlegung der Theologie im Anspruch von Glaube und Vernunft, Paderborn u.a. 2010.

Karl Heinz Ruhstorfer (Hg.), Systematische Theologie. Theologie studieren – Modul 3 (UTB), Paderborn u.a. 2012.

Georg Bier, Einführung in das Kirchenrecht, in: Clauß Peter Sajak (Hg.), Praktische Theologie (Theologie studieren – Modul 4), Paderborn u.a. 2012, 121-178.

Veronika Hoffmann, Georg M. Kleemann, Stefan Orth (Hgg.), Unter Hochspannung. Die Theologie und ihre Kontexte, Freiburg-Basel-Wien 2012.

Rupert Berger, Pastoralliturgisches Handlexikon. Ein Nachschlagewerk für alle Fragen zum Gottesdienst. Völlig überarbeitete Neuausgabe, Freiburg-Basel-Wien ⁵2013.

Heidrun Dierk, Gott und die Kirchen. Orientierungswissen Historische Theologie (Theologie elementar), Stuttgart 2015.

Herbert Haslinger, Pastoraltheologie, Paderborn u.a. 2015.

Oeldemann Johannes (Hg.), Konfessionskunde, Paderborn u.a. 2015.

Alexander Merkel, Kerstin Schlögl-Flierl, Moraltheologie kompakt. Ein theologisch-ethisches Lehrbuch für Schule, Studium und Praxis, Münster 2017.

Wollbold Andreas, Handbuch der Gemeindepastoral, Regensburg 2004.

Martin Rothgangel, Gottfried Adam, Rainer Lachmann (Hgg.), Religionspädagogisches Kompendium, Göttingen ⁸2013.

Stephan Haering, Wilhelm Rees, Heribert Schmitz (Hgg.), Handbuch des katholischen Kirchenrechts, Regensburg ³2015.

Benjamin Leven (Hg.), Unabhängige Theologie. Gefahr für Glaube und Kirche?, Freiburg-Basel-Wien 2016.

Josef Wohlmuth, Katholische Theologie im Haus der Wissenschaften heute, in: Gerhard Krieger (Hg.), Zur Zukunft der Theologie in Kirche, Universität und Gesellschaft (QD; 283), Freiburg-Basel-Wien 2017, 132-149.

Jan Christian Gertz (Hg.), Grundinformation Altes Testament. Eine Einführung in Literatur, Religion und Geschichte des Alten Testaments, Göttingen [5]2016.

Literatur

Studium modularisiert

Ansatz

15.1

Seit einer europaweiten Deklaration im Jahr 1999 wird das Hochschulstudium vom so genannten Bologna-Prozess geprägt. Mit ihm kam es zur Modularisierung auch des Theologiestudiums. Was wollte man erreichen? Studienverläufe und Studienabschlüsse sollten unter dem Dach eines gemeinsamen Hochschulwesens international kompatibel gemacht werden. Vier Leitmotive gaben die Richtung an: Transparenz, Kreditierung, Vergleichbare Abschlüsse, Mobilität.[1]

Bologna-Reform

Studieninhalte waren bislang auf weite Strecken ein Proprium der einzelnen Bildungshäuser; diesen Eigennutz wollte man aufbrechen. Damit kam es auch zu einem Neuansatz auf der Bewertungsebene: Leistungspunkte (*Credit-Points*) geben Aufschluss über den Studienerfolg und werten das Niveau der Studierenden auf der Basis eines klar umschriebenen Anforderungsprofils. Dieses System führt zu überregionalen Abschlüssen: Mit dem Bachelor- bzw. Mastertitel kommt es zur gemeinsamen Qualitätssicherung und der gegenseitigen Anerkennung von Studienabschlüssen. Daraus resultiert, jedenfalls der Idee nach, gesteigerte Mobilität. Hochschulstandorte laden international zum Wechsel ein.

Credit-Points

Bachelor und Master

Das Modul

15.2

Was ist ein Modul? Früher studierte man nacheinander oder nebeneinander die gewachsenen Traktate und ging in die entsprechenden Lehrveranstaltungen. Jede theologische Fachrichtung sorgte gewissermaßen für sich selbst. Man hörte Gotteslehre, Exegese, Kirchengeschichte — je nach der inneren Systematik der

Fachausrichtung und bestenfalls im Nachhinein mit einem Blick über den Tellerrand hinaus.

Themenbezogener Verbund

Die Modularisierung hingegen vernetzt bereits im Ansatz und so entsteht das *Modul*. Dieses zeigt sich als fächerübergreifender „Verbund von verschiedenen Lehrveranstaltungen": Vorlesungen, Übungen, Seminaren oder Praktika.[2] Auf seiner Basis wird zum Beispiel die Gotteslehre nicht nur aus dogmatischer Perspektive, sondern thematisch gebündelt mit Exegese Altes und Neues Testament, Fundamentaltheologie und Philosophie studiert. Zwar bleibt die überkommene Fächerstruktur, wie sie in diesem Buch beschrieben wurde, im vollen Umfang erhalten, aber sie unterstützt nun den konzertierten Zugriff. Eine Fragestellung wird nicht mehr als Spezifikum bestimmter Fächer betrachtet, sondern als Gemeinschaftsaufgabe.

Dazu ein zweites Beispiel, die Ekklesiologie: Ihr fachliches Tableau gehörte vordem ausschließlich der Dogmatik und der Fundamentaltheologie zu. Jetzt ist ein Modul daraus geworden. Das Geheimnis der Kirche wird im Rahmen eines Lehrverbundes, gewissermaßen zeitgleich, aus neutestamentlicher, dogmatisch-dogmengeschichtlicher, fundamentaltheologischer, liturgiewissenschaftlicher und kirchenrechtlicher Perspektive erörtert. „Durch die erfolgreiche Absolvierung der einzelnen Module, was die Anwesenheit an den jeweils beteiligten Lehrveranstaltungen voraussetzt, werden im Laufe des Studiums Credits gesammelt, die bei einem Wechsel an eine andere Hochschule angerechnet werden. Das Erreichen einer bestimmten Summe von Leistungspunkten stellt die Voraussetzung für den Abschluss eines Studiums dar".[3]

15.3 | Die neue Lage

Studiert wird das Fach Theologie momentan also in modularisierter Form. Das geschieht konkret, wie früher auch, in zwei großen Studienabschnitten, die aber jetzt, anders als zuvor, innerhalb von zehn Semestern mit 23 Modulen vertraut machen. Ihre Abfolge ermöglicht eine graduell fortschreitende Aufarbeitung des gesamten Fachgebietes nach den wichtigsten Gesichtspunkten.

Gestaffelter Studienaufbau

Zunächst sorgen zwei Semester für die grundlegende Erfassung des Stoffes, und zwar je aus Sicht der vier traditionellen Fächergruppen einschließlich der Philosophie. Vom dritten bis zum sechsten

Semester erweitert und festigt ein Konsortium von Modulen das Grundwissen im Blick auf die Anforderungen eines theologischen Vollstudiums. Mit dem siebten Semester erfolgt eine zusätzliche Vertiefung bis zum Abschluss der Ausbildung. Der Akzent liegt nun — nach den *basics* und der ersten verfeinernden Runde — auf der Forschung, über die nicht nur informiert, sondern die auch praktisch zugänglich gemacht werden soll. Als Resultat und zu Übungszwecken wird eine schriftliche Arbeit größeren Umfangs (Magisterarbeit, Zulassungsarbeit) verlangt. Mit frei wählbaren Modulen auch im Zugriff auf nicht-theologische Studienrichtungen ist der Individualität und Kreativität der Studierenden Raum gegeben.

Was den Ertrag der Bologna-Reform angeht, so werden zur Beurteilung wohl noch weitere Erfahrungen vonnöten sein. Es gibt Klagen über ein zu großes Gewicht der PC-gestützten Verwaltung und über ein eigentümliches Verschulungsgefühl mit zu vielen Prüfungen. Die Kompatibilität innerhalb der europäischen Hochschullandschaft sei außerdem nur schwer erkennbar.

Man darf sich von Schattenseiten nicht entmutigen lassen. Entscheidend bleibt der Vernetzungsgedanke mit der Idee interdisziplinärer Studierbarkeit. Der akademische Erfolg hängt nach wie vor vom Interesse und Engagement der Studierenden ab.

Studium und Internet   15.4

Mit der digitalen Transformation aller Lebensbereiche hat sich natürlich auch das handwerkliche Instrumentar des Theologiestudiums verändert. Da dieses Buch keine Einführung in das wissenschaftliche Arbeiten bietet, sondern den „Geist" des Theologiestudiums vermitteln will, sei diesbezüglich nur der eine oder andere Hinweis gegeben:

• Das Internet bietet Zugang zu lokalen, nationalen und internationalen Datenbanken und Publikationsservern. Auch die Hochschulbibliotheken sind durch die OPAC-Kataloge internetbasiert, also bequem zugänglich. Das Internet hilft bei der Suche, Filterung und Neuvernetzung von Informationen, es gibt Auskunft über fachbezogene Neuerscheinungen und erleichtert die Durchsicht nicht nur von Büchern verschiedener zeitlicher Provenienz, sondern auch von Zeitschriftenartikeln durch eine Online-Archivfunktion. Und natürlich gibt es eine ganze Reihe genuiner Online-Zeitschriften, die beachtet sein wollen. Nicht zu unterschätzen ist das Internet für Primärinformationen und für Bildsuchen aller Art.

- Indes muss bei alledem eine gewisse Vorsicht walten: Im Internet wird durch Personen und Institutionen bekanntlich sehr viel Propaganda, aber auch Polemik transportiert (Selbstdarstellungen, Werbeblöcke, Diskussionforen etc.). Eine mehrfach abgestützte Evaluation von Informationen aus dem PC — auch analog — ist unverzichtbar. Weil das Internet inhaltlich wenig kontrolliert wird, sind alternative und traditionelle Publikationsarten nach wie vor wichtig. Bei Zitationen aus Internetquellen ist auf absolute Korrektheit der Angaben mit einem Datumsvermerk zu achten.

- Dem Theologiestudium kommen in jedem Fall der Index Theologicus, eine umfassende Bibilografie auch für die Religionswissenschaft, und über DBIS abrufbare Datenbanken auf der Basis universitätseigener Kennungen und Lizenzierungen zugute. Zur Zeit entsteht ein Ökumenisches Wissenschaftliches Bibellexikon, bereits verfügbar ist ein *Bibleserver* für die Wortauffindung (Konkordanz) und Editionsvergleiche. Die ATLA Religion Database ermöglicht die Volltextsuche nach Artikeln und Rezensionen in mehreren Sprachen. Sehr hilfreich durch ihre Darbietung im Internet sind der Index Thomisticus oder die deutschen Texte der schon etwas betagten, aber verdienstvollen „Bibliothek der Kirchenväter".

Zur Vertiefung erster Internetinformation in Sachen Theologie sei die Zusammenstellung von Anton Deutschmann empfohlen: Recherche in Bibliotheken und im Internet, in: Hilpert/Leimgruber, Theologie im Durchblick, 278-285, hier 280-285.

Bildquellen

Abb. 8 Foto: Niabot Stanislav Traykov CC https://commons.wikimedia.org/wiki/
File:Michelangelo%27s_Pieta_5450_cut_out_black.jpg

Abb. 28 Foto: Lothar Wolleh CC https://de.wikipedia.org/wiki/Datei:Second_Vatican_Council_by_Lothar_Wolleh_006.jpg

Abb. 29 Foto: Miriamel, 2013 CC https://commons.wikimedia.org/wiki/File:Stiftsbibliothek_Kloster_Einsiedeln.JPG

Abb. 35 Foto: Bernie Kelz 2013 CC https://commons.wikimedia.org/wiki/File:BayWald2.jpg

Abb. 36 Foto: Roger und Renate Rössing, 1953, Deutsche Fotothek CC https://commons.wikimedia.org/wiki/File:Fotothek_df_roe-neg_0006426_002_Schwarzer_Schwan.jpg

Abb. 37 Foto: Mathias Bigge CC https://de.wikipedia.org/wiki/Datei:IMG_8924-Bonifatius-Kirche.JPG

Abb. 46 Foto: Warburg 2010 CC https://de.wikipedia.org/wiki/Datei:Roma_S_spirito_in_S_(48).JPG

Abb. 47 Foto: gravitat-OFF, 2009 CC https://commons.wikimedia.org/wiki/File:Erstkommunion_St_Gallus_Kirchzarten_(3465092659).jpg

Abb. 48 Foto: Kandschwar, 2008 CC https://commons.wikimedia.org/wiki/File:MainzerSegen1.jpg

Abb. 49 Foto: bph / Werner Kaiser, 2014 CC https://commons.wikimedia.org/wiki/File:%C3%96kumenische_Taufvesper_im_Hildesheimer_Dom_2014-08-16.jpg

Alle übrigen Abbildungen sind gemeinfrei oder vom Verlag oder Autor selbst erstellt.

Anmerkungen

1. Was ist Theologie?

[1] Politeia II 379 a.
[2] Metaphysik 1026 a 19.
[3] Metaphysik 1073 a 27.
[4] Metaphysik 1074 b 33 f.
[5] Basil Studer, Schola christiana, Die Theologie zwischen Nizäa (325) und Chalzedon (451), Paderborn u.a. 1998, 12.
[6] Vgl. ebd. 13.
[7] Vgl. Summa Theologiae (= STh) I q 1.
[8] Otto Hermann Pesch, Thomas von Aquin. Grenze und Größe mittelalterlicher Theologie, Mainz [2]1989, 160.

2. Theologische Mentalitäten

[1] Vgl. Wolfgang Beinert, Das Finden und Verkünden der Wahrheit in der Gemeinschaft der Kirche, in: ders., Vom Finden und Verkünden der Wahrheit in der Kirche. Beiträge zur theologischen Erkenntnislehre (hg. von Georg Kraus), Freiburg-Basel-Wien 1998, 27-55, bes. 37-49.
[2] STh II-II q. 129 a. 6; dazu Josef Pieper, Über den Glauben. Ein philosophischer Traktat, München 1962, 49-58.
[3] Ebd.
[4] De spiritu sancto 15, 36.
[5] Orthodoxe Dogmatik (Ökumenische Theologie; 12), Zürich-Einsiedeln-Köln 1984, 91.
[6] Martin H. Jung, Einführung in die Theologie (WBG), Darmstadt 2004, 47.

3. Theologie als Phänomen

[1] Karl Rahner, Grundkurs des Glaubens. Einführung in den Begriff des Christentums, Freiburg-Basel-Wien (Sonderausgabe) [6]1984, 60. 58.
[2] Vgl. Pensées, frgm. 434.
[3] Vgl. Philipp Blom, Was auf dem Spiel steht, München 2017, 173-177.
[4] Vgl. Hans Walter Wolff, Anthropologie des Alten Testaments. Mit zwei Anhängen neu hg. von Bernd Janowski, Gütersloh 2010, 34-38.
[5] Ebd. 35.
[6] Hermes Trismegistus, zitiert nach Marsilio Ficino, Theologia platonica de immortalitate animorum 4,3.
[7] Vgl. Josef-Pieper-Lesebuch, hg. v. Hans Urs von Balthasar, München 1981, 15-17.
[8] Vgl. Politeia 507 c.

9 Vgl. Der Gotteswahn, Berlin ³2008, 225-267.
10 Edgar Dahl, Gibt es Gott? Eine Einführung in die Religionskritik für Jugend-liche. Mit einem Nachwort von Richard Dawkins, Alsfeld 2016, 87 (eigene Hervorhebung).
11 Vgl. Armin Kreiner, Gott im Leid. Zur Stichhaltigkeit der Theodizee-Argu-mente (QD; 168), Freiburg-Basel-Wien, 132-139.
12 Politiká 1253 a 9.
13 Belege bei Alexander Loichinger, Ist der Glaube vernünftig? Zur Frage nach der Rationalität in Philosophie und Theologie I (Beiträge zur Fundamental-theologie und Religionsphilosophie; 3), Neuried 1999, 75-132.
14 Martin Thurner, Verstand/Vernunft/Denken (katholisch), in: Bertram Stu-benrauch, Andrej Lorgus (Hgg.), Handwörterbuch der Theologische An-thropologie. Römisch-katholisch. Russisch-orthodox, Freiburg-Basel-Wien 2013, 568-572, hier 568.
15 Stromateis 7,55; eigene Hervorhebung.
16 Ta eis heautón (Selbstbetrachtungen) VII, 9.
17 Bernhard Braun, Das Mittelalter, in: Wolfgang Pauly (Hg.), Geschichte der christlichen Theologie, Darmstadt 2008, 65-92, hier 88.
18 Wolfgang Hilber (Hg.), Lexikon der Philosophie, Königswinter 2009, 208.
19 Eine kurze Geschichte der Menschheit, München ²¹2013, 478.
20 Ebd. 33.
21 Ebd. 477 (Hervorhebung im Original).
22 Formulierung nach Klaus Demmer.
23 Confessiones 1,1.
24 Gotteswahn 46 (3. Anm. 9).
25 Ebd.
26 Ebd.
27 Vgl. Walter A. Euler, „Pia philosophia" et „docta religio". Theologie und Religion bei Marsilio Ficino und Pico della Mirandola, München 1998, 101; vgl. oben Fn. 6.
28 Ebd. 103.

4. Das Verhältnis der Theologie zur Naturwissenschaft

1 Vgl. dazu Henri de Lubac, Glauben aus der Liebe. ‚Catholicisme'. Übertra-gen und eingeleitet von Hans Urs von Balthasar, Einsiedeln 1970, 23-43.
2 Vgl. Erwin Dirscherl, Monogenismus/Polygenismus, in: Wolfgang Beinert, Bertram Stubenrauch (Hgg.), Neues Lexikon der katholischen Dogmatik, Freiburg-Basel-Wien 2012, 487 f.
3 Naturwissenschaft trifft Religion. Gegner, Fremde, Partner? Göttingen 2010. Amerikanisches Original: When Science meets Religion. Enemies, Strangers or Partners?
4 Ebd. 24.
5 Vgl. Gotteswahn, 249.
6 Barbour, 33, unter Rekurs auf Langdon Gilkey.
7 Ebd. 37.
8 Ebd. 50.
9 Ebd. 51.

[10] Vgl. Georges Crespy, Das theologische Denken Teilhards de Chardin, Stuttgart ²1964, 15-61.

[11] Vgl. Der Dreieine. Anfang und Sein. Die Struktur der Schöpfung, Stein am Rhein 1970, 7-61; mehrere Auflagen.

5. Theologie, Glaube, Philosophie?

[1] Contra Iulianum 4, 72.

[2] Vgl. Studer, Schola christiana, 170-194 (1. Anm. 5).

[3] Vgl. Endre von Ivanka, Plato Christianus. Übernahme und Umgestaltung des Platonismus durch die Väter, Einsiedeln 1964.

[4] Vgl. im Folgenden die Zitate aus Vatikanum I, Dogmatische Konstitution „Dei Filius" 1870, in: Heinrich Denzinger, Kompendium der Glaubensbekenntnisse und kirchlichen Lehrentscheidungen, hg. von Peter Hünermann, Freiburg u.a. ³⁷1991 = DH 3000-3045.

[5] De anima I 2, 404 b 18-20.

[6] Der Geist und die Kirche. Exegetische Aufsätze und Vorträge, hg. v. Veronika Kubina und Karl Lehmann, Freiburg-Basel-Wien 1980, 227.

[7] Ebd. 233.

[8] Ebd. 237.

[9] Christian Lehnert, Der Gott in einer Nuß. Fliegende Blätter von Kult und Gebet, Berlin 2017, 32.

[10] Der Große Katechismus von 1529, Erster Teil. Das erste Gebot.

[11] Augustinus, De trinitate 13, 2,5.

6. Sichtung und Reflexion des Geglaubten als Aufgabe der Theologie

[1] Augustinus, Contra epistulam Manichaei quam vocant fundamenti 5.

[2] Das Jüdische am Christentum. Die verlorene Dimension, Freiburg-Basel-Wien 1987.

[3] Ebd. 57.

[4] Ebd.

[5] Ebd. 144.

[6] Vgl. Knut Backhaus, Homologia, Homologese, in: Walter Kasper u.a. (Hgg.), Lexikon für Theologie und Kirche 5, Freiburg u.a. ³1996, 252 (= LThK).

[7] Vgl. Ferdinand Hahn, Theologie des Neuen Testaments I, Tübingen 2002, 136.

[8] Zitiert nach Karlmann Beyschlag, Grundriß der Dogmengeschichte I. Gott und Welt (Grundrisse; 2), Darmstadt ²1988, 94; vgl. 93 f auch die Informationen zum Text.

[9] Vgl. Bertram Stubenrauch, Dreifaltigkeit (ToposPlus. positionen; 434), Regensburg 2002, 110-112.

[10] Grundriß der Dogmengeschichte, 95.

[11] Vgl. den Lehrentscheid DH 125-126.

[12] Gott und unsere Erlösung im Glauben der Alten Kirche, Düsseldorf 1985, 129 (eigene Hervorhebung).

[13] Ebd. 136.

[14] Ebd.

7. Arbeitsfelder der Theologie

[1] Vgl. Christoph Böttigheimer, Theologen, in: Beinert/Stubenrauch, Neues Lexikon der Dogmatik, 630 (4. Anm. 2).

[2] Vgl. Michael Fiedrowicz, Theologie der Kirchenväter. Grundlagen frühchristlicher Glaubensreflexion, Freiburg-Basel-Wien [2]2010, 20; vgl. 25-27.

[3] Adversus haereses I 10,2; Hintergründe bei Fiedrowicz, Kirchenväter, 21 f.

[4] De civitate Dei 8,1.

[5] Vgl. Origenes, Contra Celsum 2, 71; Hintergründe bei Fiedrowicz, 39-43.

[6] Christoph Jacob, Allegorese: Rhetorik, Ästhetik, Theologie, in: Christoph Dohmen u.a. (Hgg.), Neue Formen der Schriftauslegung? (QD; 140), Freiburg-Basel-Wien 1992, 131-163, hier 145.

[7] Augustinus von Dänemark; zitiert nach Christoph Dohmen, Vom vielfachen Schriftsinn — Möglichkeiten und Grenzen neuerer Zugänge zu biblischen Texten, in: ders. (Hg.), Neue Formen der Schriftauslegung?, 13-67, hier 17.

[8] Augustinus, De baptismo 1,18, 28; Isidor von Sevilla, Etymologiae 6, 16.

[9] Fiedrowicz, Theologie der Kirchenväter, 295 (7. Anm. 2).

[10] Die Kirche in der antiken Welt, Berlin-New York 1972, 238 f.

[11] DH 1706.

[12] Athanasius von Alexandrien, Epistulae ad Serapionem I, 28,1.

[13] STh II-II q. 1 a 10.

[14] De praescriptione haereticorum 9,4.

[15] Vgl. den Klassiker: Die Bekenntnisschriften der evangelisch-lutherischen Kirche, Göttingen. Herausgegeben im Gedenkjahr der Augsburgischen Konfession 1930, mehrere Auflagen.

8. Theologiegeschichtliche Epochen

[1] Jörg Baberowski, Der Sinn der Geschichte. Geschichtstheorien von Hegel bis Foucault, München 2005, 26.

[2] Vgl. die tabellarische Übersicht nach Wolfgang Beinert bei Christoph Böttigheimer, Theologie, in: Beinert/Stubenrauch, Neues Lexikon der katholischen Dogmatik, 633-643, hier 638-643 (4. Anm. 2).

[3] Joachim Gnilka, Paulus von Tarsus. Apostel und Zeuge, Freiburg-Basel-Wien 1996, 182.

[4] Dietrich Ritschl, Martin Hailer, Grundkurs Christliche Theologie. Diesseits und jenseits der Worte, Neukirchen-Vluyn [3]2010, 16.

[5] Ernst Dassmann, Kirchengeschichte I: Ausbreitung, Leben und Lehre der Kirche in den ersten drei Jahrhunderten, Stuttgart [3]2012, 120.

⁶ Basil Studer, Gott und unsere Erlösung im Glauben der Alten Kirche, Düsseldorf 1985, 75 f. Dort auch Quellenbelege.

⁷ Vgl. Barbara Aland, Gnosis und Christentum, in: dies., Was ist Gnosis? Studien zum frühen Christentum, zu Marcion und zur kaiserzeitlichen Philosophie (WUNT; 239), Tübingen 2009, 211-240.

⁸ Bernardin Schellenberger (Hg.), Bernhard von Clairvaux, Gotteserfahrung und Weg in die Welt, Olten-Freiburg i.Br. 1982, 75 f; Klammer im Text.

⁹ Proslogion II 1 f; Übersetzung von Robert Theis, Stuttgart 2005, 21. 23.

¹⁰ Quaestiones super libris quattuor de caelo et mundo I 4, 10.

¹¹ Sententia libri metaphysicae III 1 n. 4.

¹² STh I q. 1 a. 2. Übersetzung nach der deutschen Thomas-Ausgabe (Graz ³1934).

¹³ Vgl. Hubert Jedin, Katholische Reformation oder Gegenreformation? Ein Versuch zur Klärung der Begriffe, Luzern 1946.

¹⁴ Seid fröhlich in der Hoffnung. Ermutigung zum Christsein, Freiburg-Basel-Wien 2017, 60.

9. Theologische Werke

¹ Erwin Iserloh, Die devotio moderna, in: Hubert Jedin (Hg.) Handbuch der Kirchengeschichte III 2, Freiburg ²1968, 516-538, hier 537.

² Imitatio Christi IV 8.

³ Der Große Katechismus. Die Schmalkadischen Artikel = Calwer Luther-Ausgabe, hg. Wolfgang Metzger, Gütersloh ⁴1983, Nachbemerkung 107.

⁴ Philothea III 31; zit. nach Franz Reisinger (Hg.), Werke des Hl. Franz von Sales I, Eichstätt-Wien 1959, 185.

⁵ Ausgabe Herderbücherei (Taschenbuchausgabe; 1049), Freiburg 1983, 130.

⁶ Erste Auflage München 1957 (Einführung in die evangelische Theologie; 1). Zitat: München ⁸1982, 20 f.

⁷ Ebd. Bd. 2, ⁸1984, 385.

⁸ Vgl. zur zitierten Terminologie, Einführung, Erstes Kapitel 5-6.

⁹ Orthodoxe Dogmatik. Mit einem Geleitwort von Jürgen Moltmann (Ökumenische Theologie; 12), Gütersloh 1984, 19. 445.

10. Die Wissenschaftlichkeit der Theologie

¹ Martin Leiner, Methodischer Leitfaden Systematische Theologie und Religionsphilosophie (UTB; 3150), Göttingen 2008, 13. Leiner spricht im Anschluss an Friedrich Schleiermacher von der „positiven" Dimension der Wissenschaft und nennt dies eine „praktische Aufgabe". Mir scheint das Wort „Intention" besser geeignet.

² Vgl. zu den folgenden Ausführungen Bertram Stubenrauch, Wieviel Gott verträgt die Wissenschaft? Anmerkungen zu einem Jahrtausendproblem, in: Erhard Mayrhofer, Georg Nuhsbaumer (Hgg.), Naturwissenschaft und Glaube. Impulse zum Dialog (Glauben und Leben; 57), Wien-Berlin 2011, 67-83.

[3] Vgl. Thomas S. Kuhn, Die Struktur wissenschaftlicher Revolutionen, Frankfurt a.M. [2]1969, 57-64. 123-146.

[4] Vgl. Uwe Voigt, Interdisziplinarität und Transdisziplinarität, in: Michael Jungert u.a. (Hgg.), Interdisziplinarität. Theorie, Praxis, Probleme, Darmstadt 2010, 13-46.

[5] Vgl. z.B. Meister Eckhart: Gedanken zu seinen Gedanken, in: Bernhard Casper (Hg.), Bernhard Welte gesammelte Schriften II/1, eingef. u. bearb. v. Markus Enders, Freiburg-Basel-Wien 2007, 42.

[6] Vgl. Gerhard Vollmer, Was ist Naturalismus? in: Geert Keil, Herbert Schnädelbach, Naturalismus. Philosophische Beiträge, (Suhrkamp taschenbuch wissenschaft; 1450), 46-67.

[7] Vgl. Empfehlungen, Kurzfassung: https://www.wissenschaftsrat.de/download/archiv/pm_0210.pdf (abgerufen: 11.02.2018); dazu Magnus Striet, Keine Universität ohne Theologie. Die Empfehlungen des Wissenschaftsrates fordern heraus, in: Herder Korrespondenz 64 (2010) 451-456.

11. Zur Eigenart religiöser Sprache

[1] Benno Hubensteiner, Bayerische Geschichte. Staat und Volk. Kunst und Kultur, München [2]1999, 32.

[2] Mario Wandruszka, ‚Wer fremde Sprachen nicht kennt ...' Das Bild des Menschen in Europas Sprachen, Darmstadt 1991, 222. Hervorhebung dort.

[3] Ebd. 221 f. Klammer dort.

[4] Loichinger, Ist der Glaube vernünftig? I, 19 (3. Anm. 13).

[5] Theologie und Falsifikation, in: Ingolf U. Dalferth (Hg.), Sprachlogik des Glaubens. Texte analytischer Religionskritik und Theologie zur religiösen Sprache, München 1974, 84.

[6] Martin Leiner, Methodischer Leitfaden, 130 (10. Anm. 1).

[7] Vgl. Thomas Petersen, Der lange Abschied vom Christentum, in: F.A.Z. vom 20.12.2017 S. 10. (Nr. 295).

[8] Ebd.

[9] Vgl. im Ganzen Leiner, Methodischer Leitfaden, 130 f, angelehnt an John Searle.

[10] Ebd. 131.

[11] Vgl. De baptismo 1.

[12] Psalmen, Auslegung in zwei Bänden I, Freiburg-Basel-Wien o. J., 31.

[13] Thesen und Autoren vgl. bei Armin Kreiner, Ende der Wahrheit? Zum Wahrheitsverständnis in Philosophie und Theologie, Freiburg-Basel-Wien 1992, 481-506.

[14] Speculum caritatis I 6.

[15] Gotteswahn, 120 f.

[16] DH 806.

[17] Thomas von Aquin, In Boeth. De Trinitate proem. q. 2, a. 1.

[18] Vgl. Bilder sind Wege. Eine Gotteslehre, München 1992, 66-78.

[19] Belege bei Wilhelm Weischedel, Der Gott der Philosophen. Grundlegung einer philosophischen Theologie im Zeitalter des Nihilismus, Darmstadt 1983, 92-98.

[20] De fide orthodoxa I, 12.

12. Theologische Textinterpretation

[1] Zugrunde liegt ein Arbeitsblatt, für dessen Zusammenstellung Frau Josefine Weglage gedankt sei.

13. Theologie als Fächerverbund

[1] Zit. nach Christian Lamp, ‚Hoffnung aber heftet sich an den verklärten Leib'. Einige Zeilen zu Adornos Grundlegung materialistischer Kritik, in: cogito 10 (2017) 70-75, hier 71.

[2] Zit. nach Birte Petersen, Theologie nach Auschwitz? Jüdische und christliche Versuche einer Antwort (VIKJ; 24), Berlin 1996, 104 f.

14. Das theologische Fächertableau

[1] Roland Kany, Jedem Anfang wohnt ein Zauber inne. Geschichte des antiken Christentums und Patrologie, in: Konrad Hilpert, Stephan Leimgruber (Hgg.), Theologie im Durchblick, Freiburg-Basel-Wien 2008, 70-79, hier 74.

[2] Vgl. Dominik Burkard, Das kritische Auge der Theologie. Aufgabe und Funktion von Kirchengeschichte, in: Erich Garhammer (Hg.), Theologie wohin? Blicke von außen und von innen, Würzburg 2011, 73-104, hier 74.

[3] Hermann-Josef Stipp, Das Alte Testament — die Bibel der Juden und Christen, in: Hilpert/Leimgruber, Theologie im Durchblick, 34-45, hier 42.

[4] Theodor Seidl, Textwissenschaft — Religionsgeschichte — Bibeltheologie? Das Alte Testament im Widerstreit der Methoden und Disziplinen, in: Erich Garhammer (Hg.), Theologie wohin?, 59-72, hier 68.

[5] Volker Leppin, Philosophie und Theologie, in: ders. (Hg.), Thomas Handbuch, Tübingen 2016, 410-417, hier 416.

[6] STh I-II q. 1 a. 7.

[7] Vgl. Fundamentaltheologie I-III, in: LThK 4 (^{3}1995) 227-238, hier 229.

[8] Vgl. Hans-Joachim Höhn, Das Lehramt der Theologie und die Theologie des Lehramts. Warum es dem Glauben dient, sich der Vernunft auszusetzen, in: Benjamin Leven (Hg.), Unabhängige Theologie. Gefahr für Glaube und Kirche?, Freiburg-Basel-Wien 2016, 179-198, hier 188.

[9] Walter Kern, Philosophie als Ferment der Fundamentaltheologie in neueren Modellen, in: Horst Bürkle, Gerhold Becker (Hgg.), Communicatio fidei. FS Eugen Biser, Regensburg 1983, 147-162, hier 152.

[10] Ebd. 155. Hervorhebungen im Original.

[11] Einheit — Vielfalt — Übersichtlichkeit der Theologie, in Gerhard Krieger (Hg.), Zur Zukunft der Theologie in Kirche, Universität und Gesellschaft (QD; 282), Freiburg-Basel-Wien 2017, 177-195, hier 188 f.

[12] Walter Kasper, Zum Subsidiaritätsprinzip in der Kirche, in: Internationale Zeitschrift *Communio* 18 (1989) 155-162, hier 157.

[13] Vgl. Grundkurs des Glaubens, Vierter Gang.

[14] Thomas von Aquin, STh I-II q. 99 a. 2 ad 2.

[15] Konrad Hilpert, Die Fragestellung der Moraltheologie, in: Hilpert/Leimgruber, Theologie im Durchblick, 140 (zitiert ohne Hervorhebungen).

[16] Franz Böckle, Fundamentalmoral, München ³1981, 80.

[17] Josef Römelt, Christliche Ethik in moderner Gesellschaft. 1. Grundlagen, Freiburg-Basel-Wien 2008, 19.

[18] Vgl. Alfons Auer, Autonome Moral und christlicher Glaube, Düsseldorf ²1984.

[19] Das Jüdische am Christentum, 40 (6. Anm. 2).

[20] Gaudium et spes 42 (= GS).

[21] Vgl. GS 42-44.

[22] GS 45.

[23] De moribus Ecclesiae 52.

[24] Markus Vogt, Christliche Sozialethik: Warum und wie soll die Kirche politisch sein?, in: Hilpert/Leimgruber, Theologie im Durchblick, 148-159, hier 156.

[25] Ebd. 159.

[26] August Laumer, Pastoraltheologie. Eine Einführung in ihre Grundlagen, Regensburg 2015, 149.

[27] Herbert Haslinger, Pastoraltheologie, Paderborn u.a. 2015, 23.

[28] Vgl. GS 4.

[29] Zitiert nach Konrad Baumgartner (Hg.), Johann Michael Sailer. Geistliche Texte, Regensburg 1981, 29.

[30] Vgl. Vom Katechetischen Unterricht, übersetzt v. Werner Steinmann, bearbeitet v. Otto Wermelinger, München 1985.

[31] Prooemium; wiedergegeben nach Joseph Kardinal Ratzinger, Die Krise der Katechese und ihre Überwindung. Rede in Frankreich (Kriterien; 64), Einsiedeln 1983, 37.

[32] Stephan Leimgruber, Einführung in die Religionspädagogik und Fachdidaktik des Religionsunterrichts, in: Hilpert/Leimgruber, Theologie im Durchblick, 182-189, hier 188.

[33] Martin Rothgangel, Was ist Religionspädagogik? Eine wissenschaftstheoretische Orientierung, in: ders., Gottfried Adam, Rainer Lackmann (Hgg.), Religionspädagogisches Kompendium, Göttingen ⁸2013, 17-34, hier 23.

[34] Leimgruber, Einführung in die Religionspädagogik, 186.

[35] Winfried Haunerland, Liturgiewissenschaft, in: Hilpert/Leimgruber, Theologie im Durchblick, 191-203, hier 196 (Klammer im Original).

[36] Vgl. Albert Gerhards, Benedikt Kranemann, Einführung in die Liturgiewissenschaft, Darmstadt ²2008, 24.

[37] Ebd. 48.

[38] Franz Kalde, Rechtswissenschaft und Kirchenrechtsstudium, in: Stephan Häring, Wilhelm Rees, Heribert Schmitz (Hgg.), Handbuch des katholischen Kirchenrechts, Regensburg ³2015, 117-126, hier 119.

[39] Vgl. Codex Iuris Canonici (1983) c. 1752.

[40] Vgl. z.B. das Konzil von Konstantinopel im Jahr 281: DH 150-177.

[41] Kalde, Kirchenrechtswissenschaft, 118 (Klammern und Hervorhebung im Original).

[42] Georg Bier, Einführung in das Kirchenrecht, in: Clauß Peter Sajak (Hg.), Praktische Theologie (Theologie studieren — Modul 4), Paderborn 2012, 121-178, hier 127.

15. Studium modularisiert

[1] Vgl. Christiane Schulze, Zur Modularisierung des Studiums der Katholischen Theologie im Bologna-Prozess, in: Hilpert/Leimgruber, Theologie im Durchblick, 248-260, hier 249 (14. Anm. 1).

[2] Ebd. 250.

[3] Ebd. 250 f.

Glossar

Agnostizismus
Die Auffassung, dass über Gott oder das Göttliche — seine Existenz und sein Wirken — nichts in Erfahrung zu bringen sei. Vornehmlich die Empirie hat Erkenntniswert.

Atheismus
Die Überzeugung, dass es Gott oder Göttliches nicht gibt. Sie kann pragmatisch-praktisch sein (Gottvergessenheit) oder diskursiv (Gottesleugnung).

Deismus
Eine Vorstellung über das Welt-Gott-Verhältnis: Gott wird als Schöpfer der Welt in ihrer Eigengesetzlichkeit, nicht aber als ihr Lenker und Erlöser anerkannt.

Epistemologie
Art und Weise, Erkenntnis zu gewinnen und sie intellektuell, und zwar individuell oder kollektiv, zu bearbeiten.

Fideismus
Eine Glaubenshaltung, die von Gott nur auf der Basis von Glaubensüberzeugungen spricht, ohne nach deren rationalen Grundlagen zu fragen.

Gottesbeweise
Versuch, die Existenz Gottes mit allgemein nachvollziehbaren (rationalen) Argumenten auf der Basis des Glaubens an ihn nachzuweisen.

Heilsgeschichte
Verständnis der Offenbarung als historisch-mystischer Prozess der Welterlösung im Glauben Israels und der Kirche.

Hermeneutik
Die Kunst der Auslegung und des Verstehens von Texten auch über kulturelle und zeitliche Abstände hinweg.

Immanenz

Komplementärbegriff zur Transzendenz. Gemeint ist die Gesamtheit der innerweltlichen Wirklichkeit in Denken und Sein.

Materialismus

Ein Weltbild, in dem nur das Gegenständliche zählt. In der Regel geht damit die Vorstellung einher, dass die Welt kausal in sich geschlossen sei ohne jeden Transzendenzbezug.

Monolatrie

Verehrung eines einzigen Gottes, ohne die Existenz anderer Gottheiten auszuschließen.

Monotheismus

Glaube an den einen, einzigen, persönlichen, transzendenten Schöpfergott.

Mysterium tremendum et fascinosum

Religionsgeschichtliches Motto (Rudolf Otto) zur Umschreibung von Gotteserfahrungen in verschiedenen Zusammenhängen: Das Heilige erschrickt und fasziniert zugleich.

Mystik

Religionenübergreifender Glaube an die Weltzuwendung Gottes. Dazu deren persönliche Erfahrung, oft im Dreischritt Reinigung, Erleuchtung, Vereinigung.

Offenbarung

Im Vollsinn: Historische Selbstmitteilung Gottes im Modus von Wort (Gott) und Antwort (Mensch). Vorbereitend: Erkenntnis Gottes auf der Basis der Naturbetrachtung.

Pantheismus

Die Auffassung, dass die eine, erfahrbare Weltwirklichkeit mit dem Göttlichen identisch sei.

Polytheismus

Vielgötterglaube und entsprechend vielfältige Götter- bzw. Göttinnenverehrung.

Rationalismus
Philosophische Strömung, wonach Wissen ausschließlich als vernunftbasierte Überlegung erhofft wird. Theologisch die Meinung, der Glaube sei restlos durchschaubar.

Theismus
Glaube an einen persönlichen, transzendenten und doch geschichtsmächtigen, allwissenden Gott.

Theophanie
Gotteserscheinung, in der Regel mit Hilfe von Begleiterscheinungen beschrieben: Sturm und Feuer, feierliche Weisung, Ergriffenheit seitens der Beteiligten.

Transzendenz
Bezeichnung (von lat. *transcendere* — übersteigen) für eine absolute, jenseitige und doch weltumgreifende Macht. Unaussprechliches Sein und Wirken Gottes.

Trinität
Der eine und zugleich dreifaltige Gott. Dogmatisch: Ein „Wesen" in drei „Personen". Doch es geht nicht um ein Zahlenspiel, sondern um die umfassende göttliche Liebesfülle.

Personenregister

Sachregister